中国民间文化十五讲

马知遥 刘智英 著

天津大学出版社
TIANJIN UNIVERSITY PRESS

图书在版编目(CIP)数据

中国民间文化十五讲 / 马知遥, 刘智英著. — 天津:
天津大学出版社, 2019.8（2022.9重印）
ISBN 978-7-5618-6503-3

Ⅰ. ①中… Ⅱ. ①马… ②刘… Ⅲ. ①俗文化－研究
－中国 Ⅳ. ①G122

中国版本图书馆CIP数据核字(2019)第184573号

出版发行　天津大学出版社
地　　址　天津市卫津路92号天津大学内(邮编:300072)
电　　话　发行部:022-27403647
网　　址　www.tjupress.com.cn
印　　刷　北京盛通商印快线网络科技有限公司
经　　销　全国各地新华书店
开　　本　169mm×239mm
印　　张　16
字　　数　333千
版　　次　2019年8月第1版
印　　次　2022年9月第2次
定　　价　39.00元

前　言

这是一部在教学中诞生的专著，既可以作为教材使用，也是我不断阅读和研究中国民间文化的阶段性成果。本书的撰写始于4年前，那时我给港澳台地区的研究生讲授中国文化，该课程有60课时。面对浩瀚的中国文化，怎么才能让他们产生兴趣？如何调动他们对中国传统文化和当代文化的关注？我产生了一个大胆的想法，选择我最感兴趣也是着力最深的民间文化部分和他们交流。于是，我把每节课都当成一次讲座。事实证明，这样的做法是相当成功的，学生们反响热烈。接下来的第二年，天津大学研究生院设立了课程改革项目和教材建设项目，我先后立项，并为全校硕博研究生开设公共选修课——中国传统文化。经过上一轮的讲授，我精炼了第二次讲授的内容，并将民间文化的田野感受和经验渗透到讲授中，配合大量丰富的田野视频和图片，完全原创的文化课好评如潮。之后的第三次、第四次讲授，每一次课件内容都有所增删，我也积累了很多有关中国传统文化尤其是民间文化的心得。所以，我决定完成教材立项，给研究生们写一本适合的教材，用于中国传统文化的授课。由于中国传统文化涵盖的内容庞杂，指涉面过于宽泛，在多次和专家们交流后，我决定先写出其中的“中国民间文化”部分，即使是其中很少的一部分，却是我能够把握并能准确生动传达给学生的珍贵部分。我把这部分内容定名为“中国民间文化十五讲”，其中包括田野工作和田野民族志的写作、非物质文化遗产保护理论、中国传统村落的现状和未来、中国古老的雕塑艺术、中国的民间美术、几个中国传统节日的文化阐释、敦煌文化的历史和内涵、中国的吉祥文化和心理镜像、中国玉石文化的传统、天津当地丰富的民俗文化，等等，总共有十五讲。

当完成这样一部著作时，我心里既兴奋又忐忑，兴奋于四年来，教学实践中的构思终于面世；忐忑于类似的专著和教材已经很多，一些专家和前辈学者倾其一生都在研究该领域的内容。但作为一个长期从事民间文化和当代文学研究的学者，闯入这个领地似乎是一种必然。有一届又一届学生的鼓励，还有我对知识没有穷尽的追寻和探索，我相信，交出去的书会不断得到完善，并在一次次与知音的相会中获得提升。

特作以上文字，算是一个前言。

马知遥

2019 年 8 月 16 日

于天津大学听雨斋

目　录

第一讲　田野调查中的民间文化（上）

一、许多智慧需要从民间去寻找

中国有句老话“礼失而求于野”，说的是当一个国家的礼法规矩或者传统受到损伤的时候，应该到乡村去寻找源头。这话很有道理。随着现代生活步伐的加快，人们观念的更新，以及外来文化的影响，传统的礼仪和价值观念都在发生重大变化。

（一）什么是民间文化

文化是一个群体与其他群体相区别的精神基因，也是增进群体团结、增强互相认同的精神纽带，我们在口头上谈论文化，夸赞别人“有文化”“是个文化人”，却很难对“文化”做一个确切的表述。民俗学家钟敬文先在《话说民间文化》中将文化划分为上层文化和下层文化，上层文化常常由优越的政治和经济统治者掌握，现在可理解为由社会精英或知识分子创造和传承，被称为精英文化或官方文化；下层文化由普通民众创造，反映民众真实生活，被称为民间文化或传统文化。

民间文化自由而通俗，通过口头传授与生活经验代代相传。精英文化，由知识分子书写与改造，严肃而典雅，通过典籍记录传播与传授。与官方文化受重视程度相比，民间文化一直默默无闻，甚至被轻视。直到今天，通过学者呼吁与实践，我们才逐渐认识到源远流长的中华文化中不仅包含着引人自豪的精英文化，那些遍布民众生活的民间文化同样是极具价值的珍宝。

面对民间文化中的丰富价值和智慧，最先动心的是知识分子，他们以“眼光向下”的态度，走向泥土芬芳的田野，他们用亲身的体验，感受民间文化的价值，记录民间文化的多彩，传扬民间文化的魅力。而亲身的体验和忠实的记录，正是文化学或人类学常用的手段——田野调查，因此田野调查成为民间文化学者或爱好者、保护者观察与认识民间文化的重要工具。一代代民间文化学者通过观察、访谈与体验，厘清了民间文化的概念，掌握了田野调查的技巧，积累了行走田野的智慧，发现了民间文化之美。

所以可以说民间文化指的是由社会底层的劳动人民创造的、古往今来就存在于民间传统中的自发的民众通俗文化。从社会分层上看，民间文化是一种来自社会底层的、由平民自发创造的文化。民间文化还是一种具有农业社会生活背景、保留了较多传统色彩的文化。广义的民间文化是指由民众创造的体现民众生活的所有文化；狭义的民间文化则是强调创造于过去、联系传统、延续当今，与民众的现实生活密切相关，表现民众衣食住行、生活情趣及生命意识的文化。衣食住行的文化包含民众的居住场所、服饰、生活和生产的方式等，如现在急需保护的传统村落，偏远村寨仍在使用的牛耕犁地的种田方式等。生活情趣则体现为制作实用美观的生活用具与装饰物，如过年时窗户上张贴的窗花；也包含劳动闲余的各类娱乐活动，如农闲时在田间地头唱的民间小戏。生命意识，指民间大众的生活智慧和精神意识，主要包括民间伦理与道德、民间宗教与信仰、民间文学与生活常识，它是民众文化精神层面的重要构成。如民间传说中舜的传说，在讲述中不仅能丰富民众的精神世界，也被赋予了很多伦理教导内容。2016 年入选世界非物质文化遗产名录的“二十四节气”也是民间智慧的体现，“春雨惊春清谷天，夏满芒夏暑相连。秋处露秋寒霜降，冬雪雪冬小大寒”，先人用最通俗易懂的民间语言在民间传承着“二十四节气”的智慧。“二十四节气”是指导农耕农事的准则，是历时久远、经过实践验证的民间智慧的结晶。

中国是一个农业大国，有数亿农民生活在乡村，民间文化被提及和孕育的主要场所正是农村，因此乡土气息成为民间文化抹不去的标记，但是城市也能提供孕育民间文化的土壤。民间文化的“民间”可以是乡村民间，也可以是城市民间。民间文化可以来自乡村，也可以来自城市；文化的传承者是民，可以是城市民众，也可以是乡村民众。在乡村举办的庙会是民间文化中的民俗，在城市举办的庙会也是民俗。在山东青岛，每年都会举办海云庵糖球会，海云庵是青岛的一座庙宇，围绕这一文化空间，一些民间文化在城市街道和楼房间展示和传播，形成现代性的群体狂欢盛会。在天津，天津皇会也在城市举办。而一些城市酒店，常会请传统的舞龙舞狮表演队表演以增添开业时的热闹气氛。我们关注民间文化的生存土壤，不能忽视城市空间，同样在对民间文化开展田野工作时，也不能忘记城市这片土地。

民间文化强调民众创造，享用者亦是普通劳作的人民。与电影、音乐会、歌剧等精英文化相比，民间文化就显得简单、质朴、通俗。例如，那些流传于乡间的民歌多数没有固定曲调，章句格式比较自由灵活，即使那些丝毫不懂乐律的人，听过几遍也能掌握演唱的技巧。再例如，民间年画，用简单的线条组成一幅图画，成为农人指导农业生产或教育后代的生动图画，它与传统的中国文人绘画相比，表达信息的方式更加直接，学习掌握这一绘画技巧相对简单。作为过去的民众创造在现代的延续，创造民间文化的先民多数受教育程度不高，并且自古以来，民众创造文化也往往游离于学校知识体系之外。学校可以教授中国画的创作构思，却没有设置木版年画课程。在大学中雕塑成为一门分类很细的学科，却很少为民间面塑和泥塑留出一席之地。因此，与精英文化通过文字传承相比，民间文化主要靠口耳世代相传。这种简单与质朴的文化深受民众喜爱，也便于受教育程度不高的广大群众学习、复制与传播。

民间文化不是时尚文化的代名词，但也应消除民间文化是落后、愚昧文化的误解。民间文化强调过去，联系传统，延续当今，因此是传统文化的代表。我们将民间文化理解为一种创造于过去的生活智慧在当代的延续，就可以更好地理解民间文化的内涵。过去，久婚不育的妇女到观音庙中求子，现在很多地方仍在延续这一习俗，这是民间文化中的一种民俗信仰，求子的仪式也是一种民俗仪式。过去，在乡村地头搭台唱戏是一种民间文化活动，现在这种活动被搬到了华丽的舞台上。民间文化在一百年之前还是民众的日常、流行的文化，现在它不再无处不在，而是日益演变为小众的生活或文化。即使这样也不能否认它的时代性，民间文化和大众广场文化、庙堂文化一样，是现代人文化生活的重要组成部分。每年农历四月举办的北京门头沟妙峰山庙会，都会吸引数万群众。庙会已有400多年的历史，这种文化活动在这几百年的流传中被不断地充实，成为民众最难忘的记忆。但是，并不是所有创造于过去且在今天仍有延续的都能称为民间文化。一些国家性祭典，如曲阜孔庙举行的祭孔大典就不属于民间文化的范畴，因为这项活动对程式的要求较高，并且最初是由官方组织并传承的，它强调的是官方性而不是民间性。

民间文化正面临着式微甚至消亡。深植农耕文化土壤的民间文化在农业文明向工业文明转型的过程中，受到电视、网络传播的时尚文化和外来文化的冲击，民众的观念也发生了变化，父辈们的知识和经验非但不能在年轻一代身上延续，反而遭到排斥。曾经作为父辈主要娱乐方式的各种地方戏，已经很难再引起年轻一代的兴趣。另外，随着受教育程度和国民素质的提高，民众对精细文化的追求也越来越高，喜欢朴实而简单的民间文化的人则越来越少。如年画这种过去北方过年家家户户都贴的东西，现在反而成为小众喜欢的艺术品。还有一个重要的原因，民间文化的创作和传承离不开口传心授，很多民间工艺品是通过手艺人亲手制作完成的，例如北方农村给小孩做的布老虎玩具，过去都是由手艺人一针一线缝制完成，而工业时代，机器生产出来的产品，反而比手工制作的更加精美，对从事布老虎制作的手艺人来说真是一种致命打击。

民间文化的衰落与消亡，看似是时代发展的必然结果，但这不应该成为我们任由民间文化消失、没有任何行动的理由。任何文化在时代发展中都会经历扬弃的过程，但并不是所有的民间文化都值得我们关注、复兴与传承，如缠足、冥婚、殉葬等有悖道德和人性的一些民间陋习确实应该被淘汰。我们应看到，民间文化拥有丰富的人文价值和艺术价值。精美的剪纸和年画同样可以和高雅的书画相媲美；一些民间故事包含着丰富的人生哲理，成为小说、电影创作的重要素材；等等。民间文化也是一种精神根脉，那些千百年流传下来的习俗，已经深入人心，让那些漂泊他乡的同乡人一下子拉近彼此间的距离，这就是文化认同的力量。此外，一些民间艺术，与生俱来地拥有独特的历史韵味和地域特色，甚至成为一座城市的文化代表。比如，当我们提到泥人张便会想到天津，提到风筝便会想到潍坊，等等。保护民间文化就是在保护人类文化的基因。

（二）民间文化的审美特征

民间文化来自民众的日常生活，是他们在生活中创造的文化，带有明显的自发性和原创性。其目的是自娱自乐，能够在茶余饭后有一点被乡民们认同的文化享受。自发性表现为民间文化的创作不是因为官方的需要或者市场的需要，而是源于生活的需要。生活的需要又分为很多种，有一些是务虚的，有一些是务实的。务虚表现为民间各种庙会和民间信仰活动中的拜神和娱神活动。在此类活动中，人们要排演各种节目、制作各种道具用于表演，这些创作大多来自世代相传的仪轨和要求，具有神圣性。同时，这些又是民众自发进行的创造劳动，在他们心中，那些神灵就是塑造的那样，他们的庙会表演就该是那样符合神灵的需要，甚至可以从各种民间庙会活动中看到佛道不分的情况。在很多村落里，民间文化的自发性、自由性、随意性并行，就地取材，不讲究精英文化的所谓规矩。民众认为当地的仪式就该如此，所有的神灵如果都对百姓有利，那么就都应一起朝拜，无所谓宗教派别。从日常生活出发，我们会发现那些随手制作的布玩具、女孩出嫁前的女红、过年时的年画大多带有当地色彩，但又具有民间艺人的个人风格。其中表现出的自发性创造和自由创作的精神都是令人叹服的。

民间文化大多是劳动人民在生活中创造的，它还有一个特点就是无名性。民间文化的无名性主要针对的是民间作品本身。一方面可以看出当时的主流文化对民间文化的忽略，另一方面也能看到民众自身创造的随意性和非功利性。尤其是中国古代的雕塑作品大多是没有作者信息的，更无从查考雕塑的创作者姓名。这种现象直到雕塑成为精英艺术后才有了很大改观。

民间文化的另一个特性就是传承性。民间文化传承的最大特点是口耳相传，不立文字。传授方式基本上分为五种：子承父业、师徒相传、家族传承、集体传承、神授。这些方式的共同点即皆为言传身教、口口相传。诸如民歌、传说、谚语、戏曲、评书等，都需要实地表演、亲身展示或者付诸行动等，这些艺术既散播于村坊市井、街头巷尾，也出现在庭院房中，流传在欣赏者自己的口里、手上。还有一些民间绝活，大多是家族传承，传男不传女。集体传承的项目，比如杨柳青年画、杨家埠年画、侗族大歌等，大多是一个地区的文化标志，过去大家都靠这个技艺生存，于是一个村庄或几个临近村庄都做这个，久而久之形成了地域特色。神授的方式大多体现在少数民族史诗的传承上，比如几大民间史诗的传承者大多都有神授的经历，他们不是靠文字记忆而是因偶然的机缘得到了传承，然后就能口诵丰富多彩的史诗内容，记忆内容之巨非常人能想象。这种现象到现在都是一个谜。

通俗性和程式化是民间文化的第四个大的特性。这里的通俗性主要表现为俗。俗是针对雅来说的。更浓的生活气息，更多的百姓的喜怒哀乐，以及更大胆夸张的超越精英标准的生活态度、艺术审美、艺术形式的表达，使得很多民间艺术都有一个共同特点：俗。不俗不足以成为民间艺术。所以你能看到民间艺术尤其是民间美术作品中色彩的斑斓、造型的变化、想象力的丰富，能看到大拙之下的大美。大多数民间文化只要在当地固定下来就会形成固定的程式，比如地方戏曲表演。程式化的表现方式也造就了民间文化传播过程的单一性和符号化特色。往往根据一件民间作品就能基本断定它出自哪个地区、哪个年代。喜闻乐见的形式承载着一定的民间文化，民间文化在长期的流传过程中又形成了便于为民众接受的程式化的审美形式。

王光东先生在《20世纪中国文学与民间文化》一书中写道：民间文化是相对于官方或上层文化的一种底层文化形态，一方面它具有集体性和匿名性特点，是民众在长期生活、交往中形成的与民间日常生活息息相关的礼俗仪式、生活习惯、语言和艺术等的集合；另一方面它又具有相对性和边缘性的特点，强调“在野”的性质，因此不像上层文化那样有着较为明晰的规范性特点，而是具有强大的包容性，它很容易接受上层文化、主流文化以及外来文化的影响，但是在上层文化转型和重建的时候，又可以以其文化蕴藏的丰富性反过来影响上层文化的构建。

二、我们遇到的那些感人的田野经历

（一）解祥芳的故事

解祥芳是我在山东沂水县做田野调查时发现的一位心灵手巧的布老虎传人。2010年11月采访她的时候天气很冷，印象中我和同事们穿着很厚的防寒服，坐着长途汽车到了沂水县城里的一个生活小区。我是从网络上搜索到解祥芳的。布老虎作为北方民俗的一种，山东、山西等地有点名气的布老虎艺人都能在网络上搜到，搜到她的名字后就要了解她的住处。我们先找到了临沂市的民间文艺家协会，然后打听到了沂水解祥芳的住处。在这项工作中王丕琢馆长的作用相当重要。王馆长是我们对他的昵称，其实他那年已经退休了，山东大学和许多其他当地大学进行调查时都愿意叫他同行，因为他非常热爱民间文化而且对当地的文化了如指掌。当王馆长带着我们找到解祥芳后，我们就开始对她进行全方位的了解。刚开始她还有些官方的寒暄和面对镜头时的警惕，过了几天后，我们的关系近了些，她就能放开来说了。那五天时间里，我们拍摄了她所有的代表作品以及她制作布老虎的整个过程。之后就是她个人的经历。个人史是我们田野工作极为重要的内容。因为不论民间文化如何精彩，总离不开作为主体的人，而了解人必须了解他的成长历史。个人经历对任何人来说都是隐秘的一部分，面对几个外人说自己的故事就更加困难。在田野调查中我们常常遇到采访对象不能很好配合的情况。这都可以理解，因为你对他们来说是陌生人。了解解祥芳是经历了几天时间的。在工艺流程、学艺史采录得差不多的情况下，有一次我们忙到了很晚，她知道我们住在她家附近的旅馆里，就提出在她家包饺子吃。于是我们几个人就留下来，给解祥芳老师打下手，包了饺子，吃饺子的时候陌生感一下子就消失了。大家开始畅所欲言，小刘老师看中了她家床头的一只布老虎，一只已经被磨得锃亮的缎面的布老虎。解老师有点迟疑地说："这布老虎不是我做的，我也会做这种造型的，我可以给你们做个新的，这是孩子姥姥给她做的，怕孩子不同意卖给你们。"果然晚饭时，解祥芳的女儿回来了，她在一家企业上班，当听说我们喜欢她床头的布老虎，想花钱买的时候，她毫不犹豫地拒绝了。那是她姥姥留给她的纪念。我们马上就明白了这个布老虎对于她的意义。

解祥芳的布老虎和她母亲留下的布老虎样子有点不一样。解老师的布老虎造型在当地也几乎没有同样的。这引起了我们的注意。解老师告诉我们，她从小驼背，身体不好，又是家里的老闺女（最小的女儿），父母一直留她在身边，平时也不让她下地干活，就和奶奶以及母亲学做针线活儿，所以刺绣啊布老虎啊都会做。高兴之余她拿出了自己做的各种彩色的花鸟鱼虫的作品，这些绣品对她来说都是很简单的活儿，只有布老虎比较费工夫，做成一个需要半个月时间。她承认她做的布老虎在当地布老虎的基础上加上了自己的想象，想让它漂亮点，就加上一些东西。解祥芳退休前是一家镇医院的护士，对中医药有较深的认识，所以她在布老虎里面填充了许多中草药，这些中草药对安神醒脑有很大帮助。而且很多中草药是在当地山上采的，春天的时候她约上丈夫帮他采来，晒干处理后作为填充物。她举起她的大拇指，因为在充填中草药时需要压实，她的两个大拇指都已经变形、皴裂。也就是说她的职业身份让她在制作布老虎时在工艺上做了改良。同时她告诉我们，她的布老虎是从小在村里学的，当我们到她出生的村庄调查时，发现几乎所有村民都不知道村里曾经有人会做布老虎，这也让人有些疑惑。

后来解祥芳告诉我们，她其实和父母一直住到30多岁才嫁了人，丈夫是正式职工，家里的日子过得挺好的。她是接班进了镇医院上班，两口子的工资足够用了。但退休后自己闲不住。她有些自豪地说，“文革”期间，“破四旧”，她家里还在偷偷做布老虎，因为当地有习俗，谁家生了孩子，舅舅和姥姥一定会去给孩子送一个布老虎用来辟邪。周围人家都知道她家会做，都来找他们。那时候也不要钱，做好了就是送给乡亲的，乡亲们也不白拿，总要留一些点心糖果之类的，结果在家家吃不饱肚子的时候，她家里攒了很多点心和糖果，日子挺富裕的。结婚上班以后，一忙起来她也就很少做布老虎了。退休后也没想起做，而是养起了狐狸，经营了一家狐狸养殖场，养了几百只狐狸，那时候狐狸皮很值钱。但是养了狐狸日子并没有过好，狐狸老生病，死得也多。后来叫人看了风水，说她家需要老虎来辟邪，不适合养狐狸了。她赶紧关闭了狐狸养殖场。说到这些时，她说，这会不会太迷信了，然后憨憨地笑笑。

不养狐狸了，她开始缝制布老虎，刚开始缝当地流行的那种市面上很便宜的布老虎，里面装稻糠。五元钱一个，买一卷虎皮纹的粗布随便缝一下就成了。但她不满足，她想起小时候完全手工缝制的布老虎，就开始改良，造型基本上是当地的，方头，大耳，四肢直立，而且带有胡须。后来她将年幼时学到的针线活儿加进去，做了老虎的旋，把老虎的鼻子绣成艾叶的样子，眼睛也是艾叶的形状，身上用金色的丝线装点。结果拿到市场上很受欢迎，而且被推荐去参加非物质文化遗产展览了。

解祥芳当时还不是县级非物质文化传承人，后来她的布老虎做得好，在县城有名了，就有领导来参观，结果近几年做的布老虎都没怎么留下，都让领导拿走了。说这些时她显得很无奈。她说自己年龄也大了，以后做一个布老虎恐怕不容易，现在手脚疼痛，眼睛也不如以前了。她在我们采访期间，将一个做了一半的布老虎赶制出来，说要送我们，我们给了她 600 元钱。她又带我们到了她的储藏间，在那里有十几只大大小小的精致的布老虎，她说如果我们还有喜欢的可以挑，我们给学校挑了两只精美的布老虎，向她承诺以后如果建立布老虎博物馆将给她署名。两只布老虎获得的报酬让她非常兴奋，一再将自己的一些小的绣品送给我们作为答谢。那时我们感受到了她感受到尊重的喜悦，同时还有自豪（对于自己的文化，不喜欢甚至不尊重，却口口声声地说要保护，那是很虚伪的）。后来我们发现许多村中的巧手，被村里人称为“巧巧”，她们的身世一般都不太好，要么是身有残疾，要么是从小患有疾病，所以她们有空闲的时间在家中编织美好的梦想，她们也有时间让自己的手艺变得精湛，也靠此证明自己存在的价值。每一个巧手的背后都有一个心酸的故事。而这些都是手艺人心灵深处藏着的财富，只有当你真正靠近她们、懂得她们，才会获得这笔财富。

（二）崔荣清老人

我找到崔荣清大娘的时候，她正在山坡上的一棵大树下面眺望。村主任通知她下午我们会去找她，接到通知后她就一直在那里等待。坡上就她一家，显得有点孤单；家里就她一个人，显得更加孤单。我们去的时候，她儿子和儿媳妇都不在家，她高兴地带我们进她的屋子，拿出了好几箱子的布老虎还有各种绣品。她说闲着没事就喜欢缝缝绣绣，前几年，做的东西拿到集上还能卖点钱，现在年龄大了，腿脚不利索，也不能去赶集了，所以很多年的东西都放在房子里。河南著名的民间文化研究专家倪宝诚先生曾经多次来看望她，每次都收购一些东西回去，但已经很久不来了。我后来知道倪先生当时已经七十多岁，身体不太好，也不能走太远的路。我当时非常感动，一位手艺人念念不忘的是一个惦记她的专家，而这样的专家也是我们应该学习的。后来我们转了好几个河南的村庄，村民们也多次提到倪宝诚的名字，那时候我在心里已经对这个前辈心生敬意了。

崔荣清大娘制作的布老虎和其他地方的布老虎不一样。她主要是用色彩渲染的方法制作布老虎。这就需要制作者具备搭配颜色的能力和设计造型的能力。她以白色为底色，然后用红色颜料为老虎画出条纹，在此基础上再用鹅黄进行渲染，画出的布老虎憨态可掬，金光灿烂。

大娘的绝活在于边说边画，一点也不耽误。制作一个布老虎用了将近三小时，然后她摆出自己的其他作品让我们挑选。甚至大方地说我们可以不给钱。她不仅有布艺作品，还有面塑作品，每一件要 10 元钱。有一堆龙凤绣品，她开价有点高，要求一对龙凤同时买，100 元。我有点犹豫，但还是买了。因为我不知道什么时候才能再来，也不知道什么时候才有人来买她的作品。大娘看上去非常高兴，忙着给我们口袋里塞花生和小果子。

走的时候她还拉着我们的手说：“娃啊，你可要想着来看我，我还不知道能不能活着再看到你呢。”

她无意中说的话，让离别的场面有点凄楚。我紧紧握着她的手，话突然少了很多。

这是中原大地上很常见的一个贫苦的村庄——河南灵宝的焦村镇沟东村。

（三）缸鱼大爷

王学勤大爷被称为缸鱼大爷，主要原因是他画的版画是一条很大的缸鱼，俗称缸鱼画。缸鱼画是天津杨柳青年画中的一种。过去杨柳青一带的水质不太好，大家从河里担水吃，水质浑浊，必须在缸里沉淀一下才能饮用。于是在厨房里就出现了一种缸鱼画，红色的大鲤鱼，蓝色的背景，非常醒目。每到过年换一张新的贴上，就贴在靠近水缸的墙上，什么时候水面倒影能清晰地看到一条红色的游动的鲤鱼，什么时候这水就能喝了。当地百姓的智慧是令人佩服的。缸鱼画一方面代表一年一度的喜庆，另一方面又能检测水质，两全其美。缸鱼画同样通过雕版印制，所以雕版的质量决定了缸鱼画的好坏。王学勤的画从老一辈人那里学来，一点没有做个人的加工。大蓝大红的色彩搭配让他的缸鱼画泼辣而具有视觉冲击力，有极强的先锋色彩，线条粗犷，设色大胆，引人遐想。蓝绿色的底子衬着一条肥头大尾的红鲤鱼，四周点缀些绿叶粉莲，下方印有“连（莲）年有余（鱼）”四个大字。

缸鱼画是杨柳青年画中“粗活儿”的一种。每当秋季麦收以后，农活儿也忙得差不多了，这时候一家人都开始忙着准备过年的事情，做年画就成为一种农闲时增加收入的方式。但短短两个月后就要过年了，这时的年画就不能精雕细琢，作品显得粗犷饱满，线条简单写意，所以这种年画就叫粗活儿。而与粗活儿相对的是杨柳青的细活儿。细活儿是杨柳青专事印绘的那些老字号店铺的作品，他们凭借着自己在外的声誉，一年四季都在经营年画，有很长的时间可以进行精细创作。他们受到当时北京宫廷画家的影响，其作品带有工笔绘画的味道，线条清晰流畅，笔法细腻，人物和花卉逼真富丽，符合百姓追求吉祥如意的心意，很受消费者欢迎。

目前杨柳青年画的代表人物是霍庆友、霍庆顺兄弟二人。霍家几代传承，延续了传统手艺，坚持手工制作，在年画市场普遍低迷的情况下，仍旧保持了品牌的优势，有比较好的发展前景。但民间艺术不能一枝独秀，其他老字号如何在衰败的情况下重整旗鼓，发挥传统的优势，是需要认真思考的问题。除此之外，中国比较大的年画产地还有十余处，它们的发展前景也让人担忧。

话又说回王学勤。“今天下午两点，随冯先生（中国文联副主席、中国民间文艺家协会主席冯骥才）看望天津木版年画缸鱼艺人王学勤，看他搬家，人去房空。该村最后一个艺人在城市化进程中退出了生养自己的村庄。”这是我在 2011 年 3 月 27 日写下的日志。

2011 年春节前夕，我还随冯骥才先生去看望过王学勤，那天冯先生让秘书提了两瓶酒、一包茶。王学勤的家在距天津市区约 30 公里的张家窝镇宫庄子村，笑逐颜开的缸鱼大爷早早就站在门前，迎接我们。他的家陈设简陋，平时画缸鱼的地方就是卧室旁一间简单而拥挤的小屋。当地年画艺人告诉我们，今年王学勤印了 8000 张“灶王爷”，主要是周围村里的人来买，住楼房的村民和城里人已经没有用它的了。王学勤说，今年“五一”前这里的房子就要拆迁了。冯先生有些忧虑，立即嘱咐我们要抓紧时间将王学勤作画的画室拍下来，并打算按原貌搬到天津大学的年画博物馆里去。大家都担心，在城镇化建设不断加速的今天，那些被保留和挽救下来的非物质文化遗产该在何处落脚呢？虽然手艺人还在，但失去了使用手艺的村落、失去了对手艺感兴趣的人，手艺又该如何存活呢？比如年画，如果村落没有了，年画中的“缸鱼”和“灶王爷”又将贴在哪里？村民们会不会很快将它们丢弃并遗忘？

宫庄子村现有 750 余户 2700 人。村里以宫、王、展姓为主，其中宫姓为最大姓。据宫家家谱记载：宫家人最早来自山西太原，在这里已繁衍生息了 280 余年，占村中人口的 70%。王家家谱是由王学勤的本家弟弟王学桐整理的，据记载：最早王家是从山西洪洞县迁移到天津静海的，王家人娶了宫家的女人，才迁移到了这里。过去这里的人主要靠种植小麦、玉米为生，但收入十分微薄。近年来，周围的镇办企业增多，村里人都到企业上班去了，打工成了他们的主要收入来源。据悉，在“文革”以前，宫庄子村家家都会绘年画，这里的画还曾出口到世界各地。“文革”时“破四旧”，许多年画画版都被烧了，没了版就没法印年画了。由于王学勤一家还留有几块版，所以他还能坚持下来。

据原宫庄子村村支书宫玉祥回忆，他小时候一放学就会帮家里绘年画，但主要是上大色，上轮廓的大多数是长辈们。那时村里家家都去卖年画，天津古文化街上到处都是宫庄子村人摆的年画地摊。宫玉祥说，大家画的年画虽然属于粗活儿，但活儿很细，当时有的村民还创作《清明上河图》，可惜现在没人再画了，因为不挣钱，而且也没多少人买，没处贴了。“现在供‘灶王爷’的也少了，都上楼了，没有灶了。”现任村支书王连省有些感慨地说。

三、为什么我们要到田野中去？

田野调查是人类学最具特色的研究方法，始于19世纪末，至今已有100多年的历史，形成了一套行之有效的工作方法。回顾人类学田野调查的历史与早期方法，对于明确我们当前的设计艺术学田野调查的对象、目的和意义很有帮助，对于设计田野调查的准备工作、实地调查和分析整理三个阶段的规划也有一定的参考价值。而实际上，田野调查应用于艺术研究并非从现在才开始，早在20世纪50年代就已经有了对于民间工艺的大范围的调查工作，人类学和民俗学就是建立在田野调查基础之上的。这些经验的积累为我们讨论田野调查研究方法提供了良好的基础。

为什么我们要到田野中去？田野调查的优势是什么？进行田野调查的目的是什么？

想要解决这些问题，我们需要讲一个故事。一个人类学家曾经在乡村看到一个乞丐靠着墙边晒太阳，他就问：“你这样的生活有意义吗？”乞丐说：“人这一辈子最后无非是闲着没事晒太阳。”人类学家很失望，他觉得自己不会做那样无聊的事情。经过了很多年对事业的追求，他得到了想要的成就和地位，决定放弃忙碌的生活，去海边度假。在海边的沙滩上晒着太阳，他想起多年前碰到的那个乞丐，乞丐说过的那些话。我们常常自以为是，以为真理在握，主要是因为我们的经验常常来自课本和学校的教育，我们没有真正地体验过生活的不易和艰难。我们没有到民间去了解人民真实的生存状态，所以人类学家会对乞丐的生活不理解。而等理解的时候，似乎已经过去很多年。这个有点极端的例子告诉我们，一些人生道理不是从课本中得到的，而是来自田野调查。

为什么人类要穿衣服，而动物不需要？对于这个问题，很多人会从保暖、美观等角度去解释。我看过一个故事，说的是有只老虎闯进一个村庄，吃了很多人，因此官府悬赏寻找勇士为民除害。终于有一个勇士凭借着高超的武艺制服了老虎，被村民公认为英雄，可是人们把他抬到衙门后发现，英雄打虎时一直举着拳头，打完老虎以后他伸直的胳膊和拳头收不回来了，以至于他到哪里都是伸直胳膊、握紧拳头的模样，大家每次在台下为他欢呼的时候又为他惋惜，因为英雄形象有点受损。官府也很头疼，好不容易出现一个英雄，但形象却不是很好，于是想了很多方法进行矫正，但都无法让英雄放下自己的双臂。有一天，英雄又在台上接受大家的欢呼，一个人突然上了台，走到英雄跟前猛地扒下了他的裤子，英雄马上放下手臂提起了裤子，一瞬间，英雄的“病”治好了。这个故事告诉我们，衣服的作用不仅仅是御寒，也不仅仅是美观，还有一个关键的作用是遮羞。

这些民间故事带给我们的智慧，来自鲜活的民间生活，不是大道理可以说透的。

我们获取的知识很多来自书本，但单纯依赖书本并不能让知识转化成智慧，而是成了僵死的知识，很有可能还会随着时间的推移被轻易遗忘。关于田野我有一个体会：没有经过田野的发现和感悟，知识很容易成为被遗忘的对象。比如大家都知道寒衣节是中国三大“鬼节”之一，但关于寒衣节的具体习俗和为什么过寒衣节，人们大多开始淡忘或者所知甚少。大约是在十年前，我参加过一个民俗学的学术会议，会议地点在山东省菏泽市，那次会议的主办方给我们所有从济南出发的专家都买了火车卧铺票，可以直达菏泽。但十几个专家清早到了济南火车站以后发现下大雪了，很多始发车都停运了，刚开始大家还都没有在意，但火车延迟的信息一再出现后，大家都开始焦虑不安起来。火车延迟超过两个小时后，会议代表离开了一半。又过了五个小时，大多数代表都回家去了，还剩下我和另外一个老师。我留下是因为当时有同事交代了一个任务，让我这天借着会议之机送她的母亲回菏泽老家，到了菏泽有亲属接站。那位老母亲已经 80 多岁了，她没有放弃等待的意思，我就陪着她又等了八个小时，最后得知火车无法发出后，她同意第二天早上坐主办方派出的专车去菏泽。第二天清晨五点，天麻麻亮，车就来接我们了，大娘很早就等在车上。我对大娘的执着有点疑惑，不清楚为什么下这么大的雪她也要早点回菏泽，难道没想到路上的危险？大娘平静地告诉我，她的老伴儿前年去世了，葬在菏泽老家，这次她是要赶回去给老伴烧寒衣，天冷了，每年她都要给老伴儿烧寒衣。我登时有些明白了寒衣节的真实含义。它已不只是一个节日，也不只是一个传统节日符号，更多的是生者留给自己的一次机会，和亲人相聚、聊天、诉说的机会。寒衣节正值冬天最冷的时候，既然生者要加棉服了，逝者也需要穿上过冬的衣服。

有时候日常的生活让我们忽略了身边的那些习俗。当我们明白一个节日真实的内涵时，才会留意到那些存在的价值和存在的身影。其实很多地方还保留着寒衣节习俗。尤其是到了天津后我才发现，每到农历的十月初一，各个小区路口都有人在夜里烧寒衣，那种用金箔纸裁剪的精美的衣服，当地人很认真地烧，很认真地在这一天为另一个世界的亲人送去温暖。大家没有嫌弃，没有干扰，把一个古老的节日执着地延续下去。

如果没有细致的田野调查，我们对寒衣节的认识可能只停留在书本上的一些概念和描述上，无法上升到感受和理解的程度。田野成为另一个课堂，它能让知识扎根在泥土中，开出鲜活而生动的记忆之花。本书将在第三讲至第五讲“传统节日的文化意蕴”中对此进行详细讲解。

推荐阅读：

1. 马知遥：《布老虎寻踪——北方三省布老虎活态调查和研究》。

2. 庄孔韶：《人类学概论》。

3. 钟敬文：《民俗学概论》。

第二讲　田野调查中的民间文化（下）

一、田野调查的方法和策略

田野调查，是获得第一手资料的方式，不仅包括记录事实、搜集材料，还包括分析和整理。它可以是系统的有规模的长时间的调查，也可以是单枪匹马、短时间的接触性调查，但绝不是走马观花地获取资料。开展田野调查的关键是调查者必须亲身参与调查，因此田野调查不是停留在课本中的名词，而是走出书斋，走向你所不熟悉的地方。田野又是一种学术概念，它并不仅指田间地头，更指代某一民间文化的生存地。对民间文化进行的田野调查主要分为准备阶段、调查阶段、撰写调查报告阶段。在认为调查不够充分、信息来源不够丰富的时，必要时可以补充调查。

（一）准备阶段

没有准备就开始进行田野调查，会让你的田野之行陷入无序，甚至最终会一无所获。准备阶段的第一项任务是确定调查对象，选择好调查对象对高质量地完成田野调查至关重要。民间文化的调查对象包含调查地点和调查人群。确定对象不仅要确定对象是什么、是谁，还要确定什么时间、在哪个地点进行采访和观察。当确定好调查人群，调查的时间、地点也就基本能确定下来了。选取田野调查对象要把握两个原则，一是要有特色，二是要有代表性。田野调查的对象，可以是个体，如扑灰年画的创作艺人、天津泥人张的传承人；可以是一个群体，如庙会上的组织者或演员；可以是一个物，如传统村落的民居；可以是一种抽象的社会现象，如民间信仰等；可以是一个社区或机构等文化空间，如一个传统村落、一个农村大集市等。

田野调查的关键是通过观察和口述访谈获取信息。所以，选定调查对象后，就可以针对调查对象提出不同的问题。但是如果调查对象是个人，访谈相对容易展开，也有针对性。如果调查对象是一个事件，如一个传统节日的仪式，所要调查的范围就广一些，但节日仪式的组织者则是必须要列为访谈对象的。不管选取的调查对象是什么，最终都要聚焦到人，对民俗信仰的调查也离不开具体的物质载体，因为只有通过参与者的口述或对其进行观察，才能生动获知某一信仰崇拜的动机等。

因此在开展田野调查时，在时间允许的情况下，尽量多罗列相关访谈对象。这样就可以通过多个访谈对象，对同一事件形成全面的认知。对一件事的调查从多个角度去认识，更能窥见其样貌，不同人之间的访谈也可以相互证实，为事件提供更准确的描述。如果访谈对象过于庞大，而调查的时间又比较紧张，就需要采取抽样访谈的方法，选取有代表性的人作为重点对象。如针对一个传统村落进行全面调查时，我们想了解村落的历史，就要有意地选择村中最为年长者，因为他们经历的事件比较多；或选择村里的干部或教师，这两类人都是在日常生活中有意识掌握村落情况的人。因此，选择调查对象，应充分考虑其身份、年龄、文化水平等因素。年龄大、学历高、在群众中有影响力的人应是民间文化田野调查重点考虑的对象。

搜集与调查相关的知识背景是准备阶段的第二项重要任务。确定了访谈对象，就要围绕访谈内容尽量多地搜集整理与调查对象相关的知识。笔者曾经以诸城茂腔作为调查对象，而在调查前就已在诸城政府门户网站、省情网搜索了相关信息，并通过翻阅图书馆书籍查找诸城历史沿革、地理生态等基本常识，同时围绕茂腔做好调查，如茂腔的历史传承、沿革变化、代表人物、研究成果等。通过知识背景的搜集，可大体掌握一些信息，也可以了解一些当地的民俗风情，作为调查沟通时与调查对象拉近关系的开场语。此外，获取充足的背景知识，能够在开展民间文化田野调查时迅速辨别调查信息的真假、消除误导等。如果是对一个民间故事进行搜集整理，所需知晓的内容就更多，需要了解民间故事所处的环境和背景，而不是孤立看待一个故事。如果调查对象是个人，如要调查风筝制作大师，还要搜集与访谈人相关的背景资料，包含从艺经历、社会评价、主要代表作品等。如果访谈对象是一项民间技艺，如风筝的制作技艺，则要大体了解风筝起源与发展情况、制作的一般流程，有无行业暗语等，这些知识在调查前如果能略知一二，可以避免在访谈中陷于被动。所搜集到的背景知识也是书写田野报告的重要参考，众多的背景知识和信息在田野调查中可以相互印证。搜集与调查有关的知识背景，是调查前必须做的，也直接关系到某一项调查结果的质量。

准备好调查工具。纸和笔是进行田野调查必须携带的工具，现代化的录音笔、相机也是重要的辅助工具。如果需要进行影像采集，最好携带一部专业摄像机。现在已经进入了影像时代，读图、看视频被提到了与看文字同等重要的地位，影像记录手段应该成为现代民间文化田野调查的方式。在民间文化调查中，除了文字的记录，还可以进行影像资料的记录，通过摄影和拍照，记录当时的仪式流程或细节。影像记录更加直观，其丰富的镜头语言也更为吸引人，如果在拍摄中遵守真实原则并深度挖掘，最终呈现的是一种用镜头写成的民间田野报告。《舌尖上的中国》《齐鲁民俗》等影像，因为有民间文化方面的专家进行学术指导，成为通俗的民间田野记录的范本。但是在进行影像采集时，摄像机可能会影响访谈者表达，使其不能随心所欲地交流。先进摄影器材的出现也容易使被访谈者在镜头下有失真实，或面对镜头时怯场，难以达到深度访谈的目的。解决方式是，隐蔽拍摄和通过长时间的相处消除访谈者和访谈对象之间的陌生感，使其适应镜头的存在。

编写调查提纲也是准备阶段的重要任务。调查民间艺人、民俗仪式等，何时进行调查，怎么开展调查，如何去提问，提问哪些问题，都需要在进行田野调查前就想清楚。因此，在进行田野调查前，需要设计一个调查提纲，提纲应包含调查内容、调查方法、调查目的、调查步骤等，同时对于调查的分工、注意事项、调查的路线、工具的准备等也要在提纲中写清楚。调查的主要内容，可以用提问的方式呈现，但所提出的问题必须具体、全面和细致，具有可操作性，不能过于笼统与宏观，每个问题包含的信息量尽量少一些，以便于操作。例如，你要调查的对象是一场庙会，在调查提纲上可以如下记录。

（1）庙会的基本知识：庙会在什么时间举行？庙会举行地点在哪？庙会上主要的活动有哪些？庙会的组织者是谁？什么时间开始准备？庙会的历史起源是什么？哪些人会参与到庙会中？他们的年龄、性别如何？

（2）庙会与日常生活的联系：在庙会上有哪些经营活动？其中哪些是庙会保留内容？哪些是只在庙会上有的？

（二）田野调查阶段

民间文化的田野调查是一个与人打交道的过程，被称为搭建田野关系。与被调查者建立良好的关系可以使田野调查事半功倍，所以搭建田野关系要讲究一定的技巧。通过交换身份信息的方式获得被调查者的认同是一种好的办法，在田野调查中，很多人会因为一次愉快的调查交流与调查者成为一生的朋友。找到与被调查者相同的兴趣爱好去交流，可以在有限时间内快速获得信任，让他们感受到我们是“自己人”，从而获得更多有价值的信息。寒亭一民间文化研究者曾在调查当地民间传说中使用过“小帮忙，大收获”的方法，就是在调查中遇到需要帮助的访谈者，积极参与帮助，拉近关系。民俗学者乌丙安曾经讲过，田野调查要入乡随俗，这也是一种尊重他者的方式，蒙古族的乌丙安平时不吃鱼，在他调查侗族文化时，侗族人用最尊贵的酸鱼待客，他用食用酸鱼的方式表达自己对侗族人的尊敬。

对民间文化的田野调查应该带有一种灵活自由的心态去开展，对于调查方法的选择也要根据调查的需要灵活应变。田野调查方法可以分为访谈法和参与观察法。参与观察法是直接亲临现场观察，调查者可以是不被调查对象所知的观察者，这样调查的内容更加真实。如果你想调查庙会上的信仰问题，可以在庙会当天，直接前往调查地点，观察、询问赶庙会的人，通过观察和询问获得最真实的内容。也可以告知被观察者，但这样得出的观察结果可能会失真。如果提前告知被调查对象调查人员要全程参与赶庙会的过程，有时还需要村干部陪同，被调查的对象就不敢表达真实的想法了，调查结果就会比较片面。

参与观察法是民间文化田野调查者开展调查活动的一种重要方式，特别是当我们对一种民俗仪式进行调查时，需要细致客观地观察民俗仪式的全过程。但是参与观察法也有一定的局限性，受时空限制不可能全方位了解整个仪式的过程，只能从一个视角去了解，对一个细节关注，不免就忽略了对其他细节的观察。例如，对天津皇会的调查，如只用一双眼睛观看，就不可能将所有流程、所有参与者都观察到。这就需要我们运用另一种调查方法，即访谈法。访谈法是邀请当事人进行集中或逐一询问了解，分为个人访谈和集体访谈，可以通过不同人的口述，了解全貌。访谈不能感受现场气氛和情绪，容易漏掉重要细节，甚至因为访谈对象不具有代表性或表达的信息不准确以至漏掉核心关键信息。民间文化田野调查以人为主要调查对象，观察和询问构成了全部，因此最好采用现场观察和访谈相结合的方式进行。

重视口述的力量。文化是无形和抽象的，民间文化也是如此，它必须通过一个载体呈现出来。民间传说、民间戏曲、民间舞蹈必须通过人的表演才能呈现它们存在的价值和意义。民间美术虽然是通过作品说话，但是也离不开人的创作。技艺的传承也是人的传承，例如民间剪纸和年画创作技巧多数是通过人们的口耳相传。所以，民间文化是以人为物质载体，通过口耳传承。口述是民间文化的重要传承方式，人是其重要载体。在口述中，要注重访谈者的言外之意和说话动因，寻找所谈内容背后的动机。

在田野调查中还要注意访谈笔记、录音笔记和田野笔记的记录和保存，这是日后书写田野报告的基础。

（三）调查报告的撰写阶段

田野调查报告是民间文化调查的终点，田野调查报告讲究客观描述、真实记录，对撰写的语言要求则是要朴实而生动。总的来说，田野调查报告可以分为综合性的田野调查报告和专题性的田野调查报告。综合性的田野调查报告涉及的民间文化内容比较广泛，以概括式描述为主，如撰写某一个传统村落的调查报告，可以涉及与此村落相关的许多不同类别的民间文化，包括村中的民居、节日民俗、生产生活民俗、村中从事民间工艺的艺人情况等。专题性的田野调查报告则针对特定的一个问题展开，内容比较专一，可以更深刻地对某个问题进行深入挖掘，如调查传统村落中一项独特的民俗仪式等。

一般来说，一篇田野调查报告应包含标题、前言、概况介绍、调查内容、调查分析、总结或结论，以上是比较传统的调查报告的组成部分。因为田野调查要讲究自由灵活，报告的结构也不应局限于此，应根据调查的实际情况选择报告的结构。

田野调查强调调查的过程和结果。但是对民间文化的现象观察是一种感性认识，需要运用逻辑思维对调查内容进行科学加工，使之升华到理性认识，才能形成合格的田野调查报告。通过描述现象，表达深层认知，即书写要有深度，将看到的细节通过有逻辑的语言呈现出来，而不仅仅是记录和描述，不是简单地做成流水账。田野调查要讲求客观性，客观描述事实，不带有个人感情色彩，尤其是在调查报告中不可随意批判调查对象，做出调查对象落后或愚昧的结论。民间文化纵然有落后的一面，但是学习者或调查者应该以发掘其价值为主要目标。

二、走进田野需了解的民间文化

民间文化涵盖了过去和现在民众文化的方方面面，包含民俗文化、民间文学、民间艺术，其中民间艺术又包含民间美术、民间戏剧、民间曲艺、民间舞蹈①。

（一）民俗文化

民俗文化就是百姓日常所称的民间风俗，是民众祖辈相传、延续至今的仍然被认同和遵守的生活方式。民俗文化可以进一步划分为生产民俗、生活民俗、岁时节日、民间信仰、人生仪礼等。

生产民俗是指农业、渔业、商业、采猎等行业传承下来的风俗习惯。存在于乡村中的“农谚”，是指导农业生产的习俗，华北地区有“过了惊蛰节，春耕不停歇”的说法。一些少数民族如傈僳族有“狩猎月”，将农历十二月作为狩猎月，在这一个月中人们活跃在山林里。而在湖南等地有“打春牛”的习俗，立春时，

① 从2001年开始，中国民协发起了“中国民间文化遗产抢救工程”，本文对民间文化的分类是为了便于开展田野普查，编写《中国民间文化遗产抢救普查手册》。

在耕牛角和鞭子上挂上红彩，赶牛下地轻轻地在牛身上打三鞭，边打口中边念叨："一鞭风调雨顺，二鞭国泰民安，三鞭天下太平。"以祈求今年有个好收成。

生活民俗包含衣食住行等方面的习俗。穿着习俗方面，在草原生活的蒙古族多穿牛羊皮缝制的衣服，哈尼族的服饰色彩艳丽、五彩斑斓，回族的服饰则素雅端庄。各地饮食民俗不同，丰富了中华民族的饮食文化，北方人喜欢面食，南方人喜欢米食，这都是千百年来形成的饮食习惯。在过去出行更是有讲究，出远门都要选择吉日，即使在今天，山东青岛平度的农村在新春第一次出远门时还要燃放鞭炮，在车上贴上福帖或是"行车万里"的红帖，以祈求一年行车顺顺利利。

如何度过春节、元宵节、端午节等传统节日则是岁时节日的内容之一。春节是中国最重要的传统节日，春节的习俗最多也最讲究，不同的地方过春节的方式是不一样的，主要有贴春联、拜年、舞龙舞狮等，其他的还有扫尘、送灶神、接祖、守岁等一系列活动或仪式。除了一些传统节日，民间还有一些宗教节日，如农历四月初八佛教节日浴佛节和七月十五日的"盂兰盆节"，全国各地还有各种形式的庙会。北方地区庙会一般选择在三月三或九月九，百姓会前去庙宇祈福求子，庙会也成为民间艺术展示、民间物资交流的场所。

民间信仰是广泛存在于民间的一种自发性的情感寄托、崇拜以及伴随着精神信仰而发生的行为和行动。它包含着对祖先的崇拜、对神明的崇拜、对先贤的崇拜以及对鬼怪的崇拜。在民间，人们崇拜财神，祈求财运，其他的神还有灶神、土地神、门神。妈祖信仰则是中国沿海地区汉族的重要信仰之一。在过去，中国内陆地区建有龙王庙，在干旱时向龙王求雨，举行求雨仪式。在南方的很多地方都建有宗祠，每年定期举行祭祖仪式，到了清明节还要扫墓祭祀。山东莱芜地区在中元节的时候，要给逝去的先人送寒衣。在一些地区还有对先贤的崇拜，除了各地建有文庙祭拜孔子外，在舜的故乡诸城，还建有大舜庙供民众祭拜，香火不断。除此之外，民间还有鬼神的信仰，山东部分地区还有狐仙信仰。

人生仪礼包含着丰富的内容，这表现出民众对生命的敬重和关怀，从出生到死亡每一个重要的阶段都有相应习俗。比如，出生有诞生礼，给亲戚报喜也特别有讲究，如果生的是男孩，女婿要携带公鸡去给岳父报喜，如果生的是女孩，就带去母鸡去报喜。给小孩送粥米、过百岁，成年男子举行冠礼，结婚时要遵守婚嫁民俗，订婚和结婚礼仪严肃、庄重而又喜庆。人去世了，还有丧葬民俗，有着严格的报丧、祭奠、出殡、服丧的习俗。我们在开展民俗文化的调查时应注意观察民俗活动的整个仪式。

（二）民间文学

民间文学是由劳动人民口头创作和集体传承的文学，在传承和传播中不断丰富和完善，用生动而朴素的口头语言表达民众的生活经历和情感。民间文学又可以细分为神话传说、民间故事、谚语、俗语、歇后语、谜语、笑话、歌谣、史诗等。

神话传说也可以细分为神话和传说，都是在民众的丰富想象力之上创作完成的，但神话产生的历史更久远些，传说的内容往往带有历史的影子，神话以神为主角，传说则以人为主角。中国古代有四大神话，分别为女娲补天、共工触山、羿日除害、嫦娥奔月。在民间还流传着盘古开天辟地、女娲造人以及云南彝族《阿细的先基》等创世神话。四大传说有牛郎织女、孟姜女哭长城、梁山伯与祝英台、白蛇传。另有麒麟传说、鲁班传说、八仙传说、秃尾巴老李的传说、屈原传说、王昭君传说等。除了上述神话和传说外，民间故事还包含寓言故事、历史故事、幻想故事等。歌谣包含民间小调、儿歌、情歌和劳动歌谣。谚语、俗语、歇后语、谜语、笑话等则是短小精悍的民间文学。

少数民族的民间叙事诗、史诗也是民间文学的重要组成部分。其中彝族的《阿诗玛》以口传诗体语讲述了阿诗玛同强权斗争的故事，它代表了彝族人民不屈的精神。藏族的史诗《格萨尔》讲述了格萨尔王扬善抑恶、统一草原的故事。《江格尔》是蒙古族英雄史诗，反映蒙古族人的生活理想。《玛纳斯》是柯尔克孜族的英雄史诗，通过表现英雄玛纳斯及其后代的事迹，体现柯尔克孜族同胞团结、奋发的民族性格。

（三）民间艺术

民间艺术是民间文化的重要组成部分，它源于生活，反映生活，为民间生活添加情趣，它的形式多种多样，包含了各种艺术种类，民间音乐、民间舞蹈、民间美术、民间戏曲、民间技艺、民间体育与游艺等都涵盖在民间艺术之中。

民间音乐包含山歌、民歌、宗教音乐等，那些动听的唢呐曲、沂蒙山小调、二胡曲等都是民间音乐的组成部分。其中陕北民歌以接地气、嗓音嘹亮著称，主要有信天游、小调、酒歌、榆林小曲等二十多种，最为闻名的是《走西口》《赶牲灵》《兰花花》《绣金匾》等，是汉族民歌的代表。中国少数民族也热爱唱歌，有时更是以歌代言，以歌对答，瑶族民歌、黎族民歌、藏族民歌等包含着大量的情歌。佛教音乐缓慢平和，清新脱俗，分为赞、偈、咒、诵四大类，代表性的佛教音乐有鱼山梵呗、大相国寺梵乐、青海藏族唱经调等。道教音乐是另一种重要的宗教音乐，主要由声乐和器乐组成，有独唱、齐唱、独奏、合奏、伴奏等形式，分为颂、赞、步虚、偈、吟咏等形式，代表性的道教音乐有崂山道教音乐、泰山道教音乐、胶东全真道教音乐等。

民间舞蹈，由劳动人民自创自演，主要表现为群体性舞蹈。在山东最通俗的民间舞蹈是秧歌，鼓子秧歌、胶州秧歌、海阳秧歌，合称山东三大秧歌，每逢重要节庆，民间秧歌队都会尽情表演。安塞腰鼓是陕西民间最常见的舞蹈，舞蹈者腰间系上腰鼓，在舞蹈时双手持鼓棒随节奏敲击腰鼓。广东地区醒狮舞是狮舞的种类之一，其中最精彩的部分是“采青”，表演时将青菜和红包挂置在高处或不易取到的地方，借此让舞狮的人员一边表演一边取物，以表现舞狮者的灵巧和功夫。此外民间还有高跷、旱船、龙灯、舞龙等群众性舞蹈。

民间美术品类繁多，可以分为民间绘画、民间雕塑、民间剪纸等。民间绘画有版画、年画、扇面画等。中国最著名的三大年画产地分别是天津杨柳青、苏州桃花坞和潍坊杨家埠，此外还有东昌府年画、平度宗家庄年画、河北武强年画。年画内容多以神像为主，过去流行贴门神和灶神，现在胶东农村过年时仍贴“灶王爷”（民间对“灶神”的称谓），还有一些如“赐福天官”“南极仙翁”等带有吉祥寓意的内容。民间雕塑包括面塑、泥塑、木雕、砖雕、石雕等，木雕、砖雕、石雕常常见于民居建筑的装饰性构件中，面塑也称面人或江米人，用小麦粉和糯米粉作为原料，一部分是一种民间玩具，另一部分则用于各种民俗仪式，如在山东盖新房的“上梁大吉”仪式中要捏制一些龙凤或狮子等。民间剪纸，根据用途可以分为窗花、过门笺以及结婚时用的喜花等，内容多为四季花鸟、龙凤呈祥、喜鹊登梅、鲤鱼跳龙门等，也有很多表现历史人物的，如八仙、嫦娥等。

中国民间戏曲历史悠久、种类繁多，大约有300多种不同形式的地方戏，主要有豫剧、评剧、越剧、粤剧、淮剧、黄梅戏、吕剧等，还包含着傩戏、木偶戏、皮影戏等。其中豫剧又叫河南梆子，有的高亢活泼，有的悲凉缠绵，分布在河南、山东、江苏、安徽、山西、河北等多个省份，是除京剧外分布最广的戏曲。越剧起源浙江嵊州，流行于江浙沪等地，唱腔委婉、表演细腻是其重要的特征，《红楼梦》《梁山伯与祝英台》是其代表作。黄梅戏是安徽地方戏，表演朴实优美，生活气息浓厚，代表性剧目有《天仙配》《女驸马》《牛郎织女》。吕剧发源于山东，流行于江苏和东北地区，由民间演唱山东琴书发展而来，代表剧目有《姊妹易嫁》《李二嫂改嫁》等。

民间技艺强调手工艺制作。编织在过去是一种几乎人人都会的技艺，主要有草编、柳编、竹编、藤编，篓子、篮子、簸箕等实用而美观的器具，用高粱皮做成的席编是胶东地区重要的生活物品，手工技艺的最终成果既是艺术品也是实用工具。传统手工艺如瓷器制作也是一种民间技艺。在民间庙会上，画糖画的艺人面前有一个画着十二生肖的板子，中间是一个可以旋转的指针，小孩转到哪个就制作哪个。剪纸、年画、风筝等可以属于民间美术，但是制作技艺则是一种民间技艺。此外，表演皮影戏、木偶戏是一种民间戏曲，但是制作皮影和木偶是一种技艺。

民间体育与游艺也属于民间文化。放风筝是我国源远流长的民间杂艺活动，清明前后，开阔的河滩、田野上就会看到很多放风筝的孩童，在潍坊每年还要举办风筝节，龙头蜈蚣风筝是其重要的代表作品，还有许多手工糊制的“豆腐块”“八卦”等。另一种游艺项目叫猜谜语，也是深受山东民众喜爱的活动，“麻屋子，红帐子，里面住着个白胖子”可能是孩童最早听过的谜语。在春节、元宵节期间，各地还会举办一些猜灯谜活动。还有一种活动是打铁花，在临朐、周村和滕州等地十分流行，打铁花原是铁匠在元宵节前后举行的祈福活动，后来不断发展，观赏娱乐性色彩愈来愈浓，终于成为富有特色的生活游艺活动。打铁花的历史难以考证，据民间相传最晚在明末清初时，已经在临朐、周村一带流行了。打铁花活动一般在元宵节前后举行，晚上人们早早地等在村头的空地上，打花师傅将铁水舀在铺有谷糠的木板上，飞奔至空地向天空抛洒，等铁水快要落地时用力击打，顿时火花四溅，赢得一片喝彩声。

三、田野报告的写作和学术提升

调查归来需要在短时间内完成田野报告，田野报告有一套模式，笔者不主张写成一个模样。不论采用什么格式，田野报告应如实详细地记录调查对象的性质，调查内容，与之相关的自然条件、历史文化，整体文化环境，调查对象相关的各种故事细节，时间和地点要清楚，物件的名称要准确，人物的性别、年龄要准确。田野报告的写作应该是跨文体写作的一种。有时候为了记录，通过微信以诗歌或者短文的方式配图发出，效果也非常好。既能记录下每天的工作，又能及时地和学界互动，获得更多的确切信息。

什么是好的田野报告呢？我觉得有可读性、相对的客观性、真实性，富有人文情怀的田野报告就是优秀的田野报告。

初写田野报告的同学认为这就是一篇散文，想到哪里写到哪就行，那就错了。田野报告必须有自己的时间或者空间逻辑，不能乱写，也不能把调查对象的名字记错，更不能夸大或者武断，也不能把先入为主的观点直接带到调查对象那里去。在调查之前，你可以搜集调查对象的信息，了解一些当地比较生僻的事项，但不能过早下结论。毕竟你没有亲眼亲耳去看、去听、去感受。

完成田野报告，大多数人以为就是完成了田野调查，其实还有一项重要的工作需要完成，就是提升田野报告的学术价值，使其成为一篇合格的学术论文。

从田野报告或者田野札记到一篇论文是一个不断提纯，不断有意识地进行田野积累和学术锤炼的过程。比如我们在做天津皇会的调查时就发现，其中三道属于国家级非物质文化遗产的法鼓老会，都经历了城镇化改造过程，改造结束后法鼓老会的传承方式发生了很大的变化。一道老会是过去的村庄拆迁后村民全部还迁，村庄变成了现代化的高楼大厦，但村民们还在，古老的乡村习俗还在，皇会的人气还在，所以其传承就表现出极大的活力，没有濒临解散的危险。另一道老会属于城镇化改造后，村民们都分散居住到了很远的地方，老会会员们训练比较难，最重要的是欣赏和喜爱他们的村民没有了，老会接续比较困难。还有一道老会的情况属于两者中间的情况，一部分还迁一部分迁移，老会的情况尚可，但传承活力不足。针对三道老会的不同特点，解读城镇化对非物质文化的影响，根据它们传承的现状进而提出建设性的设想和意见，为当前整体性的城镇化发展中的非遗保护提供思路和方法，是这篇论文的价值所在，也是田野调查后的学术升华。如果仅写出三道老会的田野报告，但不积极思考理论升华，好好的素材就浪费了。同样，为期一年多的三省布老虎的现状调查也为我们提供了四篇以上的论文，这些论文大多发表，而且得到很好的反馈。田野调查的特点是与现实生活紧密相关。因为所有的调查对象都活在当下，而当下非物质文化遗产的保护正需要以小见大的案例为其提供经验，所以，从田野中来是基础，经过理论提升才能实现学术升华。

在此我想举两个经典的田野调查和理论完美结合的例子，让大家更好地领悟两者之间的关系。

一个是功能主义学派的代表人物马凌诺夫斯基的著作《西太平洋的航海者》。在这部著作里马凌诺夫斯基提出了文本记述的重要性，也就是田野调查报告中记述的应用价值。他认为记述是一种文本体裁的民族志的基本写作手法。《西太平洋的航海者》可以说是一个扩大的田野调查报告，也是首屈一指的民族志经典。这里要说到一个概念：民族志。

民族志是人类学独一无二的研究方法。它是调查者基于田野工作对参与其中的观察所做的第一手记录，或者通常说是关于文化的描述，以此来理解和解释社会并提出理论的见解。民族志既是一种研究方法，也是一种文化展示的过程与结果。

民族志也是一种写作文本，它是基于田野工作对人类社会的描述研究。民族志常常以文字或影像呈现。人类学家或民俗学家到一个田野点上进行调查，把观察到的人民的生活方式记录下来；透过对部落社会的细部刻画，如经济交换关系、家族制度、宗教仪式过程，来说明社会整体和文化全貌。马凌诺夫斯基主张民族志的调查必须包容三类素材：有关制度和风俗的整体概观，对观察到的社会行动的现实情况的记录，民族志的说明。

田野调查或者民族志写作需要的方法如下。

（1）观察与参与观察。民族志研究者在各种场合观察个人行为与集体行为。他们往往在田野地点停留超过一年，因此可观察一整年。目前很多院校的学生做不到这一点，但也要求至少要连续调查半年以上，否则很难达成对对象的深入认识和了解。

（2）相处共话、访谈。通过搭建和调查对象的关系，进行口述史采集或者情况的调查，这时候需要充分调动与人相处对话的技巧，以平和、积极而又友善的态度请教，平等交流。

（3）谱系记录。对每一个访谈者，如果可能需要做一个家族或者群体的谱系调查，至少三代以上的记录才能保证调查对象的真实和严谨。

（4）重要文化报道人。每个社群都有某些特定人物，他们由于机缘、经验、天分或训练，而能提供某些生活方式的全部信息或有用信息，也因此成为重要文化报道人。

（5）个人史的深度访谈。比起其他人，研究者会对某些村民更感兴趣，而他们也对调查更有助益。当某个人特别引起人类学家的兴趣，他们可能会收集他（她）的个人生命史或生活史。

（6）主位观点与客位观点。民族志研究者往往结合两种研究策略：主位观点（emic，当地人取向的观点）、客位观点（etic，科学家取向的观点）。这些语汇源自语言学，主位观点探究当地人如何思考感知以及他们对这个世界的分类。客位观点则是观察者所注意到的重要的事情。

马凌诺夫斯基的著作之所以值得学习，是因为他把一次田野报告或民族志的写作做成了经典的理论教材。人们需要学习的是怎样从现象的细描到深刻的阐释。这不是简单的事情。我们在读博的时候也常常犯难，老师要求我们的文章要透过现象看本质，要求提升理论水平，我们感觉自己已经够理论了，为什么还是上不了水平。经过多年的科研才明白，理论水平的提升是思维能力的培养，需要经过长期艰苦的学术训练，不是轻易就能提高的。

且来看《西太平洋的航海者》，这本书记述的是新几内亚东部的南马辛区域所特有的库拉活动。库拉是项圈和臂镯相交换的仪式；从整体上看，库拉是新几内亚的南马辛地区的众多岛屿上的不同语言、不同族群的人们相互联系的社会—经济体系。这种活动“不是发生在任意的个人之间，而是发生在固定的库拉伙伴之间。一旦成为库拉伙伴，往往终身都是库拉交换的伙伴，除非两人之间发生严重的问题。男人通过参与库拉而得到声望。从交换的对象来看，项圈与臂镯交换，臂镯与项圈交换，而绝对不会项圈与项圈、臂镯与臂镯交换”①。在田野观察和体悟后，作者在文中总能提升出这样的文化阐释，这样的内容是我们在田野调查之后需要总结的，否则就只是从现象到现象了。作者说：“库拉中最重要和最独特的东西——不断被交换和永远具有交换性的宝物，就因流动和流动特质而取得了价值。”这是发现和提升，是对文化的新认识。这样的思考方式如果解构一下就是：库拉是什么——为什么要用它——结果怎样？当这样去观察和体验后，我们自然会获得比较深刻的认识，而不仅仅是客观呈现，或者冷漠的表述。

所以我们可以从他的著作中看到精辟的理性分析，他认为考察他者文化就是为了看清我们自己，他能从土著的日常生活看到其内心的精神需求：“或许人的精神会以我们意想不到的方式向我们敞开，或许通过认识遥远而陌生的人性，我们会看清我们自己。而且仅在这个意义上，我们才会在情感上判断出，花费时间去理解这些土著人是值得的，理解他们的惯例和习俗是值得的，了解他们的库拉是值得的。”② 这样的理性分析提升了田野调查的意义，同时也在帮助我们审视田野对象。

在学习中，很多人收集了很丰富的田野资料，但具体到论文写作时不会使用，其中一个原因就是把田野当成了叙述者，调查只是听故事，忘记了需要对故事进行归纳和分析。只有将遥远的事件放到当下的生活中时，我们才能发现差距，才能做出判断，这是一条经验。

马凌诺夫斯基把土著生活划分为基本原则、行为方式、社会心理三个领域，尽管有所贡献，但是仍有以先入为主之见僭越民族志事实的嫌疑。因为土著生活中，还存在象征、结构、逻辑、历史等领域，这些都不是上述三项可以囊括的。还有，土著人自己造就的世界，不可能属于西方心理学为人类社会编织的生活范畴。

---

① 马凌诺夫斯基：《西太平洋的航海者》，北京，华夏出版社，2001，第 24 页。

② 马凌诺夫斯基：《西太平洋的航海者》，北京，华夏出版社，2001，第 58 页。

美国人类学家克利福德·格尔兹的《文化的解释》一书写了田野民族志理论解析的方法，在他的阐释下，人类学已经渗透到了文化研究的各个领域，在哲学、语言学、宗教研究、文化批评等方面产生了深刻的影响。他认为人是悬挂在由他们自己编织的意义之网上的动物，文化就是网，文化的分析不是一种探索规律的实验科学，而是一种探索意义的阐释性科学。他认为人类学不仅是观察行为，更重要的在于阐释行为。可以这么认为，在研究对象上，民俗学和人类学各有侧重，但在核心的调查方式和理论提升的路径上，民俗学借鉴了人类学的方法。在跨学科和学科融合的今天，这不是什么坏事，只要对学术探索有利，方法都是可以借鉴的，需要打破过去严格的学科壁垒，不能产生学科间的轻视。所以在阅读格尔兹作品时，我们只能庆幸民俗学者能和他的观点相遇，民俗学其实就是本土的人类学，这是可以直说的真相，只是人们不愿意承认罢了。

所以当我们对文化现象进行解析时，需要动用分析的手法，需要对现象进行分层次的比较研究，进而动用心理学手段进行逐层深入的分析。在这本著作中，我们尤其需要注意的是其中收录的一篇民族志的分析文字——《深层的游戏：关于巴厘岛斗鸡的记述》，他对巴厘岛的斗鸡活动做了描述和分析。他认为巴厘岛人审美地、道德地和超自然地将斗鸡视为人性的动物性表达。巴厘岛的斗鸡就是一种情感爆发、地位之争和具有社会意义的哲理性戏剧的综合体。他认为，斗鸡通过那些没有实际结果的层面上的行为表现普遍的日常生活经历，从而使之能够被理解。作为一个形象、一种虚构、一个模型和隐喻，斗鸡是一个表达的工具，它以羽毛、血、人群和金钱为媒介来展现社会激情的减缓或增强。斗鸡是巴厘岛人对自己心理经验的解读，是一个他们讲给自己听的关于他们自己的故事。当我们从对格尔兹的民族志的细读和分析中看到这样的观点时，是可以受到启发的。对民族志的感知是需要情感介入的，客位不能失去，他能够更多地通过现象揣测或分析到作为主位的内心活动、情感需要、深层次的精神需求。文化的分析如果有意识地做到了透过田野现象而分层次掘进的思路，我们的收获必将是独特的，否则我们得到的只能是“浅描”，没有深刻意义的简单记录而已。

人类学的写文化是对文化阐释的再阐释，民俗学田野报告的深化也应该能做到田野文字背后文化的深度阐释。所有的文化都是写文化，我们需要意识到这一点。

推荐阅读：

1. 马凌诺夫斯基:《西太平洋的航海者》。

2. 詹姆士 · 弗雷泽:《金枝》。

3. 克利福德 · 格尔兹:《文化的解释》。

参考文献：

[1] 刘德龙. 山东省志：民俗志 [M]. 济南：山东人民出版社，1996.

[2] 湖南省地方志编纂委员会. 湖南省志：第 26 卷　民俗志 [M]. 北京：五洲传播出版社，2005.

[3] 王铭铭. 西方人类学名著提要 [M].2 版. 南昌：江西人民出版社，2006.

[4] 马凌诺夫斯基. 西太平洋的航海者 [M]. 北京：华夏出版社，2001.

第三讲 传统节日的文化意蕴（上）

一、春节的由来

古代岁首时间曾在冬春季节的时间点上游移，立冬、大寒、立春等都曾为岁首的时间点。春节在古代称为岁首、正旦、元日、元旦等，中华民国成立以后将正月初一称为春节。由于我们大家都已经习惯将春节等同于岁首，故春节又俗称“新年”，是中华民族最隆重的传统节日，全国各地汉、蒙古、壮、布依、朝鲜、满、赫哲、侗、瑶、白、黎、畲、纳西、仡佬、裕固等族都过此节日。

“春”是个会意兼形声字。甲骨文中的“春”字呈左右结构。左边上下各有一个“屮”（chǎo）字，即草；中间是“日”，即太阳。两棵草夹着一个太阳，寓意“旭日东升”。右边为植物的种子扎根大地、破土而出的样子：中间的一横代表地面，下面是根，上面的圆形部分代表刚刚破土的芽，这是“屯”（tún）字的甲骨文字形。“屯”的本义为种子扎根发芽，后被引申为“聚集”等义，在此表示“万木萌生”。“春”字的本义是“阳光抚照，万木初生”。“年”的本义是农作物的丰收，甲骨文中的“年”字是人背禾的象形字，指收成。《说文解字》：“年，谷熟也。”在农作物丰收之后，人们要举行庆祝活动，祭祀神灵，感谢赐予并祈求来年丰收。

秦始皇统一六国后规定以十月为正月，汉朝初期沿用秦历。汉武帝太初元年，即公元前 104 年，天文学家落下闳、邓平等人制定了《太初历》，将原来以十月为岁首改为以正月为岁首，后人在此基础上逐渐完善为我们当今使用的阴历（即我国的农历），落下闳也被称为“春节老人”。

那么谁是落下闳呢？西方有圣诞老人，中国有春节老人。每到春节期间，在有“中国春节文化之乡”美称的四川阆中，人们常会看到身着红色吉庆传统服饰、手持法杖、面容慈祥的白发白须老人，在忙着给人们送发红包，恭贺新年快乐、平安吉祥。这就是春节老人落下闳的化身。

落下闳，姓落下，名闳，巴郡阆中（四川阆中）人。汉武帝元封年间（公元前 110 年—公元前 105 年），历法由于多年未修以至于非常混乱，与天象严重不合而影响农业生产。汉武帝下旨编造新历，除依靠以司马迁为首的官方天文学家，还广泛征召民间天文学家进京修历。汉武帝认为落下闳等制定的历法优于其他 17 部历法，于是在公元前 104 年将其公布实施。当年改元太初，这部历书就叫《太初历》。《太初历》采取了当时先进的计算方法，一直被历朝历代沿用，其间只作过几次小的修改。这也是中国有史记载以来使用时间最早、历时最长、最科学完整的历法。

《太初历》中，首次将二十四节气编入，孟春是春季第一个月，以正月初一为一年第一天，称为元旦。二十四节气中的立春常会出现在春节前后。从此，中国人迎接新年与迎接春天的时间真正吻合了。

在魏晋时，汉民族就已形成除夕守岁的习俗。唐朝时，人们除登门拜年，还发明一种“拜年帖”。唐太宗李世民用赤金箔做成贺卡，御书“普天同庆”，赐予大臣。这一形式迅速在民间普及，并改用梅花笺纸。当时这种拜年帖被称为飞帖。宋代人过年开始吃饺子，宋朝称饺子为“角子”。宋代已普遍开始用纸包火药做成爆竹。除夕、春节放爆竹之俗便逐渐盛行。到了明朝，接灶神、贴门神、除夕守岁、十五赏灯会等习俗都已经盛行。清朝非常重视过年，宫廷过年十分奢华，皇帝有写福字下赐群臣的习惯。过年要一直延续至元宵佳节才算结束，猜灯谜是元宵节甚为流行的娱乐方式。

春节除了辞旧迎新，还包括很多其他内容，其中庆祝丰收、全家团圆是其主题。其实春节一般从农历的十二月二十三就开始过了，那日被称为“小年”，从那天起人们就开始忙碌起来准备过年时需要的各样东西了。

民间称腊月二十三是送灶王爷上天的日子，这一天厨房里要祭拜灶王爷，希望他能够在上天庭汇报一年的工作时，对各家能美言几句，得到上天的恩惠。

"上天言好话，下地保平安"。这天家里尤其要给灶王爷敬献一些糖果和蜜饯之类的食品，为的是哄得灶王爷能说出好话来。现在在中国的很多农村，你在他们的厨房都能看到贴着的灶王爷画像，每年换一次，足见这一习俗流传之广。

"腊月二十四，家家扫院子。腊月二十五，裁纸糊窗户。腊月二十六，宰羊炖猪肉，腊月二十七，杀了大公鸡。腊月二十八，煮枣把面发。腊月二十九，春联贴门首。三十守岁坐一宿，大年初一拜新春。"这首采录于山东临清境内的《过年歌》，生动地勾勒出山东民间盼年、忙年、过年的热闹场面，同时也展现出山东人过春节的大致节俗流程。

二、说说春联

春联也叫门对、春贴、对联、对子、桃符等，它以工整、对偶、简洁、精巧的文字描绘时代背景，抒发美好愿望，是中国特有的文学形式。每逢春节，无论城市还是农村，家家户户都要精选一幅大红春联贴于门上，为节日增加喜庆气氛。这一习俗起源于宋代，在明代开始盛行，到了清代，春联的思想性和艺术性都有了很大的提高。

大红春联表达了人们对新的一年的希望，烘托出浓浓的节日气氛，是用汉族民间艺术形式表达传统文化的重要载体。贴春联也有很多讲究，若是贴得不当，就会被人笑话。

传统贴春联的方法为，面对大门时，上联在右，下联在左，横额文字顺序为从右至左。另一种是现在常用的贴法。中华人民共和国成立后由于横式书写格式改为由左向右，春联也可以上联在左，下联在右，横额文字顺序也是从左至右，适应人们的阅读习惯。若是将两种春联贴法"混合使用"，就不太好。

中国百姓对贴春联一直情有独钟是因为其传统的思维观念。俗话说："一年之计在于春。"中国人民自古就有一种乐观的思维观念，就是寄希望于未来，祈盼未来自己会有好运。无论在过去的一年里有什么高兴、得意的事，还是有什么不如意的事，总是希望未来的一年过得更好，所以他们借助新春贴春联表达在过去的一年里欢喜和幸福的心境，或者表达对新的一年的期盼与希望。在他们的传统观念里，一年有个好的开端是最如意、最吉利的事，同时中国人过春节很讲究喜庆、吉利、热闹，吃好的、喝好的、放鞭炮、走亲访友等都是喜庆心理的反映，而贴春联恰恰是强化人们的喜庆心理和渲染气氛的一种外在手段。

春联是一种特有形式的独立文体。它的最显著的特征就是形式上成对成双，两联彼此相“对”，内容互相照应，紧密联系。一副对联的上联和下联，必须结构完整统一，语言鲜明简练。

（一）春联的基本规矩

春联的张贴，要符合传统的规矩，春联要竖贴。上联要贴在右手边，下联要贴在左手边，横批也是从右往左读的。上下联不可贴反。譬如，“春回大地百花争艳，日暖神州万物生辉”，就不可贴成“日暖神州万物生辉，春回大地百花争艳”。从内容看，上联与下联具有因果关系，因为“春回大地百花争艳”，才使得“日暖神州万物生辉”，如果贴反了就颠倒了因果关系，也让人读着别扭。再从平仄看，从春联上句和下句的平仄上就可以判断出上下联来。这副春联的上联尾字“艳”是四声，即仄声。下联尾字“辉”是一声，即平声。一般地说，如尾字是三声、四声（仄声）的是上联，如尾字是一声、二声（平声）的是下联。但也有的对联上联尾字是平声、下联尾字是仄声，不要认为是仄声的都是上联。遇到这种情况就要从春联的内容上来判断上下联。这就要求在张贴时认真读联，真正明白联句的内容。

上下联字数要相等。譬如，“新春富贵年年好，佳岁平安步步高”，这副春联每联都是七个字，上下联字数相等，这是春联的最基本的要求。但是也有另类的现象。据说在 1916 年窃国大盗袁世凯一命呜呼之后，全国人民奔走相告，欢欣鼓舞。四川有一位文人，声言要去北京为袁世凯送挽联。乡人听后，惊愕不解，打开他撰写好的对联一看，写着“袁世凯千古，中国人民万岁”。人们看后，不禁哑然失笑。文人故意问道:“笑什么？”一位心直口快的小伙子说:“上联的‘袁世凯’三字，怎么能对得住下联的‘中国人民’四个字呢？”这个文人听了“哧”的一声笑了出来，说:“对了，袁世凯就是对不住中国人民！”这个故事说的是“挽联”，“挽联”也属于对联的一种，这个故事说明对联必须做到上下联字数相等，如不相等，那只能是极个别的另类。

上下联词组要相同，词性要一致。就是说组成上联的各个词组分别是几个字，下联的对应词组也必须分别是几个字。上下联的词性，也就是词的类别性质，如名词、动词、形容词等，要对等排列，既要相同，又要相对。如刚才列举的“新春富贵年年好，佳岁平安步步高”。每联都是三个词组，即：新春 / 富贵 / 年年好，佳岁 / 平安 / 步步高。上下两联词组相同。这副春联里的“新”“佳”都是形容词。“春”“岁”“富贵”“平安”都是名词。“年年”“步步”都是副词，“好”和“高”都是形容词。这种要求，主要是为了用对称的艺术语言更好地表现思想内容。

上下联对应语句的语法结构应尽可能相同。如“ 一心常忍辱，万事且随缘”。此联上下联皆为主谓宾结构，其中，“一心”对“万事”皆为偏正结构，“忍辱”对“随缘”皆为动宾结构。上下联平仄要相调。对联上下联的表现方法，要注意声律相对，也就是平仄相调。这主要是为了音韵和谐，错落起伏，悦耳动听，铿锵有力。相传纪晓岚一次南行来到杭州，一位友人为他设宴洗尘。席间，宾主之间联句对答。纪晓岚才思敏捷，出口成联，友人心悦诚服，夸他为北国孤才。纪晓岚则不以为然地说：“北方才子，遍及长城内外；老兄之言从何谈起？”友人道：“前几年我曾到北方去，带去一个上联，竟然没有人对得上来。”纪晓岚半信半疑，问道：“老兄你出了什么句子，竟让对方对不出来？”他的友人就顺口念出了上联：“双塔隐隐，七层四面八方。”纪晓岚听罢哈哈大笑，说：“这样简单的出句，是他们觉得不屑于回答，才表示不会对的！”这位友人不解地问：“那么，下联应该怎么对呢？”纪晓岚脱口而出道：“孤掌摇摇，五指三长二短。”这位友人听了，不仅寻得了下联，还十分佩服纪晓岚的超群才智。这副“双塔隐隐，七层四面八方；孤掌摇摇，五指三长二短 ”的对联做到了平仄相调，达到了音韵和谐、错落起伏、悦耳动听、铿锵有力的艺术效果。

横批，又叫横额、横联、横幅。除挽联、寿联之外，大部分对联都要用到横批。横批与对联内容有着密不可分的关系。好的横批，可起到锦上添花的作用。换句话说，一句横批，就是一副对联的内容的升华，是对联的主题，更是点睛之笔。在写作手法上，常见的横批分为三种形式：一是对联写意，横批题名，如

“欢度春节”“新春大吉”等，直接点明贴春联的目的；二是对联写意，横额点睛，如“新春富贵年年好，佳岁平安步步高”的横批是“吉星高照”，揭示出实现对联内容的关键所在就是“吉星高照”，属于点睛之笔；三是联批互补、相辅相成，如“减负恤民，浩浩东风常送暖；扶贫解困，潇潇春雨总关情”的横批是“前程似锦”，则是横批与对联相辅相成，既揭示出百姓对党中央“常送暖”和“总关情”的无比感激之情，也赞颂了党前程宽广、辉煌灿烂。

（二）春联容易犯的错误

所谓“合掌”，即语义重复，浪费笔墨。譬如旧时商家常用的春联，有一副是“生意兴隆通四海，财源茂盛达三江”。这副春联平仄合律，对仗工整，而且与爆竹声中“恭喜发财”的气氛相协调，很受商界欢迎。但深一步研究就会发现，“通四海”和“达三江”是一个意思，语义重复，对联的术语就叫“合掌”。七言联一共才十四个字，其中六个字表达的是三个字的内容，这就导致语义重复。对联是文章中最精练的文体，绝不允许浪费笔墨。为了以较少的文字提供较多的信息，必须避免上下两联表达同一意思。例如，在春联中用“震乾坤”对“惊世界”，“发祥光”对“腾瑞气”，也都属于语义重复。

三、春节的一些重要习俗

（一）腊八粥

关于腊八粥的来历有种种传说，影响最大的是纪念佛祖成道的传说。传说佛祖释迦牟尼为了探寻解脱人生痛苦的方法，舍弃王位，告别眷属，苦行修炼六年，每日仅食一麻一米，初无收获，疲惫到了极点，幸得一位牧女经过，将乳糜献给他食用。释迦牟尼吃后恢复了体力。洗去尘垢，渡过尼连禅河，在一棵菩提树下静坐修行，大彻大悟，悟道成佛。这天是十二月初八。

民间还流传着另一个关于腊八粥的传说，一对勤劳的夫妇通过劳动创下家业，有两个儿子继承家产，但两个儿子生性懒惰很快败光家业，到了腊月开不了锅，两人找出笤帚清扫粮囤，将各种杂粮放在一起煮粥吃，想起父母临死前的勤劳节俭的教诲，后悔不已，从此败家浪子回头，逐渐过上了好日子。从那以后，每逢农历腊月初八这一天，人们就会煮粥纪念。

腊八粥的食料含有民俗寓意，桂圆象征富贵团圆，百合象征百事和睦，红枣、花生比喻早生贵子，莲子心象征恩爱连心，核桃表示和和美美，橘脯、栗子象征大吉大利，等等。

（二）小年

“好事传上天，坏事丢一边。”清代北京人用南糖、关东糖、糖饼祭灶神，用清水草豆祭灶神所乘的神马。山东人祭灶，供品除糖瓜一类外，还有水饺。民间说法“起身饺子落身面”，送行时，一般吃饺子。在送灶王爷上天的仪式上，全家跪叩，一边烧掉灶王爷的旧像和一张纸马，一边由老年人念词:“灶王灶王，你上天堂，多说好，少说歹，五谷杂粮全带来。”有些地方要求祭拜人是男性，又曰“男不拜月，女不祭灶”。鲁中地区则为老年女性祭拜灶王，“灶者，老妇之祭也”。

（三）年夜饭

人们在年夜饭中更看重的是亲情与团聚，这是一年一度不可或缺的精神聚餐。平时吃得再好，也没有年夜饭吃得有意义，而且年夜饭一定要在家里吃，用自己的双手做一顿全家人共享的团圆饭，那气氛、那滋味非饭店的饭菜所能比拟。

（四）年画

年画作为民间的艺术，与民众的生活息息相关，随着时代的变化与发展，人们在继承传统年画题材的基础上，创造了许多反映当时社会生活的新年画。清光绪二十四年杨柳青的齐健隆画店印制了一种宣传办学堂、满汉平等内容的改良年画。民国初年，上海商人郑曼陀将月历和年画二者结合起来，选用传统年画或新式风情为题材，画有公历纪元和阴历的月份，名为“月历牌年画”。这是年画的一种新形式。民间比较流行的年画是钟馗图，古代齐国人将木棒叫做“终葵”。人们用终葵打鬼，后来逐渐将打鬼工具人格化，出现了钟馗的传说。唐朝开元年间，又有了钟馗的画像，钟馗成为除夕的门神。最早的年画印制基地大约是开封及开封附近的朱仙镇，朱仙镇的年画至今仍保留着古朴的民间传统。

（五）压岁钱

压岁钱原本的意义是表达长辈给晚辈的祝福，它的象征意义远超其实际价值。如果我们比谁给的压岁钱多，并以此作为收受年礼的手段，那真的是对民俗的背离，甚至还会变成一种人情负担。民间为了阻止人们除夕夜睡觉，还形成了一种禁忌，说如果这晚睡觉，第二年身体就不好。守岁是为了强固身体，延年益寿；在古代，守岁还是为父母或老人祈寿的重要方式，因此一般人都坚持守岁。

（六）祭祀祖先

当代祭祀祖先仍为民间新年的传统项目。以河北邯郸为例，拜祖有三种情况：一是有家庙，家庙中有各代祖宗牌位，家长率子孙焚香磕头；二是没有家庙，有祖宗轴子（画像），挂起祖宗轴子，家人叩谢；三是没有家庙与祖宗轴子的，就写出祖宗牌位，家人祭拜。不在家里祭拜的，早起一定要上坟给祖宗拜年。

北方汉族过年时要把逝去的祖先请进门来，还要在门里放一根棍子或秫秸，称作“拦门棍”。拦门棍的意义各地大体相似，就是把孤魂野鬼拦在门外，让自己家的亲人进来，因为那天是亲人团聚的日子。同时为了抚慰那些无家可归、无子嗣敬拜的孤鬼，过去总有人会在村口给他们烧纸，为的是让他们也有钱、有吃喝。无形中又表达了古人心中的不忍和仁心。

（七）社火

社火是中国汉族民间一种庆祝春节的传统庆典狂欢活动，为高台、高跷、旱船、舞狮、舞龙、秧歌等民俗活动的通称，具体形式随地域而有较大差异。社火历史源远流长，南宋范成大《上元纪吴中节物俳谐体三十二韵》注有：“民间鼓乐谓之社火，不可悉记，大抵以滑稽取笑。”原始社会中，最早的扮兽戏和“村傩”活动是人类为生存而战胜野兽之后的庆贺，或聚会扮兽庆贺，教育后代，树立其智、勇、谋各方本领。农家以户族设“堂”，以村、堡设“社”；与“社”有关的事称“社事”，诸如“香火朝山会社”“社火会”“孝义会”等，每逢迎神报赛、庆贺集会，必然举行游艺活动，锣鼓火把助威，狮子龙灯游行，人群相随，显然是“人威”助长了“神威”，就形成了“社火”风俗。

社火是民间文化传播的载体，能够吸收民间宗教、民间故事等其他文化元素，表现出很强的包容性和综合性。这些文化元素经传播又被带入新的地区，产生新的社火组织和表演队伍。社火这一活动千秋万代地流传下来，但随着人类的进步和时代的演变，其形式、内容发生了质的变化，新的时代赋予社火以新的内容。“文化大革命”期间，古代剧目停演，社火也因被斥为宣传帝王将相、才子佳人的“四旧”之一而被禁演。到了 20 世纪 80 年代，社火这一传统民间娱乐活动才得以恢复。现时，很多地区的社火已经摒弃了对“神”的崇拜和对祖先的祭祀，演变成了一种内容健康、形式活泼、名目繁多、生动有趣的文化娱乐活动，并也成为一种新的民俗。

四、各地少数民族的春节活动

中国是个多民族的国家，各民族过新年的形式各有不同。

壮族的春节从年三十至正月初二，共三天。除夕，家家杀鸡宰鸭，蒸制扣肉、粉精肉等。除夕的米饭要蒸得很多，象征富裕。饭桌上要有白斩鸡，有老人的家庭，还要炖猪脚和炖整鸡。粽子是壮族春节必不可少的食品，但在三十晚上却不吃。壮族的粽子是较高贵的食品，大的一二斤重，小的仅二三两。除此还有一种“风莫”，意为特大粽子，重达一二十斤。粽子味香堪称一绝。正月初一和初二有客人至要吃粽子。春节期间要举行对歌、打陀螺、跳舞、赛球等文体活动。

据藏族学者说，在古老的年代，西藏并不是冬春之交过年，而是夏天过年，“麦熟为岁首”，“雪山下，麦子黄了，快乐的新年来了”。现在，雅鲁藏布江中游地区，都有秋收前过望果节的传统。人们穿古代服装，骑着马，沿丰收的青稞地转圈祈祷，还要骑马射箭，围着篝火跳舞狂欢，既娱乐自己，又娱乐本地的保护神。相传，这都是古代西藏流传下来的风俗。拉萨以东四百公里、雪山和原始森林环绕的林芝，到现在还是藏历十月初一过年，称为“工布洛萨”。

大约公元 13 世纪，萨迦王朝统治西藏的年代，藏族同胞便在藏历正月过年了。但农民们往往提前在十二月初一过年，称“索朗洛萨”（农民新年）。因为到藏历正月，春气萌动，备耕繁忙，农民已没有心思过年了。

新年要穿最漂亮的衣服，戴最珍贵的首饰，即使是经济条件较差的人，也要预备一件过年的袍子，或者一两样粗糙的装饰品，藏语叫“萨举”，即新装。这些当然出自藏族同胞爱美的天性。但也有一种说法，神王辛者曲杰，要从铜镜里观察世人的生活，大家穿得漂漂亮亮，他高兴，会给世人一些恩惠。穿得破破烂烂，他心烦，会降下灾害和瘟疫。因此，过年穿新衣，有取悦神王的意思。正月初三，拉萨人成群结伴，走出喧哗热闹的街市，来到东郊的宝瓶山和西郊的药王山，插经旗、挂彩幡，祭祀山神和水神。

藏历正月初五，拉萨郊区的农人要举行隆重的开犁礼。农民们穿上节日的盛装，将强壮的耕牛打扮得漂漂亮亮，额头贴着酥油图案，犄角上插着红旗和彩色羽毛，肩上披挂彩缎，缎子上缀满贝壳和松石，尾巴上系着五彩缤纷的绸带，用花枝招展来形容，是毫不过分的。

蒙古族历来崇尚白色，所以将农历正月称为“白月”，把过年节称为“白节”。蒙古族过年的准备工作从农历腊月二十三开始。除了扫除、沐浴、布置蒙古包外，还要着新装，马佩红缨和新鞍。要把放有哈达的整只牛、羊献给至亲厚友。除夕夜要吃手把肉以示合家团圆。初一凌晨先向长者敬辞岁酒，再向同辈敬酒，亲朋间互赠哈达，恭贺新年吉祥如意。初一给长辈拜年一定要在上午。

白族春节从除夕开始互拜、赠送礼品。子夜过后，男女青年争相挑水，以示勤劳。清晨，全家喝泡有米花的糖水，祝愿日子甜蜜。早饭后，孩子们由成人带领到亲友家给长辈拜年。耍龙灯、舞狮子、打霸王鞭是节日不可缺少的活动。

布依族过春节要在除夕前准备粑粑、米酒等节日食品，除夕夜守岁至天明。雄鸡报晓，姑娘们争先恐后到河边担水，谁先担回第一担水，就说明她最勤劳、最幸福。

朝鲜族除夕全家守岁通宵达旦，古老的伽倻琴和筒箫乐曲将人们带入新的一年。在节日期间，男女老少纵情歌舞，举行压跳板、拔河等比赛。正月十五晚上举行传统的庆祝集会，由被推选出来的几位老人登上“望月架”，以先看到明月为福，意味着他们的儿孙健康、学业事业进步、万事如意。随后，大家围着点燃的望月架，伴着长鼓、筒箫、唢呐乐曲翩翩起舞。

达斡尔族称春节为阿涅。年三十早上，家家洒扫庭院，在大门的正前方用杂物和家畜粪码成一个高高的垛，傍晚将垛点燃，轻烟缭绕，到处笼罩着节日的气氛。老人们将大块的肉、馍、饺子等食物抛进火堆，祝福人畜安康、五谷丰登。晚上全家吃手把肉并进行各种辞旧迎新活动。人们在房屋西侧雪地上插上香，朝西叩拜，以示缅怀祖先。除夕夜家家吃饺子，饺子里包有白线，寓意长命百岁。春节期间有曲棍球比赛、化装舞会、听书、唱歌等活动。

高山族的人们在春节里身着艳丽的民族服装，成群结队欢聚在村边寨头畅饮美酒，并在乐器伴奏下尽情歌舞。有的村寨还举行叉鱼比赛，开展背篓球、竿球等体育活动。

春节是赫哲族一年中最快乐的节日。除夕夜家家做年饭、剪窗花、糊灯笼。大年初一，女人和孩子都穿上绣有云边的新装，到亲朋好友家拜年。鱼宴是赫哲族人款待客人的美味佳肴，有酸辣风味的“踏拉长”（生鱼）、味香酥脆的“炒鱼毛”和透明鲜红的大马哈鱼子。滑雪、射草靶、叉草球是赫哲族青少年喜爱的娱乐活动。

拉祜族在正月初一至初四过大年，在正月初九至十一过小年。腊月三十晚上要杀猪、舂糯米粑，每家要做一对大的粑粑，象征星星，表示在新的一年里风调雨顺、五谷丰登。拉祜族亦有大家聚集一起守岁的习俗。

满族过春节时要贴窗花、贴对联和“福”字。年三十全家包饺子，饺子讲究有褶的，不能捏光边的“和尚头”饺子，恐日子过“秃”了。饺子要码得横竖成行，象征新的一年财路四通八达，饺子不能摆成圈，恐日子过得没有门路。

畲族过春节要舂糍粑，取其谐音，祝愿在新的一年里有好糍（时）运，日日黏黏（年年）甜。畲族祀奉“盘瓠”祖先，大年初一，全家叩拜“盘古祖图”

（根据盘瓠传说绘成的画像），讲述祖先创业的艰辛。

土家族过春节要跳“摆手舞”。过去跳摆手舞时，要先在“摆手堂”挂三笼帐子，帐内挂猪头、猪肉、香烛和野猪的头、蹄等，然后由身穿红色法衣头戴法冠的老土司手持法器，带领大家摇摆呐喊，男女老少都参加，拜了神后再跳舞。现在土家族除了跳摆手舞外，还要耍龙灯、耍狮子、表演戏剧和武术等。

佤族在大年初一互相祝贺，特别要向寨子里的长者拜年。拜年时，双方互赠芭蕉、糯米粑粑和甘蔗，象征团结和睦。沧源等地的佤族男女在节日晚上聚在广场跳圆圈舞，老年妇女则穿长裙，几十个人为一队，手搭前人双肩，边唱古老的歌曲边轻移舞步。

推荐阅读：

1. 萧放：《春节》。
2. 于凤贵：《山东传统节日传承保护与现代转型》。
3. 李松、张士闪：《节日研究：第三辑　春节专辑）》。

第四讲　传统节日的文化意蕴（中）

一、寒食、清明的由来及文化阐释

清明节在悲苦地怀念故人的同时，还具有全民娱乐性质。在其节日背后有着不能忽视的自强不息、乐观向上的中华民族精神。人们在清明节怀有对生死的敬畏之心，通过狂欢化的仪式和内容表达对超越生死和生生不息的认识。狂欢让人神换位，人间的悲喜交加和波折在游戏中得到释放，这就是清明节。而让传统和现代结合，让传统更适应当今消费者心理，在不失去传统优秀元素的同时让其得到合理传承，这是清明节今后发展的一条出路。

民俗节日得到流传不是仅仅依靠历史的实有其事和典籍的记录，更多的源自百姓天性中对美好情感和幸福生活的追求，源自节日在给人类带来精神解脱和释放压力的作用。以山东当地的清明寒食节为例，我们会发现这样一个看似悲苦的节日被民间赋予了诗意品质及各种艺术表现。

有学者指出清明节是祭拜祖先的日子，基本上没有娱乐的性质。但我们必须看到传统节日传承千年，其巨大的生命力就在于节日的民间娱乐性，这种娱乐性体现在节日的仪式和丰富的内容表达上；在于民间朴素的智慧让一切影响生活甚至快乐的因素在活动仪式中得到巧妙的禳解，具体说就是借助一系列活动巧妙地让怀念和忧伤的情绪得到释放。比如冬至后第 105 天是寒食节，因这天要扫坟祭祖，又称“鬼节”“冥节”。寒食、清明本为两个节日，唐代时就合二为一，山东大多地区也如此，也有叫寒食的。清明节这天禁火吃冷食，有扫墓、插柳、踏青、打秋千、放风筝等多项活动。这些活动有悲伤、有欢乐，人们在祭奠亡灵的同时可以更好地与自然接触、和祖先同欢。这种全民同悲共欢的日子的背后有着巨大的精神支撑。

“在民间文化中到处都蕴含着或洋溢着强烈的‘生生不息’和‘自强不息’的意识，而这才是中华民族的文化精神。‘生生不息’和‘自强不息’的意涵，表现于个体、家庭、家族、族群上，就是对生命意识的崇尚，民间文化是民族文化之根，是民族之根，绝非夸张之论。失掉了自己的民间文化的民族，是可悲的民族。”[①] 清明节时，民间多数地区的重点在于对春秋时期一代良臣介之推（又名介子推）的怀念，他身上体现出的为国为民、忠贞报国而淡泊名利的思想正是一种“自强不息”精神的典型写照。端午节时，大多数地区会纪念诗人屈原或者大臣伍子胥，两者同为遭小人谗言陷害的忠臣，最终都选择了以死殉国。他们身上体现出的国家利益高于一切、舍生忘死的精神同样是中华民族“自强不息”精神的一种突出表现，为国人所景仰和爱戴。中秋节和重阳节虽然没有成为某个历史人物的专属，但通过拜月、登高的方式来表达对美好生活的向往，可以说是中华民族对国家利益的自觉维护。国泰民安、人寿年丰的祝福，带有明显的对生命的尊重和崇拜，体现出极大的人文情怀，这也是对中华民族“生生不息”精神的人文表现。“在中国古代思想史上，由残民事神，到敬天保民，转而为重民轻天，乃至应天常，尽人事，神人地位的兴替，在汉字构形上留下深刻的印记。”[②] “重民轻天”的思想恰恰是民间对生命的自觉意识，也是人文精神在民间传说中得到繁衍和延续的根本所在。“尤其是希腊、印度、中国这三大古老文明相对来说更强调人文精神，尤其是人的地位、人的价值。在中西文化的比较中，中国文化浓郁的人文精神是显而易见的。中国文化以伦理、政治为轴心，不甚追求自然之所以，缺乏神学宗教体系，无不体现了这样一种对待人生、世界的人文主义态度。”[③] 了解清明节中的民生意识和人文情怀对于我们参与和理解清明或寒食节的“狂欢”来说很有必要。作为纪念性节日，清明节具有丰富的节日活动形式，各种娱乐项目将节日推向了快乐的高峰。“狂欢首先展示的是一种积健为雄、奋起抗争向生命悲剧挑战的人生态度，弘扬的是以饱满、旺盛的生命力量去征服生命

① 刘锡诚：《非物质文化遗产的文化性质问题》，载《福建省社会主义学院学报》，2006（1）。

② 申小龙：《汉字人文精神》，南昌，江西教育出版社，1995，第106页。

③ 申小龙：《汉字人文精神》，南昌，江西教育出版社，1995，第111页。

悲剧。林同济认为，‘狂欢’是从‘恐怖’中诞生的，同时又是‘恐怖’的对立、否定和超越。他说：狂欢是恐怖的正对头，然而狂欢必生于恐怖，恐惧而后生死亡，而狂欢则是生命意识到自身无法回避的必然命运，对待生命悲剧命运的态度。”[①]当这样理解时，我们似乎能够更确切地感受到民间节日的心理传播机制，那便是将对死亡的恐惧和不安以巧妙的方式通过娱乐化解。清明这天，有些地方吃冷食，不动烟火，大多煮鸡蛋，说是吃了煮鸡蛋，一年不长疙瘩。在山东一些地方还流行一种传说：清明吃寒食是为了迎接秃尾巴老李回家。尤其在山东利津、文登、滕州一带，清明节吃冷食是因为秃尾巴老李来的时候总要夹风带雨，怕伤了家乡人，所以让它从烟囱里钻进来。但如果烧火就会伤着老李，所以这一天家家不动烟火。即墨吃鸡蛋和冷饽饽，莱阳、招远、长岛吃鸡蛋和冷高粱米饭，鲁南吃单饼、鸡蛋、麦仁或玉米仁稀饭，人们认为如果动灶火一定会招致雹灾，这其实是明显的秃尾巴老李信仰在民间的表现。人们害怕触动了龙王，惹恼了黑龙（秃尾巴老李）。这一切都包含着一个理想：祈求吉祥如意和平安。这里祈求的对象要么是祖先（鬼），要么是神（秃尾巴老李、介之推）。

在清明这一天，山东当地人一般都约上兄弟姊妹到祖坟前去祭奠，或带着鲜果和点心，或带点酒水去扫墓。扫墓是清明节的一项重要活动，旧时泰安一带的扫墓仪式比较隆重，男主人挑着四个小菜和水饺到祖坟前，先供祭品，后焚香跪拜，洒酒祭奠；其他地方则比较简单，如招远、即墨、临朐、沂水、临清等地，男主人扛一把锨，最多带点压在坟头的纸钱，给坟墓添上些新土，说是给祖先修屋，以防夏季雨大漏水。因此，又把扫墓叫做“添土”，说“一百五，添坟土”。坟地远的，可以在节前两天进行，近者，一般在清明一早进行。一般情况下，祭祀祖先的食物要带回家与亲人们分食，意味着可以得到祖先的保佑。以上是关于清明寒食节山东各地的一些习俗，如果这些作为清明活动的上半场，其中包含的对祖先亲人的怀念，对民间信仰的崇尚占了主要内容，其仪式活动中带着几分谦恭和肃穆，概括而言，上半场是为鬼神准备的。那么，清明寒食节的下半场内容则更丰富，其气氛和上半场完全不同，甚至反差极大，其目的直指生者。具体表现如下。

---

① 郭国灿:《中国人文精神的重建》，长沙，湖南教育出版社，1992。

在节前一天傍晚，折回柳、柏，清明一早，把柳枝配以柏枝，大者插在石磨眼里，小者插在门口、窗口的屋檐上，据说堵住天眼、屋眼，防毒虫进入。临沂、诸城一带还用柳条柏枝抽打蝎子，一边在墙壁等处轻轻抽打，一边念叨：“一年一个清明节，柳枝单打青帮蝎，白天不准门前过，夜里不准把人蜇。”但也有说插柳是为了纪念介子推的。有些地方如泰安，则以为“清明不插柳，死了变黄狗”；即墨习惯戴柏枝帽，认为戴上会长生不老。其实插柳、戴柳的习俗源于旧时寒食断火，次日宫中钻木取火、皇帝送大臣带火的柳棍的仪式，故民间也多以柳条互相取新火，然后把柳条插在门前，以示新火已赐。

山东当地还有谚语“清明踏了青，不害脚疼病”。大部分地区有打秋千的风俗。放风筝很普遍，潍坊号称“风筝城”，享誉国内外。旧时放风筝有些讲究，如曲阜，断线的风筝落到谁家，谁家就会失火，解禳的办法，就是把风筝藏在磨盘底下三天，一般不再还人。此外，胶东地区还有妇女蒸面燕的风俗。面燕，古称“子推燕”，大约是纪念介子推的，现在却成了春天的象征。所做面燕精巧多样，每个面燕都画得五彩斑斓，口中衔一块小红条，栩栩如生。人们往往以面燕的制作水平来评判妇女的巧拙。

当地还有儿童斗鸡蛋（也叫碰鸡蛋）的习俗。斗蛋原是南北朝时的风俗，宋代就已不多见，但山东还保留至今。儿童们把家长分给的熟鸡蛋染成红、黄、绿等各种颜色，用编织的蛋网装着，找同龄的小伙伴，相互以蛋尖端用力顶住，谁的鸡蛋破了，谁就为输，换一个再斗，你推我顶，以为笑乐。

齐河、博山等地则有“饭牛”风俗，在清明要煮上一锅小米干饭让牛饱餐一顿，以犒劳它一年的苦劳，谓之“饭牛”。其他地区也用稀饭、玉米饼子喂牛、马、驴，有谚曰“打千骂万，清明一饭”，“打一千骂一万，熬到清明喝稀饭”。长岛地方又说这天是“驴生日”，此日必吃高粱米稠粥。饭熟时先盛一碗喂驴，故歌谣有云：“打一千骂一万，忘不了清明这碗饭。”当我们了解了当地的清明寒食风俗后，可以发现，无论是寒食祭奠还是清明的娱乐，其实都是在借助一次纪念活动犒劳活着的人们。即使寒食不能用火，人们所吃的食物也大多富有营养，而且一些地方提前做好的寒食味道甘美。人们在祭奠亲人和祖先时也没有忘记“民以食为天”，把美味和祖先同享。另外生与死的永恒主题从清明寒食节中再次得到凸显。人们在这一天做各种事情的目的无非是借助各种活动乞求平安和长寿，人类长久以来对生命延续的渴望在这个节日里得到了突出的功利性表现。同时给家畜过节的习俗，也充分展现了农耕时代人们对牲畜的依赖。朴素的民间情感也得到了真实的释放：敬鬼神，也要敬动物。清明让大多数百姓达到了人与自然、人与人、人与万物的和谐。

在这个大众文化消费的年代里，诗意的集体丧失成为一种通病。人们更注重现实功利的需要，而缺少对清明节诗意的自觉认识和把握，尤其对清明节的文化内涵缺少清晰的认识。而且现代传媒带来的西方文化对中国传统文化也形成了巨大冲击。大多数人如果没有媒体的宣传和引导，没有民俗学者的主动传授和教导，可能会意识不到作为传统节日的清明也充满了诗情画意。清明踏青、荡秋千、放风筝，当丰富的内容充实了节日，并且这些活动能吸引人们的眼球时，传统节日才可能获得活力。目前许多地方清明节的活动在不断萎缩，随着网络信息时代的到来，许多地方的祭扫活动在网上进行。在都市人眼中，到坟墓或者殡仪馆进行祭扫费时费力，而网上祭扫也可以寄托哀思，且不用出门在家就可以完成。也有些地方清明节的祭扫活动几乎成为老年家庭成员的专属活动，年轻人对此漠不关心，甚至鲜少知道传统清明节日中还有许多丰富的娱乐活动。当年轻一代不了解清明，不参与清明活动，清明节对他们就丧失了吸引力，传统节日被冷落就成为情理之中的事情。

一个民族如果缺少传播文化的手段和创新的意识，尤其是在网络文化传播时代，那么其文化很快便会被滔滔洪水般的信息所淹没。因此，传播者要加强对传统节日的认识和感受，在传播知识的同时培养学生和公众的兴趣，否则原本丰富多彩的节日文化在乏味和了无新意的解读中会败坏接受者的胃口。年轻一代对历史缺乏了解增加了传播难度。一方面，年轻一代对传统知识缺乏了解必然会对传统文化产生好奇和求知的欲望；另一方面，由于对传统了解甚少，同时受现代文化影响，他们往往对传统文化产生不了热情。他们需要传统文化和现代知识的融合，而传播者能否在传统和现代之间找到和他们沟通的方式，决定了传播的成败。此外，清明节在继承中缺少创意导致其被冷落。“我们认识到，民俗是一个由各种习惯组成的巨大集合，覆盖了所有的生活利益，构成了一整套后生的教育材料，体现着一套生活策略，塑造着人的性格，包含着一种很含蓄、未被系统整理的世界观，并受到鬼灵崇拜的强化，以致不可改变；民俗总是靠那种强迫性的和制约性的力量支配着社会成员。”[①] 到了今天，清明节要想进一步发展，让更广泛的国人认识和理解，强迫性和制约性的手段显然不行了，需要节日自身的魅力。如果仍旧保持过去的内容，没有太多的创意项目去丰富节日，那么空洞和乏味很快会让节日受到更大的冷落。所以，发掘清明节本身的文化内涵，创造更多符合节日习俗的内容产业，将成为继承和发扬传统节日的关键所在。“非物质文化遗产或民间文化，能够在如此漫长的历史过程中经历许许多多包括政治灾难和民族浩劫在内的劫难而不衰，而且在流传过程中因不断吸收新的因素（包括思想）、扬弃失效的或过时的因素而产生嬗变和更新，在民族或群体中获得生存和继续传袭下去的活力，它自身就包含着存在和发展的合理性。文化发展的规律显示，文化的发展只能是在继承传统的基础上积累式递进，而不可能离开民族的既有的文化传统去‘创造’出一种‘新’的文化。”[②] 诚哉斯言，传统出新需要创意，所有的传统在新的时期如果没有新元素的加入，没有创意，那么早晚会成为僵死的传统。

传统文化和传统节日走向现代化已经成为必然趋势。“走向现代化是一个不可逆转的历史过程，同时也是一个世俗化的过程。但是这并不意味着以精神价值作为祭品而走向堕落是合理合法的，更不意味着‘文以载道’一定要被‘文以载欲’所取代。韦伯百年前曾揭示‘现代化’社会面临一个形式合理化而实际不合理的境地，人被物的世界所异化。将实现现代化所必须付出的‘代价’降到最低，适应现代化而又超越现代化，是现代社会终极价值两个不可或缺的特质。经济的现代化不能脱离政治、法律、文化、道德的现代化，尤其不能脱离教育的现代化和人的现代化。”[③] 清明节在保持自己浓厚的文化底蕴的同时，以丰富精彩的内容吸引人，成为持续传播的生命线。而这些内容需要现代创新元素的加入。在保持传统节日精神内核不变的情况下，如何用更具吸引力的方式让大众在节日中消费文化，让节日更深入人心，是当前工作应该思考的问题。

---

① 刘锡诚:《非物质文化遗产的文化性质问题》，载《福建省社会主义学院学报》，2006（1）。

② 高丙中:《民俗文化与民俗生活》，北京，中国社会科学出版社，1994。

③ 王岳川:《中国镜像：90 年代文化研究》，北京，中央编译出版社，2001。

古代乡民通过对节日的世代传承表达朴素的对清正之风的盼望和对清官的依赖；清明和端午节几乎没有依靠传奇和神话就深入人心，而且代代流传至今，魅力丝毫不亚于四大民间传说，这实在是得民心之故，实在是内在人文情怀之魅力。对传统的返魅恰是祛魅的开始，是揭开民间智慧的开始，是让民间智慧温暖当代的开始。所有的传统节日经过历史的淘洗已经有了极强的人文内涵，充满了触动人心灵的力量，发掘这些动人的魅力是重新振兴传统节日的关键所在。

传统节日的概念正在青年人中淡化，而且节日的内涵也不断被人忽略。大多数年轻人只知节日“其然”不知“其所以然”。当传统节日只成为一种“空壳”或者“摆设”进入当代，当传统的文化内涵消失殆尽的时候，我们只能眼看着“洋节”逐渐取代传统节日。

所以，对传统节日进行保护和传承，不仅是从国家政策和法定制度上加以规约和加强，更重要的是唤起青年人对传统的热爱和认识，真正认识到这些传统节日的价值所在。

清明本来是一个节气，其上升为节日，而且成为中华民族重要的传统节日是有其深层文化根由的。“节日与节气不同，节气是时序的标志，而节日则包含着某种风俗和纪念的意义。二十四节气中，演变为节日的主要是清明。寒食在清明前一天。因为寒食和清明日子相近，而古人在寒食中的活动又往往延续至清明，久而久之，寒食和清明也就不再严格区分。现在，人们已把清明和寒食并称。古时，到了清明佳节，人们有禁火寒食、上坟扫墓、踏青春游的习惯，还有开展诸如斗鸡、打球、荡秋千之类的体育活动。”① 可以这么说，因为清明节和寒食节相近，最后人们逐渐将寒食节的一些人文内涵以及民间习俗自然地嫁接给了清明节，以至于现在人们知道清明节有寒食的习俗却不知道其来历，甚至只知清明节而不知寒食节。其实寒食节与清明节在节俗内容上并无十分明显的继承关系，纵观这两个节日的演变与发展轨迹，我们可以很清楚地发现这么一条线索，寒食节式微的时候，清明节就从一个单纯的农事节气上升为一个大的节日。“这说明清明节的产生，是借用了寒食节的节期，寒食仅先于清明一两日，因而很自然地便被后者借用了。这种借用的文化基础是人们世世代代传承、积淀下来的对节日稳

① 罗启荣、阳仁煊:《中国年节》，北京，科学普及出版社出版，1983，第112页。

定的习惯心理。除节期的借用外，清明节也借用了寒食节作为一个纪念性、祭祀性节日的内核，清明的祭祖扫墓之俗的深层内涵，无疑就是纪念和祭祀家庭成员了解先人过去的奋斗历史。”[1] 我认为这种习俗的借用和传承不只是因为日子相近，或者因为习惯性的节日积习，更为重要的是寒食节本身内在的人文内涵和文化魅力。

前文提到清明节祭奠习俗应该与民间流传的介子推的故事有关。这个故事已经为大家所熟悉，在此不再赘述。我认为这个民间故事至少有三个魅力点。第一，大臣介子推的忠诚和为天下苍生舍身的精神；第二，面对荣华富贵和功名的淡漠以及宁死不屈的节操；第三，晋文公的悔悟和死树复活。这样一个故事至今读来仍令人动容，可惜知道此故事而且悉心品味其中意涵的年轻人已经不多，大家只记住了节日本身，忘记了节日仪式背后的文化内涵。如果我们回溯寒食节的来历，会发现，介子推是百姓心中理想的清官和廉吏的代表，甚至可以算英雄。在一国之君遭难的时候，想到今后国家需要一个一心为民的明君，他甘于献出血肉搭救自己的君王。从本质上他是从大局和百姓利益出发才做出割肉救君的举动的。事实上，晋文公最后成就霸业，成为历史上的一代明君，没有辜负介子推的忠心。当辅佐君王打下江山后，介子推功成身退，这又成为百姓交口称赞之所在，赞其对功名利禄的淡泊、对富贵权力的轻视。这是中华民族传统文化中“轻利重义”的表现，是百姓对民仕和高风亮节的理想化写照。中国文化的人文内涵丰富，主要表现在以人为贵、以食为天、以德为首、以民为本。在介子推那里，我们能看到以民为本、以德为首的精神。他的功成身退是知识分子孜孜以求的最高境界，是“德”的表现。而且，他逃避功名的同时不忘孝顺老母，逃上山时是背着母亲走的，可见其对母亲的感情笃深，可谓“孝”，而“孝”恰恰也是“德”的重要元素。介子推的民间形象通过这两个情节鲜活地呈现出来：为百姓着想，有大孝的有德之人。

细读那首寒食节流传的诗文，我们更能被介子推感动：

割肉奉君尽丹心，但愿主公常清明；

柳下作鬼终不见，强似伴君做谏臣；

① 傅德岷:《中国八大传统节日》，重庆，重庆出版社，2005。

倘若主公心有我，忆我之时常自省；

臣在九泉心无愧，愿政清明复清明。

介子推是在用生命表达自己对清正之气的呼唤，对百姓的拳拳之爱，他最后用死的方式极端地表达了对明君的呼唤，对国泰民安的期待。如果深入讨论下去，我们自然会想到中国历史上一些以死劝谏的诤臣，他们智慧而且勇敢，从来不畏惧强权，所以从商纣王时代的比干，到进忠言招来杀身之祸的伍子胥；从上下求索的屈原到文武兼备的吴起；从变法功高的商鞅到辅助秦皇的李斯。做明君不易，做谏臣亦难，而舍生取义者难上加难。正是因为良臣的品格如此难得，百姓似乎把一个国家的安稳，自己的前程都寄托到明君和良臣身上。所以在传说中，晋文公是一个能听劝告的国君；所以他要反省，而且在清明来临时要祭奠介子推，同时还规定了寒食的习俗。这样似乎给寒食节的传说找到了一个最好的结局，那就是君王的反省和大臣的死而瞑目。民间传说中带有悲剧色彩的故事多少都渗透着百姓的良好愿望，那就是对舍生取义的良臣的崇敬，对国泰民安的祈愿。在中国的漫长历史中，封建帝王统治下的国家充满了血雨腥风，有多少朝代能够能出现爱民如子的明君，或者出现一心只为天下百姓的良臣呢？而寒食节的习俗最后和清明节混在一起，并一起流传到现在，多多少少昭示了一种民间夙愿：只要活着，百姓就在期盼国家的长治久安，期盼人民生活的富足安康；只要活着，他们就期盼着清正廉明的风气长在。而祭奠介子推就是对这种愿望的重新召唤。

二、端午节的习俗和文化阐释

农历五月初五是我国民间的传统节日端午节。《风土记》记载：“仲夏端午。端者，初也。”端，就是事物的初始；午，是十二地支之一。原来端五只意味着每月初五。由于“五”与“午”同音，因此，端五又称“端午”。后来特别将五月初五称为端五。到了唐代，因唐玄宗的生日是八月初五，为了讨好皇帝，避“五”字的讳，正式将“端五”改为“端午”。每到端午这一天，民间有吃粽子、划龙船的习俗，传说这与纪念屈原有关[1]。百姓纪念屈原是因为他的忠烈，他对国家命运的担忧和操劳，他为国家的前途而死，死只为了表明自己的赤胆忠心。他的死在传说故事中充满了戏剧性，充满了壮志难酬、宏图不能实现、忠言不被采纳的失望和沮丧；他感受到良臣被弃，以香草美人自喻身世的凄凉。他的《离骚》《九歌》几乎都在借美女暗喻身世的飘零、英雄的落难。而这样的表现手法其实已经成为中国文学的“怨妇”母题，不论是古典文化还是现当代文学，“怨妇”形象和“怨妇”母题都已经成为一种表现传统。而屈原的文字正因留下了这样一种母题传统而不朽，他的精神也在民间得到世代传承。因为百姓怕他的尸体被鱼龙毁坏而向河中抛入粽子，并以赛龙舟的方式驱赶鱼群、为屈原护驾。这多少有些一厢情愿的传说曾经遭到闻一多先生的反对。他在《端节的历史教育》一文中做过详细而精辟的考证，认为端午节是古代吴越族一个龙图腾部族举行图腾祭的节日。简言之，端午节是一个龙的节日。当时人们文化水平相当低，在自然力威胁下，常常疑心某种生物或非生物有着不可思议的超自然的力量，因此，他们就认定那些东西为他们全族的祖先兼保护神，即人们所说的“图腾”[2]。他认为直到秦汉时代尚有百越人，端午节就是百越人创立的。“在数千年的历史发展中，大部分百越人已经融合到汉族中去了，其余部分就演变为南方许多少数民族，因此端午节成了全中华民族的节日。到了宋朝，朝臣追封屈原为忠烈公。把五月初五定为端午节。传谕全国纪念屈原。并让人们佩带香袋，表示屈原的品德节操如轻香溢世，流芳千古。”[3]且不论端午节最早是为谁而设立的，经过时间的淘洗，端午最终成为屈原先生的专属，这不是偶然。一个充满爱国情怀的诗人，一个怀才不遇的诗人，世界上没有哪个诗人有他的荣幸，能获得一个属于全民族的节日。这个诗意的国度用诗意包装了他：让他充满香草美人的纯洁，让他有忧国忧民的内心，让他有英雄的无奈和苍凉。在为这样一个诗人祈祷的时候，百姓感念更多的恐怕不是怕他的身体最终被鱼虾吞食，而是含蓄而矛头锋利的批判是否能引起当政者的反思。介子推的死能够唤醒明君的体恤之情，屈原之死则是对昏君的失望。同样是死，一个死可瞑目，一个却永不瞑目。这

---

① 罗启荣、阳仁煊:《中国年节》，北京，科学普及出版社出版，1983，第159页。

② 罗启荣、阳仁煊:《中国年节》，北京，科学普及出版社出版，1983，第160页。

③ 罗启荣、阳仁煊:《中国年节》，北京：科学普及出版社出版，1983，第161页。

样永不瞑目的沉江已经构成了对楚怀王及当政者无限的失望和痛彻的批评。同样两个纪念性的节日，同样从春秋战国时期流传到现在，不约而同地指向了两个良臣。他们同样拥有高洁奉公忘我的精神，同样用舍命的方式表达对国家之爱、对百姓之爱，也同样获得了中华民族的世代纪念。从本质上说，中国的百姓从骨子里多么希望国家富足安康，让自己获得明君和良臣的管理。朴素的愿望一旦得不到满足，就转化为略显悲愤的民间故事。关于寒食和端午的悲剧传说潜意识地表达了一个民族的精神镜像：多难民族的多难人生，而所有的无奈和悲哀只能寄托心目中的对“救星”的渴望和纪念。可以说，一旦了解了每年一度的清明和端午的人文内涵后，完全可以将其看作百姓对正义、对清明国政的召唤。“人文主义强调以人为本位，否定神文主义；否定禁欲主义和来世主义；肯定人的感性存在与自然情欲，高扬人的生命、青春和情欲，追求真、善、美。”① 我们尤其能够从介子推的故事、从屈原的故事中感知到个体生命的尊严，对国家民族利益的忘我奉献，美好的品格、善良的人性、追求真理的上下求索都让这样两个节日人物成为传奇，成为世代的楷模，也因此给节日找到了人间烟火味道。他们从来没有被幻化为神灵，也没有超越世俗的表现，一直是普通人的角色，从生到死，用“人”的方式表达个人的情感，这在传说中极其难得也别有特色。和中国四大民间传说故事相比，介子推和屈原的故事似乎都逊色很多。他们没有浪漫的爱情，没有奇遇，更没有神仙相助，但他们却因为民间持续的渴望，对高贵人文精神的追求而得到了永恒，在节日中获得了持久的生命力。

另外清明节吃寒食的习俗以及端午节喝雄黄酒、吃粽子的习俗都得到延续，尤其是清明节中有特色的寒食，比如饼和鸡蛋。在过去的岁月，这两样东西对普通百姓来说是节日的美食，而端午节的粽子在缺粮少食的过去也是不可多得的美味。纪念的同时不忘记进食，正是中华民族一向重生轻死的表现之一。祭奠死者是为了生者的幸福。在清明纪念的同时也是对远祖的记挂，民间俗信中对祖先神灵的求告和祭奠也同时是对生者的安慰，对现世的护佑。“中国民众有强烈的重生意识，由此派生出的中国饮食文化、养生文化较之世界其他国家更为发达。中

① 郭国灿:《中国人文精神的重建》，长沙，湖南教育出版社，1992。

国文化有数千年悠久历史，其民族精神在历史的曲折发展中备受砥砺，内涵显得格外精粹，其生命力也分外顽强。”① 正是有着对优秀传统的继承和发扬，正是因为那些别有特色的仪式，清明和寒食的节日特色越发明显。他们几乎没有依靠传奇和神话就深入人心，而且代代流传至今，魅力丝毫不亚于四大民间传说，这实在是得民心之故，实在是内在人文情怀之魅。对传统的返魅恰是祛魅的开始，是揭开民间智慧的开始，是让民间智慧温暖当代的开始。

当我们呼唤传统节日保护的时候，应先从传统节日的人文内涵入手，让青年人不光知道节日的习俗，而且了解习俗背后的文化和历史渊源似乎更能让他们产生对自我文化的认同和热爱，而这样的热爱将会持久。

三、城市性格与传统节日

在我的家乡新疆阿克苏，一到春节就弥漫着一股炒菜和美食的味道。因为在那里，汉人们大多来自内地，而且来自天南地北，所以春节的风俗里就呈现出多样而丰富的内容。比如母亲是四川人，四川人的春节风俗是在年三十将很多天的菜都做好，从三十清晨就开始准备，家中的女性帮助母亲做，其他人坐在桌旁先吃点炸糕和点心，等所有的三十多道菜全部做完，也到了央视春节联欢晚会开始的时间，大家就一边吃饭一边看电视。通常那么多菜是吃不完的。到了初一、初二，这些菜热一热就可以吃了，也让大家在新的一年里不会因为做饭而忙碌。在大年初一这天清早，我们那里的人一般都要起得很早，除了因为熬夜起不来的孩子，成人们都起来了，他们三五成群地给邻居和同事们拜年，通常初一家里要留一个看家的，拜年的人络绎不绝，大人们过后，孩子们也来互相拜访。到了中午，大家随便到谁家都会被邀请着吃饭。这时候你就会发现各地春节吃饭的异同。南方人喜欢吃汤圆，这时候北方人在吃饺子。南方人这时候请你喝醪糟，北方人请你吃拉面。末了，晚上各家邻居凑桌子打扑克，打输的人脸上都被贴上报纸，张牙舞爪的样子，很滑稽，跑来跑去的孩子们就大笑他们的父母。

---

① 周碧晴：《中华民魂》，上海，第二军医大学出版社，2002。

在新疆，因为来自全国各地的人多，各地的习俗有混融的趋势。同时由于离开生养故乡的缘故，许多原来的习俗已经丢弃，在他们看来那是属于那片内地村庄里的事情，而在新疆味道就变了。

所以，在新疆最常见的是，在春节的宴席上平时来往密切的维吾尔族家庭也会被邀请，他们和汉人一起吃喝，一起谈论着有趣的事情，气氛融洽。而且因为家家关系密切，每到春节，从初一到十五，家家都在举办各样的宴席邀请朋友们做客。经常听当地人说的就是：不出正月都是年。大家在互相宴请中体味着朋友和邻舍的感情，也品味了五湖四海的菜肴。

从 17 岁到西安求学到 21 岁毕业。四年时间里，春节我都是一个人在西安度过的。印象中西安春节的气氛不怎么热烈。在年三十也没有特殊的仪式。有个同学家在西安，年三十邀请我去他那里过年。除了炒三四个热菜，和平时几乎没有两样。那样的冷清和对年的冷静让我有巨大的失落感。更有一年，有好友听说我没回家过年，邀请我去他家包包子吃，我又一次惊讶了。在春节，在新疆的风俗中，包子等是根本不入席的。待客没有一桌子菜那显得太没有诚意。后来想在街道上或者社区发现点年味，却发现，街道上过去拥挤的人群突然消失了，饭店早就关门歇业。只有零星的鞭炮声，证明这还是一个节。

山东淄博是过去齐国的故都，这里的风俗比较有特点。那就是社区活动特别多。从初一开始就有各个村落或者社区组织的社火游行。那些踩着高跷随风扭摆的身躯，那些被粉末修饰的表情，都透着股热烈、自豪。在脱冕和加冕的狂欢化表演中，百姓心里全是美和乐。看得出，这里的集体娱乐强过了新疆，而且这里的娱乐方式具有当地的色彩。比如高高耸立在另一个高跷演员肩头的演员，如同从空中降临，那种不可思议的神秘，当地称作周村“芯子”，每每在春节时成为街头观众关注的焦点。

至于吃，当地的博山豆腐宴是出了名的。而三十这一天，几乎家家都要做一种叫“酥锅”的菜，就是将海带、鸡、鸭、鱼、肉、豆腐、白菜、肘子等混在一起文火慢炖，往往要一夜时间，第二天早上揭开锅盖，满屋子都是香味。来客人了，就去挖一碗来吃，完全当饭了。里面的营养可都全了。现在生活条件好了，百姓人家还是喜欢在年三十做这种菜吃。饭店里的还是不合口味。而且邻舍间还会交换各家的“酥锅”，各家的做法都不同。

济南的春节和淄博相似。不过因为济南有山有水。所以，那里的千佛山庙会延续了几百年。到了正月，赶庙会成为济南人享受的方式。大家买山货、吃山货，看戏、听歌、喝茶，去庙里上香还愿，自然就有了年的热闹。而一年几度的趵突泉灯会也在春节里亮起来。在美丽的园林和泉水间，那些代表吉祥的花灯跳动着节日的浪漫和温情。

所以，如果抛开吃，济南的春节文化是令人难忘的。

可惜的是，大明湖的说书人已经不在，历下亭里的名士们也不在了。但文化还在年里呈现，这就是传统的魅力。

天津是个五方杂处之地。原来是码头，这里的人群就自然有了逞强好胜、义气斗狠的性格。加上商业文化浓郁，这里的民间文化就和商业文化密切联系起来。过去600年的皇会是当地的一张文化名片。当春节到来之际，各地的老会或者花会都会出动，以隆重的方式举行妈祖祭奠。天津皇会的内容和其他地方庙会的不同在于，它是由近百道会种组成，而且各道会过去大多有大的商业集团赞助。有表演杂技的，有表演武术的，有表演高跷的，有挑担子、挑花的，有救火、打扫的。各种名目，实用性和观赏性融为一体。曾经因“文革”中断的天津皇会随着改革开放重新焕发出新的生命。春节里去赶一场皇会，去天后宫看当地各种民俗表演，品味当地小吃，一定会感受到天津的繁华和醉人的节日情态。

走了那么多城市，从西到东，从南到北。各个地方的文化熏陶出不同的文化性格，也正因为文化传统的地域差异，不同地方对于春节的庆祝方式有所不同。但有一样是一直不变的：春节要团圆，春节是亲人们热闹的日子。一个春节集中地体现出中国人对传统对根的认同。

第五讲　传统节日的文化意蕴（下）

一、中元节的习俗及文化阐释

随着城市化进程的加速和乡村的大量消失，作为中国纪念性节日的中元节正在渐渐远离人们的日常生活。有浓重传统“孝”文化色彩的中元节本应该成为中华民族世代传承的优秀传统节日，其中渗透的悲悯的人文情怀和在追念亲人的氛围中释放心理压力的“治疗”功能应该得到重视。这样的传统节日不应该被破坏，而是应该得到尊重和传承。

这是个文化多元的时代，同时也是全球化的时代，网络正在把地球变成一个村落。如果深入分析这种情况，我们会意识到一个严肃的问题：文化的全球化正在使文化同一化，或者说强势文化正在阉割或遮蔽弱势文化。虽然文化没有高低和先进落后之分，但实际上每个国家的文化都在借助经济实力进行传播。在这样的情况下，我们会首先想到国家的文化安全，防止本国文化被他国文化同化。因为，如果文化的独特性遭到破坏，一个民族的传统就会面临断裂之危。我们坚持文化相对主义立场，尊敬他国文化的同时也保护本国文化，这非常重要，它将给予我们宽广的眼界，培育我们宽容的态度和虚怀若谷的情怀。中元节最早源自什么朝代还没有定论，“七月十五节俗早在佛教传入、道教兴起以前便有其滥觞。中国传统的七月十五习俗内容主要表现为祭祀，是为秋尝。七月十五的祭祀又涉及三个方面的问题：时间、方位和地点。时间一般放在夜晚。七月立秋之日在十五前后，此时农作物开始收成，是迎接秋收的日子。”①

每到农历七月十五日，中国许多地方的百姓都会去扫墓，烧纸祭奠，然后还要在家里举行仪式，在房间的显要位置摆放碗筷和最好的饭菜酒水、时令水果，表达亲人对先人们的怀念。在他们眼中，这一天亡灵都要回家吃个“团圆”饭，感受家的温暖。而这天家里的子女们都要回到家中一起祭奠先人，那些已婚的子女尤其要赶回来。在山东莱芜一带，这一天是仅次于春节的节日，全家人团聚在一起，到了黄昏家家都要放鞭炮送亡灵回去。这一天，在迎接自家先人的同时，有些人家还要在自家门前烧些纸送给那些无家可归的孤魂，讲究的人家还要在大门口的门槛处横一根棍子，那棍子叫拦门棍，作用是驱除野鬼。这里看出了中国人的朴素和仁义。既给野鬼们“钱”，让他们也过上好日子，同时又做了防备，防止野鬼对活人生活的影响。在这一天，你可以从餐桌上牌位的摆放次序看出先人的辈分及其在家族中的地位，有些牌位是叔辈或者是和父亲相关的亲人的。一问才知，家族中有的先人没有子嗣，为了让他也享受到亲人团聚的快乐，也要请他们来家。甚至那位先人生前没有子嗣，可能还过继了这家中的某个子女，这样就将香火延续了。毕竟都是一个祖先，流着同一家族的血脉。从中元节的祖先祭拜中，我们也可以看出家族血脉的流传在中国农村依然十分重要。

中元节是道教的说法，中国古代以一、七、十月之十五日分称上元、中元、下元，上元是天官赐福日，中元为地官赦罪日，下元为水官解厄日。有的地方中元节是七月十四日，据说在宋朝末年，人们正准备过节的时候，元兵突然入侵，因此只好提前一天祭祀祖先，节日就这样提前了。节日这天，人们带上祭品，到坟上去祭奠祖先，与清明节上坟相似。在封建社会，地方官府还命令和尚道士设孤魂道场，以祭奠阵亡的军士。

七月十五日，也是佛教的盂兰盆节。佛教提倡慈悲为善。古印度雨季的三个月里，佛教仪规禁止僧尼外出，说是外出容易伤害草木虫蚁，要求僧尼在寺内坐禅修学，接受供养。这段时期称为安居期。佛教传入中国以后，根据中国的季节变化，规定安居期为四月十六日至七月十五日。后来又依据经书产生了“目连救

① 黄嘉敏:《七月十五节俗与民间传承》，江西师范大学，硕士论文，2010。

母”的佛教传说故事。盂兰是古印度梵语的音译，意为倒悬，形容亡人之苦。盆是汉语，指盛放供品的器皿。盂兰盆即指这样的佛教活动，可以解脱亡人的倒悬之苦。中国佛教借助儒家传统的“孝亲”礼俗，将七月十五日演化成了弘扬佛法的“孝亲节”。不仅得到了中国传统文化的认可，也受到了从官方到民间的普遍欢迎，因而对七月十五日的民俗活动影响也最大。

五台山的寺庙，会在七月十五日举办盂兰盆会，念经超度亡灵。周围一些信教群众要到寺庙摆供、响炮、祈祷，为祖宗赎罪，祝亡人解脱。在民间，家家要上坟祭奠祖宗。晋南地区习惯用纸做灯，焚烧于坟前，意为亡人前程光明。祭奠祖宗的食品喜用包子。如果先人亡故满三年，儿女们要在这一天脱去孝服，改穿常衣，俗称换孝。晋北地区上坟祭奠祖宗喜用馍馍。馍用面粉制作而成，圆形，中间点一个红点。摆完供，烧完纸，回家时要从地里摘几棵谷子和麻，用绿色纸条缠绕，立于窗前，并供奉面人一尊。节后移置房顶，根朝里，谷穗露在外面，称为拣麻谷。民间流行的说法是保佑五谷丰登。然而供奉面人的仪规，分析起来似乎是早期人殉习俗的遗留。

七月十五日祭奠亡人，最隆重的仪式要数放河灯了。民间习惯用木板加五色纸，做成各色彩灯，中点蜡烛。有的人家还要在灯上写上亡人的名讳。商行等单位，则习惯做一只五彩水底纸船，称为大法船。传说可将一切亡灵超度到理想的彼岸世界。船上要做一人持禅杖，象征目犍连，也有做成观世音菩萨的。入夜，将纸船与纸灯置于河中，让其顺水漂流。人们依据灯的漂浮状况来判断亡魂是否得救。如果灯在水中打旋，则认为鬼魂被拖住了。如果灯在水中沉没，则认为亡魂得到拯救，已经转世投胎了。如果灯漂得很远或靠岸，则认为亡魂已经到达彼岸世界。总之，一切都是良好的祝愿。

中元节时，民间还盛行祭祀土地和庄稼。先将供品撒进田地；烧纸以后，再用剪成碎条的五色纸缠绕在农作物的穗子上。传说这样做可以使庄稼避免冰雹袭击，获得大丰收。一些地方同时还要到后土庙进行祭祀。七月十五日节前，民间盛行面塑活动，晋北地区最盛。一家蒸花馍，四邻来帮忙。首先根据家庭实有人数给每个人捏一个大花馍。送给小辈的花馍要捏成羊形，称为面羊，取意羊羔吃奶双膝下跪，希望小辈不要忘记父母的养育之恩；送给老辈的花馍要捏成人形，称为面人，意为儿孙满堂、福寿双全；送给平辈的花馍，要捏成鱼形，称为面鱼，意为连年有余。现在对花馍的造型已经不那么严格讲究了，完全依据主人的情趣制作，羊、虎、牛、鱼、兔、人，各种造型的馍都有。还要再捏许多桃、李、莲、菊、梅等造型的花馍，点缀以花、鸟、蝴蝶、蜻蜓、松鼠。个头较前要小，作为走亲戚、看朋友的礼品。这些面塑蒸熟以后，再经过五色着彩，看上去栩栩如生，每一件都可以称为绝佳的手工艺品。七月十五的面塑，已经成了农家妇女一展灵巧手艺的节目。

在莱芜颜庄镇，七月十五日是仅次于春节的盛大节日。在这一天，当地人要在清晨8点前请家堂，俗称先人进家。请进家的都是五代宗亲。这一天，妇女们在厨房忙碌做饭做菜，男人们张罗着摆设。一般是在进门的大堂正中位置摆方桌，上置时令鲜果，有酒有茶，同时用红纸折出一个个牌位，写上名讳，一字排开。在七月十五日前几天，是各地要账的好时候，谁也不愿意在七月十五日还欠着别人的债。到了七月十五日，家家要过节，到别人家要账也不吉利。所以，这又成了躲账的最理直气壮的理由。

过去拜家堂是家族间磕头，现在还时兴磕头，但不同家族姓氏的人也来磕头。一般情况下，七月十五日各家顾各家，如果要串门一定得到主家磕头表示尊敬。一般这一天，家家大门都放置拦门棍，要将野鬼或者外鬼拦在门外，图个吉利。

笔者曾走访调查莱芜颜庄庆和村，一进村民家就在牌位前磕了三下。敬供的牌位从左到右一字排开是这样的内容：

先高祖讳
思诚妣
刘张氏之位

先高祖讳
思瑞妣
展吴氏之位

先曾祖讳
桂妣
杨氏之位

先曾祖讳
桐妣
刘李氏之位

先祖讳
鸿勋妣
吕氏之位

先考讳
汉振妣
陈氏之位

四叔父讳
汉达妣
刘氏之位

作为祭奠对象的五代宗亲牌位一般应该是五个，但这家农户里多出了两个。经过现场访问才明白，原来在先高祖辈，大伯家没有生养男丁，故由亲侄子供养。而到了先考这辈，族中亲四叔家中也无男丁，故也由侄子家供养。小小的一个供养，体现了中国古代对血亲家族的体认、对家族繁衍的需要以及男丁在家族传序中的重要性。其实每年为先人们准备这样一场隆重的迎接仪式，恰好是对家族血统的回忆和记忆，光荣和梦想似乎就在这样的仪式中得到传承。同时在这天，家中的男丁几乎都要赶回来，目的是共同祭拜祖先。其实从这里也可以看出中国儒家的“孝”在民间的继承和发扬。联系中国民间中元节文化的含义，我们可以看出其目的有二，一是为了追忆祖先，二是超度孤魂。其中目连救母的故事更是将中国孝道文化推向了极致。而莱芜中元节祭祖也没有脱离这样的主题。

民间俗信认为，整个七月是鬼月，阎王于每年农历七月初一打开鬼门，放鬼出来，到阳间觅食，接受宗亲家人的供祭。七月最后一天重关鬼门，群鬼又得返回阴间。“两大鬼节的差别是阴阳五行观念造成的：清明时节的三月，水气也就是阴气进入‘死’的阶段，如同动物的休眠，鬼活动的活跃期结束，故传这时收鬼，给祖先的冥币要及时送去，一旦休眠或紧闭家门，就收不到；为此要为已作古的亲人修治坟墓，也正因这个缘故，要祭祀左邻右舍，以求阴间和睦相处。”[①]“七月是阴气转入‘生’之阶段，出门活动，故而叫鬼门开，路边点火河里放灯提供鞋子，为满足鬼出门活动的需要。同时经历了三个月的限制，饥肠辘辘，喂鬼进食成为要事，所以不必上坟，只要请祖先来家饱餐，收取冥币。”[②]民俗文化的加入让我们更清楚地知道了中元节习俗的文化含义。阴阳五行理论在中国民俗的应用正显示出中国百姓对生命规律的尊重和认可，而这样的认可也正是百姓的人道关怀所致。在他们看来，鬼也是有情感需要的，鬼也需要休息和游乐，因此每年给他们足够的钱花，给他们和心灵交流的机会，生者在思念中完成情感的寄托和升华。孝道文化是一方面，其实从文化接受的角度分析，人们在一年三度的鬼节信仰中，主要完成的是心理疗伤。尤其是中元节，通过放河灯、烧纸、祭祖的方式，人们在隆重的祭奠中，在浪漫的河灯中，在亲人的聚会中释放内心对现实的不满和对未来生活的寄托，希望得到亡灵和祖先的护佑，同时在祭拜中将敬畏天地的心思充分体现出来。

中元节从唐代相传至今，除了中国人特别尊崇的孝道文化的影响外，更为重要的是其具有心理治疗的作用。在喃喃低语的祈祷和祭奠中，生者完成了自己的倾诉，完成了对死者的追念，也完成了精神的抚慰。在“抬头三尺有神灵”的中国民间，对家族祖先的崇拜，是寻找保护神、取悦神灵的表现，而且是最直接的表现。

“现在看来，七月十五已经完全蜕变为一个家族文化的节日。这种节日，敬

① 高洪兴：《中国鬼节与阴阳五行：从清明节和中元节说起》，载《复旦学报（社会科学版）》，2005（4）：第132-140页。

② 同上。

奉祖先是一个方面，但更重要的还是借着请家堂的时机对子孙进行孝道、家风的教育，同时也以节日的传承来延续家族结构。”[①] 其实，七月十五的家族文化性质已经非常明显。从家族血脉的延续到家族的教育，再到通过孝道传习家教，这都是节日的功能。而这曾经被批为封建迷信的传统节日在城市化进程中正在逐渐淡化，文中涉及的是还没有受到商品化冲击的边缘区域。正因为如此，抢救和保护就显得尤其重要。

中元节传统节俗集中体现了中华美德，而且其对民众心理的安抚和情感需求的满足有很大作用，对和谐社会的建设意义重大。这样一种传统文化不该退出历史舞台，应该得到更多的重视。目前存在的问题是，大多数城市里的人已经不过这个节日了，节日本来具有的丰富的活动和仪式也在逐渐消失，节日的来源和意义也在被人们忽视。长此以往，这样一个流传很久的有丰富内容和文化含义的节日将在我们这个时代被遗忘。所以，抢救，主要是抢救传统文化中的那些必须存在的仪式和那些必要的传统活动，抢救各地有特色的民俗生活。保护，主要是保护节日的“原初性”，少一些现代人为的篡改和扭曲。因为目前非遗保护最担心的就是一旦对某个项目进行保护，当地就把非遗市场化、商业化，非遗的根受到破坏，我们将找不到、看不到传统的本来面貌，这将是最大的悲哀。

在中元节成为保护项目之前，保持文化的本来面目是我们应该一直警醒的。

拜家堂

① 刁统菊、孙金奉、李久安:《节日里的宗族：山东莱芜七月十五请家堂仪式考察》，载《民俗研究》，2010（4）：第203-219页。

家有拦门棍

二、寒衣节的故事和文化理解

寒衣节与春季的清明节、秋季的中元节，并称一年之中的三大“鬼节”。

三大“鬼节”充满了朴素的人道主义精神，生者享受生活的时候，不能忘记给亡灵以安慰。同时借助对亡人的思念，他们自身的感情也得到了释放。

农历十月一日，谓寒衣节，亦称冥阴节。这一天，特别注重祭奠先亡之人，谓之送寒衣。为免先人们在阴间挨冷受冻，这一天，人们要焚烧五色纸，为其送去御寒的衣物，并连带着给孤魂野鬼送温暖。十月一，烧寒衣，寄托着今人对故人的怀念，承载着生者对逝者的悲悯。

同时，这一天也标志着严冬的到来，所以也是父母爱人等为所关心的人送御寒衣物的日子。一年四季，往复循环，农历十月，秋去冬来。十月初一，冷空气来袭，人们在裹上厚棉袄的同时，想起死去的亲人也该添加衣裳了，于是买来五色纸糊制成寒衣，焚烧后送往阴间，供那里的鬼魂御寒。

给死者送衣服这个习俗，据说是由孟姜女首开先河。相传，秦始皇统一中国之后，为了抵御北方少数民族的入侵，强征徭役，修筑万里长城。所有青年男子，只要有胳膊有腿，一律“免试上岗”。孟姜女的丈夫范杞梁年轻力壮，不幸也被征作壮丁。当时，两人才成婚不久。闻此噩耗，如雷轰顶。奈何王命难违，夫妻俩抱头痛哭一场，依依分别。

范杞梁被征走后，孟姜女的公婆思儿心切，积郁成疾，双双亡故。孟姜女一人，孤苦伶仃，举目无亲，于是决定去找丈夫。她不知道范杞梁具体在何处，只知道他在北方修长城，便抱上为他缝制的一套棉衣，一路向北走。

这样连续走了几个月，干粮吃完了，盘缠也花完了，孟姜女沿街乞讨，终于在农历十月初一来到了长城脚下。可是眼前除了新修的长城，就是荒草中堆积的累累白骨，哪有半个人影？此情此景，令孟姜女心灰意冷。她明白，自己的丈夫十有八九已经死了，于是瘫坐在地，对着长城大哭起来。那哭声感天动地，竟把长城震塌了一大段。塌下来的城墙中，赫然有成堆的白骨。孟姜女认定，丈夫的尸首肯定就在这些白骨之中，便把给丈夫做的那套棉衣摆在地上，想焚烧了祭奠亡夫。正待点火，忽又想起地下那么多的冤魂，若要把丈夫的棉衣抢走就麻烦了。于是，她抓了一把灰土，在棉衣周围撒了个圆圈，以警告那些孤魂野鬼：这是俺丈夫的棉衣，你们且莫来抢。

圈好领地，孟姜女点着棉衣，边哭边祷告："夫君呀，你死得好惨！天冷了，你把这身儿衣裳换上吧！"她的泪已经流干了，眼里流出的是血。这血滴在别的白骨上一滑而过，落到离她最近、最完整的一具白骨上时，却像是不愿意走了，径直渗入骨中。孟姜女心想，这肯定是夫君的遗骨，于是就将它与灰烬一起掩埋，之后抚坟痛哭，晕厥在地，终与其夫死在了一起。

孟姜女千里寻夫的故事流传开来，百姓深受感动。此后每到十月初一这天，众人便焚化寒衣，代孟姜女祭奠亡夫。此风日盛，逐渐形成了追悼亡灵的寒衣节。

还有一种说法，认为"十月一，烧寒衣"起源于商人的促销伎俩。传说这个精明的商人生逢东汉，乃是造纸术的改良人——蔡伦的大嫂。

这位大嫂芳名慧娘，她见蔡伦造纸有利可图，就鼓动丈夫蔡莫去向弟弟学造纸。蔡莫是个急性子，技术还没学到家，就张罗着开了家纸店，结果造出来的纸质量低劣，乏人问津，夫妻俩只好对着一屋子的废纸发愁。

眼见就得关门大吉了，慧娘灵机一动，想出了个鬼主意。

一天深夜，惊天动地的鬼哭声响彻蔡家大院。邻居们吓得不轻。次日一早，赶紧跑过来探问究竟，这才知道慧娘昨晚暴病身亡。只见当屋一口棺材，蔡莫一边哭诉，一边烧纸。烧着烧着，棺材里忽然传出了响声，慧娘的声音在里面叫道：“开门！快开门！我回来了！”众人呆若木鸡，好半天才回过神儿来，上前打开了棺盖。只见一个女人跳出棺来，可不是慧娘是谁？

那慧娘摇头晃脑，高声唱道：“阳间钱路通四海，纸在阴间是钱财，不是丈夫把钱烧，谁肯放我回家来！”她告诉众人，她死后到了阴间，阎王发配她推磨。她拿丈夫送的纸钱买通了众小鬼，小鬼们都争着替她推磨——有钱能使鬼推磨啊！她又拿钱贿赂阎王，阎王就放她回来了。

蔡莫装出一副莫名其妙的样子，说：“我没给你送钱啊！”慧娘指着燃烧的纸堆说：“那就是钱！在阴间，全靠这些换吃换喝。”蔡莫一听，马上又抱了两捆纸来烧，说是让阴间的爹娘少受点苦。

夫妻俩合演的这一出双簧，可让邻居们上了大当！众人见纸钱竟有让人死而复生的妙用，纷纷掏钱买纸去烧。一传十，十传百，不出几天，蔡莫家囤积的纸张就卖光了。由于慧娘还阳的那天是十月初一，后世的人们便都在这天上坟烧纸，祭奠死者。

这两个传说一悲一喜，道具虽有不同（一个是烧棉衣，一个是烧纸），却都是拿逝者做文章，拨的都是人们心中那根亲情弦。

过寒衣节，必不可少的东西有三样：饺子、五色纸、香箔。十月初一这天，人们要烹炸食品、剁肉、包饺子，准备供奉祖先的食品。准备供品一般在上午进行。供品张罗好后，大人打发小孩到街上买一些五色纸、冥币及香箔备用。五色纸有红、黄、蓝、白、黑五种颜色，薄薄的，有的中间还夹有棉花。晌午吃过饭，主妇把锅台收拾干净，叫齐一家人，这就可以上坟烧寒衣了。

到了坟前，焚香点蜡，把饺子等供品摆放齐整，一家人轮番下跪磕头；然后在坟头画一个圆圈，将五色纸、冥币置于圈内，点火焚烧。有的人家不但烧冥币，还烧用五色纸糊成的豪宅、汽车等“奢侈品”，一边烧一边念叨，生怕亲人在阴间过不上好日子。

还有的人家，在坟头画圆圈时，不忘在旁边另加个圆圈。其用意乃在救济那些无人祭奠的孤魂野鬼，以免他们穷极生恶，抢走自家祖先的衣物。

烧寒衣是个有技术含量的活儿，凡送给死者的衣物、冥币等物，必须焚烧得干干净净，唯有如此，这些阳世的废纸才能转化为阴间的绫罗绸缎、金银财宝。倘若有一个纸角没有烧尽，那么就会前功尽弃，所祭奠的亡人也得不到半分好处。

晋南地区送寒衣时，讲究在五色纸里夹裹一些棉花，说是为亡者做棉衣、棉被使用。晋北地区送寒衣时，要将五色纸分别做成衣、帽、鞋、被种种式样。甚至还要制作一套纸房舍，瓦柱分明，门窗皆备。这些纸制工艺品除体积缩小之外，看上去比真房院还要精致漂亮。十月初一烧寒衣，要特别认真细致。这种行动虽然看来好笑，却也反映了生者对亡人的哀思与崇敬，属于一种精神上的寄托。

民间送寒衣时，还讲究在十字路口焚烧一些五色纸，象征布帛。用意是救济那些无人祭拜的绝户孤魂，以免给亲人送去的过冬用物被他们抢去。

民间在十月初一，不仅要为亡人送寒衣过冬，生者也要进行一些象征过冬的传统活动。妇女们要在这一天将做好的棉衣拿出来，让儿女、丈夫换上。如果此时天气仍然暖和，不适宜穿棉衣，也要督促儿女、丈夫试穿一下，图个吉利。男人们则习惯在这一天整理火炉、烟筒。整理完毕后，还要试着生一下火，以保证天寒时顺利取暖。

鬼节虽然听起来很可怕，但如果我们细心观察和体会，总会明白清明时走在田野大道上的人，中元节里那些赶着回家团聚的人，寒衣节里那些喃喃低语的人，那些远在他乡的人为什么即使在拥挤的城市也要跑到空旷地烧一堆纸钱。在追思亲人的时候，是不是他们真的能听见先人们灵魂的低语？生者和死者完成了一年三次重大的相逢。

第六讲　中国民间美术

一、中国民间美术的概念

中国民间美术是指劳动人民在生产生活过程中创造的艺术形式，它代表了生活在中国农村的普通百姓对于美术概念的认识与理解，是中国传统文化中最具浪漫主义色彩的文化内容。民间美术的概念是相对于宫廷美术、精英美术提出的，民间美术的产生伴随着百姓的生产生活、地域风俗、文化观念等的变迁与发展。充满智慧的民间百姓用独具特色的艺术表现手法阐述着他们对美好生活的向往、对乡村居住的热爱以及对待生老病死的感悟。可以说，民间美术体现了生活在偏僻乡村的人们对于自然、生活、生命等各种事物的文化观念认知，这种特殊的艺术表现形式与我们常说的精英美术有着极大的区别。精英美术通常反映的是精英艺术家个人对于艺术的理解，他们创作的艺术作品体现了艺术家的个人精神世界与对个性特色的追求。而民间美术通常反映的是民间大众的集体思想意识与文化内涵。

民间美术的造型语言粗犷、色彩鲜艳，除了要满足民间百姓的日常生活需求外，更多的是追求一种精神层面的内容。民间的乡土空间见证了社会历史的发展，百姓们在农耕社会时期最基本的需求就是吃饱穿暖、丰衣足食、身体健康等，这些最为基础的需求在民间美术层面主要表现为中国民间美术蕴含的三种观念：求生、趋利、避害。所以民间美术创作的核心思想观念始终是围绕这三点展开的，这三种观念突出了民间大众对于民间美术作品的功利性需求，换句话说，民间美术折射出民间社会驱除邪祟的功利性心理，希望这种特殊的艺术形式可以为自己带来平安、幸福、好运。《布老虎寻踪——北方三省布老虎活态调查和研究》提出:“虎文化是一种长期存在于民间的文化信仰，从远古时期人们对于虎的畏惧，然后经历了将虎当做祥瑞灵兽，最后被做成民间家庭中陪伴孩童、保佑孩童健康茁壮成长的布老虎玩具。这种过程反映了乡土生活中的人们将对人有威胁的动物变成能够保护他们的神兽的一种智慧的心理变化，布老虎在民间艺人的手中通过夸张的艺术手法和鲜艳的色彩搭配呈现出一种生动活泼、可爱动人的形象，一改森林中老虎凶猛的形象。”布老虎艺术的产生反映了民间群众处理危险事物的一种手法，因此，往往被人们称赞具备高超技艺的民间美术也还隐藏着深刻的民间文化观念，只有深入了解其特定生存的空间，挖掘隐藏在这些美丽艺术形式背后的民间思想观念，我们才能更好地理解和掌握民间美术这一生存在中国广袤乡间的特殊艺术文化。

二、中国民间美术的分类

民间美术有非常多的艺术类型，并且它们产生的目的、实际的用途也各不相同，有供赏玩的造型艺术，亦有以实用为主的工艺品。民间美术通常可以分为以下几类。

（1）民间绘画类，包括版画、年画、建筑彩画、壁画、灯笼画、扇面画等。

（2）民间雕塑类，包括彩塑、石雕、金属铸雕、木雕、砖刻、面塑、琉璃建筑饰件等。

（3）民间玩具，包括泥玩具、陶瓷玩具、布玩具、竹制玩具、铁制玩具、纸玩具、蜡玩具等。

（4）民间染织与民间刺绣，包括蜡染、印花布、土布、织锦、刺绣、挑花、补花等。

（5）民间服饰，包括民族服装、儿童服装、嫁衣。

（6）民间配饰，包括荷包、鞋垫、首饰、头饰、绒花、绢花等。

（7）民间器物家具，包括日用陶器、日用瓷器 、木器 、竹器 、漆器、铜器及革制品、车马具等带有装饰及艺术价值者。

（8）民间剪纸，包括窗花、礼花、挂笺等。

（9）民间面塑，包括糕点模、面花面点造型、糖果造型等。

民间美术与民间开展的各类民俗艺术活动有着极为密切的关系，例如民间的庆典节日、婚丧嫁娶、生子祝寿、迎神赛会等活动中的年画、剪纸、春联、戏具、花灯、扎纸、符道神像、服装饰件、龙舟彩船、月饼花模、泥塑等，以及少数民族民俗节日中的服饰、布置等。民间美术分布于各地，因地域、风俗、感情、气质的差异又形成丰富的品类和风格。但它们都具有实用价值与审美价值统一的特点。此外，它们的制作材料大都是普通的木、布、纸、竹、泥土，但制作技巧高超、构思巧妙，擅长大胆想象、夸张，且常用人们熟悉的寓意谐音手法，积极乐观、清新刚健、淳朴活泼，表达了对美好生活的憧憬与理想，富有浪漫主义色彩。

三、中国民间美术的表现形式

（一）民间木版年画

春节是中国传统节日中最为重要的一个，中国人在除夕这一天要贴春联和门神，这是节日中必不可少的仪式和步骤。随着科学技术的进步，年画的印刷形式也发生了很大的变化，现今中国人过春节大多张贴机械印刷制品，很少有人张贴传统木版印刷工艺制作的年画。而在过去的时候，中国人过春节是需要张贴手工制作的木版年画的。春节挂贴年画在城乡很普遍，浓墨重彩的年画给千家万户平添了许多兴旺欢乐的节日气氛。年画是一种古老的中国民间艺术，反映了人民朴素的信仰，寄托着他们对未来的希望。年画和春联一样，也起源于"门神"。随着雕版印刷术的兴起，年画的内容已不局限于门神之类单调的主题，变得丰富多彩。

年画，又称木版年画，是一种运用木版彩色套印在纸上的画种，它是我国民间过年节时张贴的一种民间画类，用以除旧岁、迎新春，美化环境、营造节日的喜庆欢乐气氛。资料显示，早在汉代民间就有在门上画英雄武士、贴门画的风俗，以后历代不衰。清代中叶更为盛行，全国各地均有年画，而且形成了各自的地方风格。最著名的当数北方的杨柳青年画和南方的桃花坞年画。此外，山东潍坊、河南朱仙镇、河北武强、广东佛山等都是著名的年画产地。年画作为一种随着年节风俗的演变而衍生形成的中国民间特殊的象征性装饰艺术，它的起源可以追溯到人类远古时期的自然崇拜观念和神灵信仰观念。中国早期的年画与驱凶辟邪、祈福迎祥这两个主题有着密切关系，在祈祷丰收、祭祀祖宗、驱妖除怪等年节风俗习俗化的过程中，逐渐出现了与之相适应的年节装饰艺术。春节是中国木版年画的载体，在农耕时代木版年画烘托了节日的欢乐气氛。木版年画色彩绚丽、人物造型丰满、内容涉及面广，是营造过年欢快气氛最具特色的道具之一。同时，它追求吉祥和祈盼圆满，农耕时代，自然地理环境对人类的居住和生活影响极大，人类自身改变环境的能力有限，对自然和人类生命现象的认知也不足，因此，人类只能借助于内心的诉求，用年画的形式追求吉祥和祈盼圆满，希望未来有更美好的生活。深厚的文化积淀、全景式的农耕文明记录，使得中国木版年画成为中国传统文化的一个鲜明符号。

年画的主题通常分为以下几类：吉祥喜庆类，包括丰年吉庆、四季平安、连年有余等；历史戏曲神话故事类，如岳武穆精忠报国、许仙与白娘子、昭君出塞等；诸神信仰类，如文武财神、灶神、门神等；世俗生活类，如耕读图、渔家乐、二十四孝图、鲤鱼跳龙门等；财富崇拜类，如人们所熟悉的金钱元宝、摇钱树、刘海戏金蟾、聚宝盆、金玉满堂等。木版年画的主题内容也反映了民间美术的象征内涵，如门神象征着平安、驱邪；财神象征着财富；福禄寿三星象征着福气、富贵、长寿；石榴、花椒象征多子多福；牡丹、芍药象征富贵吉祥；松、鹤象征着长寿与延年；公鸡、荔枝象征着大吉大利；竹子、花瓶象征着竹报平安；儿童骑瑞兽意为麒麟送子，等等。有图必有意，寓意必吉祥，木版年画中的人物、器物、植物、动物、场景等都被赋予了吉祥、喜庆的大众普遍情感。“圆圆满满”是中国人精神追求的最高境界。在中国人的意识中，美和满是紧密相连的，满意味着多、全，美美满满即为圆满。木版年画的一个突出特点就是构图饱满，甚至有相当一部分年画是以对称的形式出现的。对称是自然界最普遍的一种存在形式，也是人类审美的基本形式之一。如木版年画中的门神、连年有余、窗花等都以对称的形式出现。年画在色彩表现方面也有着特殊的色彩搭配体系，红和黄是中国汉族的两大主色调。红色意味着喜庆和热烈，黄色意味着高贵和等级。大红是中国年文化的主色，灯笼、对联、鞭炮、红包等都以红色出现，木版年画同样如此，红色非常突出。同时，大量运用黄、蓝、绿、紫等颜色，色彩明快、绚丽，装饰性强是木版年画最具特色的艺术表现形式。

中国幅员辽阔、地广人多，百姓的生活习俗因地域不同而各不相同。年画艺术也是如此，中国不同地区的民间年画各具特色，再现了各个地区的地域性文化，同时这些不同艺术特征的年画又反映了中国民间恒定统一的主题。民间木版年画在发展过程中形成了中国四大木版年画产地：江苏桃花坞、天津杨柳青、山东潍坊杨家埠、四川绵竹。

桃花坞木版年画是中国江南主要的民间木版年画。桃花坞位于江苏省苏州市以北。桃花坞年画源于宋代的雕版印刷工艺，由绣像图演变而来，到明代发展成为民间艺术流派，清代雍正、乾隆年间为鼎盛时期，每年出产的桃花坞木版年画达百万张以上。桃花坞年画，主要有门画、中画和屏条等形式，其中门画可谓集历代门神之大全。桃花坞年画系用一版一色的木版套印方法印刷出来的，工艺精美，一幅画要套印四五次至十几次，有的还要经过特殊工艺：描金、扫银、敷粉等。在色彩上，有桃红、大红、蓝、紫、绿、淡墨、柠檬黄等色。在艺术风格上，桃花坞年画构图丰满，色调艳丽，装饰性强，富有浓郁的生活气息。在人物塑造、刀法及设色上，具有朴实、稚拙、简练、丰富的民间美术特色，所以数百年来一直畅销海内外，欧洲许多国家的博物馆及艺术馆都有收藏。桃花坞年画的印刷兼用着色和彩套版，构图对称、丰满，色彩绚丽，常以紫红色为主调表现欢乐气氛，基本全用套色制作，刻工、色彩和造型具有精细秀雅的江南民间艺术风格，主要表现吉祥喜庆、民俗生活、戏文故事、花鸟蔬果和驱鬼辟邪等民间传统审美内容。

天津杨柳青镇有着六百年的发展历史，被誉为“中国魅力文化传承名镇”。相传在元末明初时期，有一位长于雕刻的民间艺人来到杨柳青镇避难，逢年过节就刻些门神、灶王出售，镇上的人争相模仿。到了明永乐年间，大运河重新疏通，南方精致的纸张、水彩运到了杨柳青，使这里的绘画艺术得到发展。清代中期，杨柳青全镇连同附近的三十多个村子，“家家会点染，户户善丹青”，画店鳞次栉比，店中画样高悬，各地商客络绎不绝，是名副其实的绘画之乡。杨柳青年画继承宋、元绘画传统，吸收了明代木刻版画、工艺美术、戏剧舞台的形式，采用木版套印和手工彩绘相结合的方法，制作时，先用木版雕出画面线纹，然后用墨印在上面，套过两三次单色版后，再以彩笔填绘。既有木版制作的印痕，又有灵动变化的手工色彩绘制，因此，民间艺术的韵味浓郁，富有中国气质。杨柳青年画创立了鲜明活泼、喜气吉祥、题材感人的独特风格。在中国版画史上，杨柳青年画与南方著名的苏州桃花坞年画并称“南桃北柳”。杨柳青年画通过寓意、写实等多种手法表现人们的美好情感和愿望，尤以直接反映各个时期的时事风俗及历史故事等题材为特点。如年画《连年有余》，画面上的娃娃“童颜佛身，戏姿武架”，怀抱鲤鱼，手拿莲花，取其谐音，寓意生活富足，已成为年画中的经典，广为流传。杨柳青年画取材内容极为广泛，诸如历史故事、神话传奇、戏曲人物、世俗风情以及山水花鸟等，特别是那些与人民生活密切关联的题材，以及带有时事新闻性质的题材，不仅富有艺术欣赏性，而且具有珍贵的史料研究价值。

山东潍坊杨家埠木版年画全以手工操作并用传统方式制作，发展初期受到杨柳青年画的影响，清代达到鼎盛。杨家埠曾一度出现“画店百家，画种过千，画版上万”的盛景，产品流布全国各地。其中最大的东大顺画店拥有画版三百多套，年制画百万余张。杨家埠年画题材广泛，想象丰富，重用原色，线条粗犷，风格纯朴。杨家埠木版年画始于明代，兴于清朝，重喜庆、浓彩、实用，多反映理想、风俗和日常生活，构图完整匀称，造型粗壮朴实，线条简练流畅。根据农民点缀生活环境的实际需要，主要有大门画、房门画、福字灯、美人条、站童、爬童、月光等，具有浓厚的民间风味、乡土气息和节日氛围。杨家埠木版年画题材广泛，表现内容丰富多彩，有神像、门神、美人条、金童子、山水花鸟、戏剧人物、神话传说等，同时也有反映民间生活、针砭时弊之作，但喜庆吉祥是杨家埠年画的主题。诸如吉祥如意、欢乐新年、恭喜发财、富贵荣华、年年有余、安乐升平等，像亲人的祝福，似好友的问候，体现了农民希望新春祥和欢乐、祈盼富贵平安的特点。

绵竹年画以产于竹纸之乡四川省绵竹县而得名。绵竹年画历史悠久，它起源于北宋，到明末清初进入繁盛时期。绵竹年画以彩绘见长，具有浓厚的民族特点和鲜明的地方特色。绵竹年画构图讲求对称、完整、饱满，主次分明，多样统一；色彩上采用对比手法，设色单纯、艳丽，强烈明快，构成红火、热烈的艺术效果；线条讲求洗练、流畅，刚柔结合，疏密有致，具有强烈的节奏感；而夸张、变形、象征、寓意的造型，更具诙谐活泼的效果。绵竹年画的内容极其广泛，有孔明、张飞等历史英雄人物，有小说、戏曲的精彩画面，有武士神像、动物花果等。其中最有趣的是《耗子嫁女》《三猴烫猪》《狗咬财神》《看官盗壶》等民间传说。

中国木版年画延续上千年，以其独特的艺术之美、不同的艺术存在形式，构成了宏大的历史和社会叙述方式。一个国家在一个节日中，几乎所有的家庭都张贴木版年画，这在世界上是独一无二的。中国木版年画已成为中国艺术史中极其辉煌的一个重要组成部分，也是世界艺术史中一朵瑰丽的奇葩。

（二）民间剪纸

中国剪纸艺术历史非常悠久，南宋时期已出现了专业的民间剪纸艺人。它是民间最容易操作和实践的艺术形式。民间剪纸是以纸为载体，以剪刀为工具，以镂空为方式，运以匠心，裁剪出生动形象的图案，并托物寄语，借用约定成俗的观念化形象，寄托人们对美好生活的向往，对吉祥幸福的祈盼，具有独特的艺术魅力。这是中华民族传统的民间工艺，它源远流长，经久不衰，是中国民间艺术的瑰宝，被列入中国第一批国家级非物质文化遗产名录，也是世界艺术宝库中的珍藏。民间剪纸往往通过谐音、象征、寓意等手法提炼、概括自然形态，构成美丽的图案。

作为中国传统民间艺术的一种，民间剪纸在民俗活动中占有重要位置。每逢春节前，各种各样的剪纸作品便开始出现在城市和乡村的大街小巷，这些剪纸图案或栩栩如生，或率真质朴，甚至笨拙怪诞，但无一不传达着中国老百姓祈求万事如意、吉祥和美的生活愿望。这些鲜艳灿烂的剪纸绽放在家家户户的屋宇门楣、厅堂居室、窗棂箱箧，辞旧迎新、喜气盈门的节日氛围被渲染得十分浓厚。

尤其在中国北方农村，春节正赶上万物凋零的深冬，一望无际的灰色难免让人觉得单调与暗淡，但是，当你看到色彩纷呈的窗花、迎风飘动的门幡，灶台、橱柜、粮囤、畜栏等处无不是寓意吉祥的各色纸花，你定会由衷赞叹这浓郁的生活气息与老百姓心里对生命的鲜活追求。老百姓对剪纸艺术的喜爱也一目了然。剪纸是一种即逝艺术，它的传承需要人与人之间的言传手教，因此，它的流传并非易事。然而，它却可以在中国民间广为流行且代代传承，千年不衰，这有赖于它广泛的社会表现功能与丰富的民俗事项的支撑。祈事禳灾、祈福增寿、庆祝节日、祝福婚寿、缅怀先人，都可以借助剪纸来表达，其丰富多彩的内涵与应用伴随着各种民俗展开，渗透到人们日常生活的各个领域。比如春节挂春幡、贴窗花，元宵贴花灯，都可以渲染节日喜庆祥和的气氛。或如嫁娶中的婚俗剪纸，鸾凤和鸣、百年好合的主题花样，表达着青年男女的爱情婚姻理想。因为剪纸是妇女们创造的文化，有些地方还通过剪纸艺术来考查一个女子是否心灵手巧，以此找到称心如意的媳妇。闲时相聚一起剪花样、赛手巧也是很多姑娘的生活内容。又如亲人故去，或者清明，人们用纸剪成祭品，在坟地或祖宗牌位前焚烧，寄托生者对亡人的哀思。生活总有喜怒哀乐、福祸得失、生老病死，摆脱疾病和死亡的痛苦和追求幸福和美的生活是人们永恒的理想，于是，人们裁剪着想象中的神灵龙凤与生活中常见的动物花草，通过谐音、象征等手法，构筑着自己心里的愿望，表达着对生命的渴望与对幸福的追求。

中国民间剪纸主要有窗花、喜花、礼花、鞋花等形式。窗花是贴在窗户上作为装饰的剪纸，在北方较为普遍。北方农家窗户多是木格窗，有竖格、方格或几何形花格，上面糊一层洁白的皮纸，逢年过节便更换窗纸并贴上新窗花，以示辞旧迎新。窗花的形式有装饰窗格四角的角花，也有折枝团花，更有自由的各式花样，如动物、花草、人物，还有连续成套的戏文或传说故事窗花。总之，它可根据不同形状的窗格做成不同的布置。喜花是婚嫁喜庆时装点各种器物用品和室内陈设用的剪纸。一般是将剪纸摆衬在茶具、皂盒、面盆等日用品上，或贴在梳妆镜上。喜花图案题材多是强调吉祥如意、喜气洋洋，色彩为大红，外形样式有圆形、方形、菱形、桃形、石榴形等，配置以各种吉祥的纹样（如龙凤、鸳鸯、喜鹊、花草、牡丹等）。构图布局有“花中套花”。礼花是摆附在糕饼、寿面、鸡蛋等礼品上的剪纸。鞋花是用作布鞋鞋面刺绣底样的剪纸。

在众多民间剪纸艺术产地中，河北蔚县剪纸独具艺术特色，是一种风格独特、在国内外享有盛誉的传统民间艺术，它不同于其他地方通常选用红纸作为剪纸原材料，而是以白纸为原材料，将剪纸制作成彩色的。清代末年，蔚县剪纸工具改革，由“剪”变“刻”。20世纪初，蔚县剪纸在构图、造型和色彩上逐渐形成了独特的艺术风格，开创了独具一格的民间剪纸新流派。在制作时首先要“熏纸”，即将厚纸样或新设计的草图贴在白纸上，然后燃烛烟熏，使白纸上留下清晰的黑样；其次再“焖纸”，即将窗花所用宣纸多次折叠剪裁至三五十层，然后用水淋湿，以手压实，使之成为一块整体，以待刻制；接着是“刻纸”，即将“黑样”放在焖好的纸块上，用刀刻制；最后则是“染色”，即在刻出的白色小样上点染着色，点染毕，逐张揭开即为成品。蔚县剪纸乡土气息极为浓厚。构图空白不多，线条粗犷有力，少纤细条纹；敢于变形与夸张；装饰性强，设色大胆，不拘小节，惯用强烈对比，但并非任意无章，而是自有规矩。

蔚县最早的剪纸可追溯到明成化年间。当时的剪纸为单色，不镂空，形象古朴、粗拙，主要用于绣鞋花样、婚丧吉祥物和年节窗户装饰等，其式样和技艺尚未形成自己的特色。后来，剪纸艺人借鉴年画和皮影的色彩，创作出彩色剪纸。由于当时中国北方的窗多以绵纸糊挡，透光性很差，这种剪纸贴在上面挡光，于是剪纸艺人又创造出透光性较好的“天皮亮”，即用云母薄片拼贴成方圆形块面，再在上面用毛笔勾图填色。

（三）民间面塑

民间面塑艺术历史源远流长，早在汉代就已有文字记载，在中国民间也叫面花，是作为仪礼、岁时等民俗节日中馈赠、喜庆、装饰的信物或标志，经过几千年的传承和经营，早已是中国文化和民间艺术的一部分。汉代，人们把面团制成一定的形象，为食用增强装饰效果。到了明代，面塑逐渐脱离食用，演变成单纯的艺术形式，一些身背工具箱四处奔波的面塑艺人出现在闹市，以此为生计，进一步促进了面塑艺术水平的提高。近代，受文人艺术的影响，面塑的内容和形式不断推陈出新，其艺术魅力同样为各阶层人士喜爱。他们不惜重金订购，或作为贺礼馈赠亲朋，或作为陈设摆放在自家案头。现代面塑艺术以它绝美的身姿备受世人青睐，正是时代文化积淀和创作者不断进取的热情和才思，使得它成为一种出于俗而脱于俗的朴素文化，并在今天的雅俗文化对流中以独特、完整的形象俏立于民间艺术之林。

面塑按使用功能可分为两类，一类是专用于收藏的面塑，另一类是可以食用的面塑。用于收藏的面塑通常用精面粉、糯米粉、盐、防腐剂及香油等制成，而用于食用的面塑则用澄粉、生粉等制成。

我国古代民间很多地方流传着逢年过节用面粉做“饽饽”“枣花”“月糕”“面鱼”“面羊”的风俗，这些面食一般是作为蕴含祝福意义的食品或者祭祀的供品。这些用面做成的“果实花样”既好吃，又好看，还蕴含着求吉纳福的祝愿，深受人们喜爱。后来慢慢地出现专门的捏面人的师傅，他们用模子或者手将面团捏成各种人物、动物，沿街叫卖，这些彩色的面人逐渐成了专供欣赏的民间工艺品。面塑是世代相传的民俗艺术，流行在我国黄河内外的很多地方，如陕西、山西、山东、河北、河南、江苏等地。各地风俗习惯不同，面塑的品种十分丰富。“礼从宜、事从俗”，民俗活动的需要直接促进了面塑的发展，面塑也被赋予不同的吉祥含义。比如春节的时候，做成莲花形和鱼形的面塑，表示连年有余；婚礼上送龙凤、鸳鸯、石榴形状的喜饽饽，祝愿新人生活美满、多子多福；孩子满月，外婆家送给孩子十二生肖的面圈，或者麒麟送子，祈求圆满。陕西一带的农村很注重面塑，在拜年、贺喜、祝寿、探亲、祭祀的时候往往带着些喜庆花糕，也叫花馍，这些造型不同的花糕与不同的民俗相互呼应，形成一道亮丽的民俗文化景观。

四、中国民间美术的审美特征与价值

民间美术在劳动人民社会生活中发生、发展、流传了几千年，它存在于劳动群众的衣、食、住、行、用各方面，品种浩繁。本讲选取了年画、剪纸、面塑等几类典型的中国民间美术类型进行介绍，使各位读者初步地、较为全面地了解我国民间美术的辉煌成就。理解并掌握民间美术基础知识，不仅是继承和发展民间美术本身的问题，也是对民族历史文化传统的继承和发展，更是我们树立民族自信心、增强民族自豪感的需要。由于民间美术是劳动人民为满足精神生活需要而进行的一种朴素的、自由的表意创造，所以，民间美术作品倾注着劳动群众的感情信仰和随心所欲的个性，随意性是其艺术特点。民间美术作品大多是人们日常生活、节日活动或祭祀活动中的实用物品，有着强烈的装饰性，在造型上采用大胆取舍、夸张提炼的手法，形成独有的特征。民间美术作品使用的材料很普通，在制造技艺方面十分自由，往往是因材施艺。民间美术作品的作者即劳动群众，他们在生产劳动之余，自发地按照自己的直觉和趣味，自由发挥想象，因而，其作品具有浓厚的乡土味，质朴大方。此外，由于实用的要求，民间美术品大多有着浓厚的情调，造型夸张，色调对比明显，表现出一种强烈的装饰性。民间美术由于受民俗传统的支配，大部分都有深刻的含义和象征。

民间美术是中国传统文化的重要组成部分，是民族精神的物化形式，在长达数千年的传承中，与百姓生活血脉相融，蕴含了深厚的民族情感和文化精神。民间美术作为一种特殊的艺术形式，以最厚重、淳朴和原生的姿态存活于民间。当人们讨论民间美术的保护与传承的时候，常常着眼于对民间美术的历史性内涵进行价值判断，而对于它的保护与传承也往往希望它能保持现有的，或曾经拥有的某种状态。民间美术文化遗产在多数情况下，既属于今天，也属于昨天，还属于明天。有些民间美术样式随着时代的发展不断变异，有的由于不再与新的社会生活环境相适应而被淘汰，成为历史，但同样还会有相当多的民间美术样式继续展示着自己强大的生命力，也有许多样式在变革中获得新的发展。

民间美术伴随着人类的出现而产生。如果我们想了解五千年来中国土地上一直发展流传的艺术形式，我们必须深深扎根于民间，去民间探索答案。因为精英美术的发展历史是断代的，精英美术的发展受到精英艺术思想的引导，在不同的历史时代呈现出此起彼伏的艺术创作思想流变，也就是说精英艺术在发展的过程中缺少一条发展的文化脉络。但是产生于各个历史时期的民间美术却伴随着乡村文化保留了下来，也是最能直接反映中华文化艺术精神、延续文脉的艺术形式之一。在科技日益发展的当下，在倡导彰显中国文化自信的今天，我们应重新审视历经时代发展仍散发着文化魅力的民间美术的文化内涵与价值。

参考文献：

[1] 王树村. 中国民间美术史 [M]. 广州：岭南美术出版社，2004.

[2] 易心，肖翱子. 中国民间美术 [M]. 长沙：湖南大学出版社，2004.

[3] 王树村. 中国年画史 [M]. 北京：北京工艺美术出版社，2002.

[4] 孙建君. 中国民间美术鉴赏 [M]. 重庆：西南师范大学出版社，2006.

[5] 胡俊涛. 中国民间美术概论 [M]. 北京：中国建筑工业出版社，2013.

[6] 冯骥才. 鉴别草根：中国民间美术分类研究 [M]. 郑州：中州古籍出版社，2006.

[7] 吕品田. 中国民间美术观念 [M]. 长沙：湖南美术出版社，2007.

[8] 崔锦. 天津民间美术 [M]. 天津：天津人民美术出版社，2015.

[9] 马知遥，唐娜，刘晓琰. 布老虎寻踪：北方三省布老虎活态调查和研究 [M]. 北京：人民出版社，2017.

[10] 马知遥，孙锐. 文化创意和非遗保护 [M]. 天津：天津大学出版社，2014.

第七讲　中国雕塑艺术

顾名思义，雕塑是运用雕刻或塑造的方法，直接利用物质材料创造出的具体的可观可感的空间艺术。雕是在实物素材上做减法，如石雕、玉雕、木雕等，塑是在实物素材上直接改变形状或做加法，如陶塑、泥塑、瓷塑等。还有一类是综合雕和塑两种技法完成创作，如先塑之后再雕琢的铜像。雕塑根据形式、内容和功能可以划分出很多类别，如根据雕塑的用途可以分为宗教雕塑、实用雕塑；根据雕塑的形式可以分为圆雕、浮雕、透雕；根据雕塑的材质可以分为木雕、石雕、玉雕、冰雕、铜雕等。

雕塑在中国是一门古老的艺术，但它却未在中国封建社会艺术发展的长河中被重视，并未取得像绘画、书法一样的重要地位。在古代，士大夫们将其称为“雕虫小技”，历史上留名的雕塑家寥寥无几，然而建筑学家梁思成却称“艺术之始，雕塑为先”。如果将旧石器时代原始人雕琢的石斧算作雕塑的话，中国雕塑已有几万甚至几十万年的历史了。发展到新石器时代后期，雕塑逐渐被赋予美的感觉，具有了审美价值。出土于原始社会后期的石雕人头、裸体人物、动物雕塑已经具有了这种属性，若以其为中国雕塑艺术的源头，也至少有七八千年的历史了。

一、中国雕塑史巡览

雕塑的载体是石头，是金属，是木头，是泥土……相对于绘画、音乐等艺术，雕塑更容易保存和流传。受政治、文化、宗教影响，流传于世的雕塑作品总会刻上时代的印记，成为我们了解古代政治、宗教和民间生活的有力物证。从另一个角度来说，只要把握住每个历史时期的时代特点，就容易抓住一条脉络，找到研究雕塑发展史的线索。在中国艺术发展的长河中，劳动人民创造出的雕塑精品不计其数，很难在浓缩的几千字中介绍清楚。纵看雕塑发展的历史，可以粗略地将其划分为几个阶段：稚拙质朴的原始雕塑、浑厚庄重的商周雕塑、写实恢宏的秦汉雕塑、超脱凡尘的魏晋南北朝雕塑、丰腴和谐的隋唐雕塑、奇巧玲珑的宋元明清雕塑及多元开放的近现代雕塑。

（一）稚拙质朴的原始雕塑

河北武安出土的一块石雕人头，是在整块石头上雕刻而成的作品。研究推断，这块石雕创作于距今约 7 300 年的磁山文化时期。这块石头之所以能称为雕塑，是因为我们的先人用古朴的线条在上边刻画了一个鼻子和两只眼睛以及形成一条线的眉毛。虽然没有嘴巴，但是我们依然能够辨识这是一个头像，细细品味，这块刻画着符号和线条的石头竟然成了一块“有意味的形式”，具有了趣味性和美的感觉。能够被审美，说明它是艺术作品，这块石头呈现出原始生命的自然状态，犹如孩童随意的创作，充满了稚趣与质朴。

原始社会的新石器时代可谓中国雕塑艺术的萌芽时期，也是一个漫长而枯燥的时代。刘锡诚在《中国原始艺术》一书中，将原始雕塑划分为三个阶段，从中我们可以窥见原始雕塑发展的一些面貌。距今 7 500 年以前，是中国雕塑的初始阶段。流传至今，具有代表性的是 1973 年浙江省余姚市河姆渡出土的陶猪，磁山文化遗址出土的兽头骨，1985 年吉林省农安左家山遗址出土的曲体玉龙。这一时期的雕塑以动物造型为主，整体制作粗拙，形态较小。距今 6 800 年到 5 000 年是原始雕塑的发展阶段，这一时期的雕塑有了长足的进步，主要是以陶器装饰品为主，伴有独立的玉雕和石雕，如陕西洛南出土的红陶人头壶、甘肃大地湾出土的人头形器口彩陶瓶、新石器时代红山文化玉巫人等。这一时期圆雕、浮雕被广泛应用，并出现了彩塑。距今 5 200 年至 4 000 年是原始雕塑的融合阶段，这一阶段的雕塑技艺有了很大的提升，流传至今的雕塑作品有青海民和山城出土的人头形陶壶、青海柳湾彩陶博物馆内的裸体人像彩陶壶、新石器时代大汶口文化的红陶兽形器等。从这些出土的实物来看，原始先民已然掌握造型的技巧，简单的创作已经采用了“雕”和“塑”两种艺术语言。

原始雕塑材质主要有玉、石、骨、陶，其中陶器最多，这是因为原始时期生产力低，用泥土造型更加方便和简单。在雕塑萌芽发展的前期，陶制作品更多是生活或生产用具，并未脱离实用范畴成为一种独立供欣赏的艺术品。而随着生产力的发展，到了新石器后期，雕塑作为器物上的一种装饰物出现，陶器上的盖钮、把手上的动物或人物头像，逐渐脱离实用，演变成独立存在的艺术品。如在新石器时代晚期出现的红山文化牛河梁女神庙女神像，这件作品五官清晰、形象逼真，是一件陶塑作品而不是陶器。1971 年内蒙古翁牛特旗三星塔拉出土的新石器时代后期红山文化玉龙既是一件辅助祭祀的工具，也是一件极具美感的工艺雕塑。也可以说，雕塑在原始先民捏制陶器和打磨石器的过程中产生，在信仰和宗教祭祀中得到了发展。

（二）浑厚庄重的商周雕塑

当我们的祖先可以熟练地将金属铜和锡按照一定比例铸造成各种器物时，中国进入了一个全新时代。这种器物被称为青铜器，青铜器在距今 4 000 多年前出现，一直流行到秦汉时期，其中商周时期的青铜器数量最多，也最为精美和成熟。即使在今天看来，这些作品仍是巧夺天工的艺术精品，可以说商周时期青铜造型艺术的蓬勃是中国美术发展史上的第一个高潮。

商周青铜器的特点是浑厚庄重，浑厚体现在材质方面，庄重体现在应用的领域方面。商周青铜器带有与生俱来的沉重厚实的金属感，每铸造一件青铜器都要经过制模、翻模、冶炼、浇筑、打磨等多道工序，每一道工序都凝结着工匠的心血。并且青铜器铸造技艺仅掌握在奴隶主贵族阶层，拥有青铜器是一种权力和身份的象征，其中青铜器鼎更是一种国家权力和威严的重要体现。鼎是一种食器也是一种礼器，是奴隶阶层的专属物品，主要表现特征是形制规范，多体现为或方或圆的几何造型。方形的有后母戊鼎、人面纹方鼎、康侯方鼎，后母戊鼎是目前中国出土的最大的青铜器。圆形的有史鼎、毛公鼎、大克鼎、大盂鼎、淳化大鼎等。鼎的造型比例协调，圆形三足、方形四足，彰显出一种均衡稳重的感觉。

除了鼎外，青铜器还有尊、卣、簋、钟、爵、盘、鬲、豆等，是根据造型和功能划分的，它们既属于酒器、食器、蒸煮器、盥洗器、乐器等中的一种，也是用于祭祀的至高无上的礼器。直到现在，在一些重要的祭祀场合中仍能见到这些青铜器的身影，每年在山东曲阜孔庙举行的祭祀孔子的仪式上仍能看到青铜爵、钟等。作为敬鬼事神的器物，青铜器不仅仅是追求审美和实用性质的造型艺术，人们更从中引申出一种高层次的政治文化。统治者用铸造青铜器的方式来确定自身权力来源的合法性，常常用夸张的造型、凶猛的兽面纹来表现统治者的威严，以达到震慑他人、维持秩序、稳定政权的目的。如现藏于日本的虎食人卣，其面型夸张，三足立地，前爪抱持一人，一口锋利牙齿，欲吞噬人，威严外形，顿显庄重。

除了青铜器，商周时期还有一些玉石雕塑，它们同样也是权力身份的象征。多以片状和立体形式存在，人鸟兽虫鱼皆可成为创作内容。与青铜器雕塑相比，玉石雕塑小巧且富有自然和谐之气。如 1976 年河南安阳殷墟妇好墓出土的石雕人、石牛、龙形玦、腰佩宽柄器玉人等，其中石牛为白色大理岩圆雕，前肢跪地，后肢前屈，短尾下垂，阴线更为流畅，具有很强的艺术感和装饰性。

（三）写实恢宏的秦汉雕塑

秦代在中国历史上非常短暂，但作为中国历史上第一个统一的中央集权王朝，开创了封建统治的新模式。秦代社会上仍然延续着“事死如事生”的社会风气，但是由人祭转为俑祭却体现了文明的进步。1974 年在陕西西安临潼发现的秦陵兵马俑，就是这种社会进步的具体表现，也成就了雕塑写实艺术的高峰。统治者将客观的真实呈现于雕塑之中永传于世，每一个兵俑或马俑都是按照真人实物设计的，比例合适，细节处理精巧，即使一根毛发都能处理得很巧妙。此外，秦代在建筑装饰雕塑、青铜纪念雕塑上也取得了划时代成就。1980 年出土的秦始皇陵西侧大型铜车马，铸造精良、工艺精细，与兵马俑一样是写实艺术的代表。秦代的青铜器代表还有秦青铜鹤，造型高大，写实逼真。瓦当是秦朝宫殿建筑的重要构件，也是保护和美化屋檐的建筑艺术品。秦统一中国后，大肆兴建宫殿，其中威武雄壮的阿房宫被誉为“天下第一宫”，可惜随后阿房宫毁于战火。但是从当今出土的宫殿瓦当上，仍能领略当时的秦朝宫殿建筑雕塑的精美与气魄。秦宫遗址出土的云纹瓦当、夔凤纹瓦当、夔纹大瓦当等，烧制规整、纹饰精美，具有强烈的稳重感和规范感。

汉代雕塑在继承秦代恢宏庄重的基础上，更加规范和有个性。汉代有很多陶俑流传于世，虽不及秦代雕塑高大，但题材更加丰富多样，人文色彩也更加浓厚，出现了大量表现生活劳动场景的雕塑。现藏于故宫博物院的陶女立俑，以劳作中的侍女为塑造对象，人物造型生动，化繁为简，线条优美简洁，体现着汉代追求和谐统一的精神。1984 年江苏省徐州市狮子山楚王墓随葬坑出土的楚王墓兵马俑以及 1965 年陕西省咸阳市杨家湾长陵陪葬墓出土的彩绘兵马俑，都是人物俑的代表。这些兵马俑继承了秦代兵马俑比例和谐的特点，但是造型小巧，更符合人的审美意趣。山西汉景帝阳陵陶俑群，有四万多件，形体虽比秦朝兵马俑小很多，但除了武士俑、马俑外，还有舞蹈俑、裸体俑等，更具生活性与世俗性，成为艺术走进生活的真实写照。具有写实主义典范的当属东汉时期的说唱俑，这件作品整体形象夸张、雕刻手法娴熟，是古代劳动人民生活状态的写照。此外，出土于东汉时期的动物陶塑，如陶羊、陶猪、陶狗等，抓住了猪羊等家畜的造型关键，将动物形态表现得淋漓尽致、栩栩如生，显示出了汉代雕塑高超的写实性。

汉代雕塑除了陶俑外，还有汉朝画像石、画像砖。画像石、画像砖是建筑构件，主要分为线刻和浮雕两种，作为一种墓室墙壁上的装饰艺术，画像石、画像砖是中国古代绘画与雕塑艺术的完美融合。画像石和画像砖题材内容基本相同，以劝世说教居多，带有强烈的教化目的，如嘉祥出土的武氏祠画像石、十帝王像、孔门弟子像等，这一类十分注重造型写实。还有一类是以神话传说为表现题材，如后羿射日、嫦娥奔月、牛郎织女等，体现着汉代民众浓厚的浪漫主义气息。此外，还有大量表现贵族生活的画像石、砖，如乐舞百戏图、周公辅成王、河南密县出土的庖厨图、成都杨子山出土的弋射收割图等，它们是古人世俗生活的真实写照。总体来说，汉代的画像石、画像砖既是一种绘画也是一种雕塑，是借用绘画的线条表现生活的艺术，形成了构图合理、画面丰富、人物饱满的特点，极具艺术表现力。

汉代陵墓前还出现了石像和石兽，这些雕塑大多因材施雕，追求材质的自然美。具有代表性的是霍去病墓前的纪念性雕塑，带有强烈的写意风格。同时，汉代青铜器也一改过去神秘厚重的风格，表现为轻巧华丽、舒展自如，代表作品有长信宫灯、铜奔马、铜力士骑兽博山炉。其中，铜奔马又被称为马踏飞燕，是中国古代极具艺术价值的雕塑作品，奔马线条流畅、造型优美，塑造出饱满、健硕的力量之美，正是“雕塑是凝固的瞬间艺术”的精准诠释。铜力士骑兽博山炉和长信宫灯匠心独运，设计巧妙，是古代工艺品实用和审美特性完美融合的代表。

（四）超脱凡尘的魏晋南北朝雕塑

佛教传入中国后，佛教造像也随之在中国流行，对中国本土文化产生了重要影响。统治者利用宗教统治国民，佛教借助造型艺术宣扬教义，因此大量的佛教雕塑创造于世。佛教雕塑可以分为佛像、菩萨像和罗汉像。佛像是指佛教中的释迦牟尼、阿弥陀佛、弥勒佛等的造像，主要有坐立卧三种姿态。菩萨像庄重华丽，有文殊、观音、普贤、地藏菩萨等，他们一般头戴宝冠，身披璎珞。佛教雕塑还有一部分是罗汉像和护法像，罗汉像是现实中的僧人造像，光头披袈裟。护法像可分为四大天王像、金刚力士像等。

佛教艺术是舶来品，因此最初佛教雕塑也带有域外风格。在魏晋南北朝时期，佛教雕塑经历了模仿、融合和再造的过程。早期阶段为北魏平城时期和东晋与刘宋年间，属于西方艺术的犍陀罗风格，以云冈石窟释迦趺坐大佛像为代表，造像方形脸，高鼻深目，带有西域面相，体现出刚毅、雄健、豪迈风格。现藏于故宫博物院的铜观音立像也是这种风格，该像鼻梁高直、眼角细长、留有胡须，是一副欧洲人种面孔。到北魏时期和南朝的刘宋至萧梁时期，佛造像艺术逐渐汉化，如龙门石窟古阳洞佛造像，表现为秀骨清像，其衣着风格由厚实变为“褒衣博带”。再往后发展，佛教造像逐渐中国化和世俗化，佛像表现为鼻梁低短、面庞丰满圆润，身材修长美观，如甘肃天水麦积山石窟第 44 窟西魏彩绘泥塑主尊阿弥陀如来，眼小唇薄、面目清秀，嘴角上扬，带有一丝阴柔之美。麦积山 123 窟的维摩诘男女侍童则带有世俗气质，造像姿态秀丽、刚健清新，尤其是侍童会心的笑容，既体现出孩童的纯真与智慧，也让倾拜者感悟到生活真谛。

开凿于魏晋时期，流传至今的石窟有敦煌莫高窟、天水麦积山石窟、大同云冈石窟、洛阳龙门石窟等，前两个石窟主要为彩色泥塑，后两者主要是石雕造型。这些石窟从北魏开始开凿延续数个朝代，今天我们看见的这些石窟佛教雕塑，规模之大、数量之丰、技巧之精，所体现的正是中国文化的积淀和传承。除了石窟佛造像艺术，魏晋南北朝时期的陵墓雕塑也独具特色，其中南朝陵墓雕塑在中国雕塑史上占有重要地位，造型巨大而不失俊秀，雄健厚重，展示着刚健的姿态，常见的有陵墓前的天禄和辟邪，它们是守护帝陵的镇墓兽。

（五）丰腴和谐的隋唐雕塑

佛像雕塑为隋唐雕塑奠定先声，隋朝存在时间较短，而唐朝经济文化昌盛，成就了雕塑艺术的黄金时代。雕塑在这一时期呈现出一种饱满和谐的状态，既有以大为美、丰腴圆润的侍女人物雕塑，也有灵巧生动、粗犷写意的动物雕塑。丰富多彩的雕塑，正是唐人生活富足、文化自信的一种表现。

隋唐时期，雕塑的核心仍是宗教雕塑，各地石窟和佛寺的建造十分兴盛，龙门石窟、敦煌莫高窟的开凿仍旧继续，并且新凿二百余窟，几乎占据了总数一半之多。与魏晋时期相比，隋唐石窟雕塑造像更加写实，也逐渐摆脱外来佛造像影响而更加民族化，具体来说就是比例更加和谐、肌体丰满圆润富有弹性、衣饰也更加华丽，如隋代开凿的麦积山 14 窟菩萨与金刚，开凿于中唐时期的敦煌莫高窟第 158 窟卧佛等。同时，唐朝兴盛，崇佛重道，丰富的物质生活和以胖为美的审美眼光在雕塑创作上的体现便是佛造像的丰腴饱满、圆润慈爱。创作于唐高宗时期的洛阳龙门西山南部山腰奉先寺卢舍那大佛，更接近中国人的典型面貌，是人化的佛，体现出中国理想化的美和大唐气象。此外还有乐山大佛，依山而建，山即是佛，佛即是山，佛高达 71 米，但造型比例匀称，在体量上震撼人心，堪称高大雄伟。

唐三彩也是唐朝雕塑的代表。唐三彩是一种低温釉陶器，最先以黄、绿、白三种釉色为主，后来出现紫、褐、蓝、黑等色，目前流传于世的主要是俑和生活器具。唐三彩中的俑是一种墓室明器雕塑，有人物俑和动物俑，人物俑有仕女俑、武士俑等，动物俑有马俑、骆驼俑以及猪俑、狗俑、羊俑等。不管是动物俑还是人物俑，唐三彩所呈现的总体风格是臀肥体壮、造型丰满。以 1957 年在陕西西安西郊土门村出土的仕女俑最为典型，丰腴华贵的仕女反映了贵族的生活场景。同时，唐代是一个开放的朝代，丝绸之路交往进入繁荣鼎盛时期，民族融合促使很多域外因素影响雕塑的形态，唐三彩中出现了很多域外人物形象，如骆驼载乐俑、胡商俑等，表现了唐代丝绸之路上的娱乐生活，体现出中国文化的多元包容。

（六）奇巧玲珑的宋元明清雕塑

从宋代开始，中国雕塑艺术进入了衰落期。佛教雕塑从石窟走进寺院，并且逐渐失去了往日的生气与力量，开始走入世俗生活。随之而来的是工艺性雕塑和建筑装饰雕塑的异军突起，此时期的工艺性雕塑和建筑装饰雕塑在中国美术史上占据了一席之地。

宋代市井文化兴起，与之相伴的是敬神意识的衰微以及宗教雕塑和陵墓雕塑的衰落，雕塑艺术逐渐失去了前朝的阳刚与恢宏，体现出细腻与清秀、平和与典雅的风格。宗教雕塑以写实的长清灵岩寺罗汉泥塑为代表，这些泥塑罗汉体型与真人相仿，比例严谨、栩栩如生。与长清灵岩寺同时代的罗汉泥塑还有山西平遥双林寺十八罗汉、山西晋城青莲寺十六罗汉、江苏苏州角直镇保圣寺十八罗汉等，这些罗汉雕塑有血有肉、自然生动，具有凡人气质，是被理想化了的现实中的人物。除了罗汉雕塑外，位于山西省太原市晋祠中的彩色泥塑四十宫娥像也是宋代宗教雕塑的代表，这些宫娥神态自然、形象逼真，姿势、体态，表情、服饰等更接近现实生活中的真实人物。

元代蒙古族统治了中国，虽然佛教雕塑和陵墓雕塑发展式微，但是仍有精品雕塑流传于世。最具有代表性的是杭州飞来峰元代佛造像和北京居庸关云台元代浮雕石刻。飞来峰有从五代到宋、元、明多个时期的造像，其中元代造像数量最多，可分为藏、汉两式，在人物面相和衣着风格上有明显差异。北京居庸关云台元代浮雕石刻是藏传佛教文化遗迹的代表，雕刻规模宏大、内容复杂，包含着天王、护法神、各类带有象征意义的动物，其造型夸张，但雕刻精细。独立的道教雕塑石窟也在元代出现，如龙山石窟、湖南玉皇洞道教石窟，这些雕塑虽是在佛教雕塑艺术衰败的情况下出现，但是没有摆脱佛造像雕塑的影响。元代青花瓷器最为著名，元代瓷塑呈现出高超水平，瓷器质感光滑细腻，体现出别致韵味，现藏于北京首都博物馆的元代青花凤首壶及景德镇窑青白釉水月观音瓷塑坐像都是元代瓷塑的代表作品，这些瓷塑体型小，精致细腻，适于案头装饰与观赏。

明清雕塑的成就主要体现在建筑装饰性雕塑和小型工艺雕塑上。工艺性雕塑分为玉雕、竹雕、木雕等，其中佛、菩萨、八仙、才子佳人等是主要表现对象。工艺性雕塑的出现，也标志着雕塑由庄重的、崇高的艺术开始日渐转向世俗的、装饰的艺术。建筑装饰性雕塑以砖、石、木为载体，有牌楼、华表、桥梁、门楼、影壁以及窗扇、屋檐、基座、台柱等建筑构架上的雕塑。建筑性雕塑的内容多为花草和人物，花草多为石榴、松、梅、竹、菊等有吉祥寓意的，动物有狮子、龟、鹤以及麒麟、龙、凤等幻想中的动物，人物雕塑来自历史故事或神话传说，一件雕塑就是一段故事。山西晋中灵县王家大院、晋中平遥古城等是清朝民居的典范，础石、墙基石、门楼、照壁随处可见各式各样的木雕、砖雕和石雕。北京故宫古建筑群，在过去是皇帝居住的场所，而今天成为供我们欣赏的博物院，更是一座藏品丰富的明清雕塑博物馆。漫步其中，狮子、大象、鹿、麒麟等雕塑形象遍布各处，其中以龙凤浮雕最具代表性，位于皇极门前的九龙壁与保和殿前的御街龙浮雕，都是令人称奇的艺术精品。

宋元明清时代的雕塑从题材到手法逐渐走向世俗化，特别是晚清时期，民间雕塑已经非常兴盛。与宫廷雕塑的恢宏气势相比，民间雕塑生活气息浓厚，不表现宗教等严肃题材，充满生活气息，虽然有些质朴，但也不失精巧，具有代表性的有天津泥塑、惠山泥人、东阳木雕、徽州砖雕等。

（七）多元开放的近现代雕塑

近代以来，中国雕塑开始接受西方雕塑技法和观念的影响，逐渐突破传统雕塑风格，呈现出多元开放的姿态。代表作品有天安门前浮雕、五羊石雕以及遍布各处的纪念领袖毛泽东的雕像等。

五四运动之后，中国人开始走出国门，其中就包括雕塑艺术家，他们留学西方，接受西方雕塑理念，回国后成为现代雕塑的开拓者，代表人物有李金发、江小鹣、金学成、梁竹亭等。这一群体学贯中西，善于用西方的写实手法创作中国故事，如江小鹣创作的李书平像、陈英士烈士纪念碑像和上海市中心树立的孙中山立像等，李金发创作的蔡元培胸像、孙中山半身像、伍廷芳像等。雕塑艺术在这一时期成为纪念重要人物和事件的载体。1949年后，中国的雕塑虽然仍以纪念性雕塑和肖像雕塑为主，但表现对象包含了普通的人民大众等，如王临乙的民族大团结、戴鸭舌帽男子侧面像，潘鹤的艰苦岁月，王朝闻的刘胡兰像，以及四川美术学院雕塑系师生创作的收租院群雕等。进入20世纪90年代，文化艺术进入一个多元化时代，其中雕塑更是受各种艺术思潮的影响，有写实的，也有抽象的；有典雅的，也有通俗的；有奔放的，也有内敛的，呈现出百花齐放的格局。

随着时代的发展，城市雕塑在现代生活中逐渐兴起，主要包括纪念性雕塑、环境装饰雕塑。城市雕塑不仅是一种雕塑艺术，还是一种城市符号，甚至成为城市文化的重要载体。因此，我们可以在大学校园里、在城市广场上、在一些著名景区中，看到将独特文化浓缩到一处的标志性雕塑，供人快速了解这座城市、这所学校、这个景区的历史与文化。当你漫步在一座城市的街头，想更好地去感受一座城市的文化，不妨从最有代表性的城市雕塑入手。如当你走进济南，看过“泉标”雕塑，就会明白泉水是济南这座城市的文化灵魂；你路过潍坊，会看到城市广场上树立着巨大的风筝雕塑，风筝是潍坊城市文化的代表。

当雕塑成为一种大众艺术时，民间工艺雕塑成为普通人最常见的艺术。民间工艺雕塑既是一种工艺也是一种民间文化，如面塑、泥塑、糖塑、布偶等。面塑有多种称谓，如面花、礼馍、花糕等。它既可以做成可食用的供品，在节令、祭祀时使用，如山西春节期间做的枣山馍，胶东地区闺女出嫁用的花馍等；也可以制作成精美的艺术品供人观赏，如山东济南面塑代表性人物何晓铮的作品《李逵夺鱼》，色彩艳丽，栩栩如生。泥塑也是民众比较喜欢的民间艺术，具有代表性的有高密泥老虎、济南兔爷、无锡大阿福等。此外，在山东、山西、河南等地流传着一种民间布艺——布老虎。布老虎是农村妇女农闲时用针线布头制作的民间玩具，同时也有驱邪避灾、平安吉祥的寓意，成为农民群众追求美好生活的一种寄托。

二、代表性雕塑作品的赏析

中国有代表性的雕塑作品数不胜数，根据其社会功能，可以分为宗教雕塑、明器雕塑、陵墓雕塑、建筑装饰雕塑、纪念性雕塑、工艺性雕塑六大类。

首先，让我们先看看宗教雕塑。宗教雕塑是目前留存最多的雕塑作品，是以宗教人物或宗教教义、故事为题材的作品，其中以佛造像的艺术成就最高，无论是在寺庙、石窟还是普通百姓家中，总能发现它的踪影。

每年有很多人慕名去山西大同旅游，去参观云冈石窟。云冈石窟与敦煌莫高窟、洛阳龙门石窟、天水麦积山石窟并称中国四大石窟艺术宝库。云冈石窟共有洞窟 45 个，大小窟龛 252 个，5 万多个石雕造像，其中第 20 窟是北魏早期代表作品之一。窟顶和前壁经过日晒雨淋之后坍塌，便给了人们站在石窟外边就可以领略大佛风采的机会。石窟主佛为释迦坐佛，上身修长，身躯健壮，佛高 13.7 米，所表现的正是中国北方人身躯的壮硕与挺拔的形象。大佛长眉细眼、目深鼻高、面相丰满，具有典型的“胡貌梵像”特点，这是深受外来文化影响的结果。当大佛还在石窟之内时，人们都需虔诚地跪拜在它的脚下，不敢正视大佛的面容；而现在大佛因石窟坍塌成了露天大佛，信仰他的人瞥一眼它的面庞，那坚毅的目光也让人顿感庄严与静穆，大佛嘴角上扬，又透视着亲和与慈祥。

与云冈石窟中的坐佛不同，位于四川省乐山市南岷江东岸凌云寺侧的乐山大佛更显高大。这座大佛为弥勒佛坐像，为唐朝工匠所做，始创于唐朝开元元年，历时 90 年才创作完成。大佛依山而建，佛即为山，山即为佛，佛高 71 米，佛头与山齐，仅脚背就有 28 米长，佛头足有 14.7 米高，有螺髻 1051 个。站在佛脚下，抬头仰望大佛，足以感知人的渺小，佛法的无边。大佛位于岷江、青衣江和大渡河三江汇流处。据说先前水患不断，修建大佛后，竟未出现过一次事故。据考证可能是修建大佛时所有的碎石都填了江，改了水道，减少了暗流。而当人站在大佛面前，看到面容慈祥、临江危坐的大佛，更愿意相信是佛祖的庇佑，才使险江如此顺从人意。

接下来，我们再了解一下明器雕塑。明器又可以写作“冥器”，是为亡故的祖先准备的器物。但是，亡人怎么会使用物品呢？在中国古代，人们深信，去世只是躯体的灭亡，灵魂离开了此世，会去另一个世界继续存在。因此，古人对待死亡比对待活着还要重视。明器就是为逝去的人准备的物品，它包含人俑、动物俑，车船、家具的模型等。

秦始皇陵位于陕西省西安市临潼区，其陪葬墓坑中的兵马俑大约创作于公元前3世纪，是秦朝工匠使用陶土制作的，被誉为“世界第八大奇迹”。它被人称赞和惊叹是因为在两千多年前，在生产技术非常落后的情况下，人们却能创作出这么庞大的雕塑群体。目前被发掘的兵马俑有8 000多件，从整体上来看，兵马俑阵容雄整，声势浩大，体现出的是秦朝的统一功业、威严王权，现场观看更有一种蓄势待发之感，感觉这是一支可以随时出征的部队。而单独挑出一个陶俑，仔细端视却发现这些未留姓名的秦朝工匠的不简单，不管是兵俑还是马俑，每个都能构成一件精致的雕塑作品。以数量最多的武士俑为例，他们从未千篇一律，每个都面貌迥异、形神兼备，从这些武士俑的表情上甚至可以读出他们的年龄、性格。马俑形象也都十分写实，矫健有力、栩栩如生，有的蓄势待发；有的全神贯注；有的侧耳倾听；有的昂首扬尾；有的以强健的筋骨彰显矫健的躯体；有的低头吟思，只待听一声命令，就会立即出发。秦始皇兵马俑采用陶土烧制，从整体上看兵马俑队列整齐，阵容庞大，营造出一种恢宏的气势，而具体到个体，又造型逼真、刻画细致，让人产生敬畏之情。

1969年在甘肃省武威市雷台发现了一座汉墓，其中出土的一件作品，让我们看到了汉代工匠不凡的技艺。这件作品现藏于甘肃省博物馆，是用金属铜打制而成的，被称为“铜奔马”。铜奔马体积不算大，但是在雕塑史上的分量却很重，它是中国首批禁止出境展览的文物之一。雕塑主体为飞奔骏马，奔马昂首竖耳，三蹄凌空，呈现出奔驰状态，更为巧妙的是骏马后蹄踏在一只飞鸟身上，以体现马凌空飞腾、疾速奔跑的状态，因此这件作品又被后人称为“马踏飞燕”。铜奔马既是一件写实性作品，同时又体现着古人奇妙的想象力。直到今天，当我们面对这件作品时，仍能感受到汉代人自由奔放的浪漫气息与一往无前的奋斗气势。

还有一类和古人生死相关的雕塑艺术，那便是陵墓雕塑。明器雕塑是墓室里的物品，陵墓雕塑是构成陵墓的建筑构件或装饰构件，主要分为墓室内的建筑雕塑和地上的纪念性雕塑。陵墓雕塑是古代流行的厚葬产物，陵墓是人去世后的住所，而封建社会的贵族阶层对死后住所的修建极尽奢华，甚至不惜耗费生前的全部财产来修造墓穴，以期在死后仍能享受生前的荣华富贵。

在陕西关中平原腹地兴平市有一座山形墓，当地人称为“石岭子”，西汉将军霍去病就安葬在此处。霍去病年轻有为，在抗击匈奴的战斗中立下赫赫功勋，却英年早逝。汉武帝为了纪念这位年轻爱将，为其修建墓冢，在其墓前设置马踏匈奴、跃马、卧马、伏虎、石人、卧象、鱼等大型石刻雕塑，尤其以马踏匈奴艺术成就最高。与汉代精美写实性雕塑相比，马踏匈奴雕塑所体现的是一种自然和简洁的独特风格，有着很强的写意精神。雕塑者选取整块石头，在保持着原石本来的天然形态的基础上，使用雕饰和线刻的方法完成。该雕塑整体高 1.9 米，由战马和匈奴人物组成，圆雕的手法让战马线条流畅，凸显沉稳健硕。与沉稳的战马相对的则是惊颤未定的匈奴形象，其手握弓箭仰卧在战马下，呈垂死挣扎状，战马与匈奴形成动静组合，质朴的造像、流畅的线条，营造出一种道家哲学中“天人合一、顺乎自然”的境界，给后来人留足了想象和阐释的空间。同时，雕塑虽是为纪念大将军霍去病而设立的，却彰显着汉代人民的自信和自豪。

还有一类雕塑叫作建筑装饰雕塑。一方面建筑雕塑带有装饰性，让居所更加漂亮美观；另一方面建筑装饰雕塑并不是随意存在的，而是带有一定的寓意和程式，在满足审美需求的同时，也满足着人的信仰需求。流传至今的古建筑中，我们看到的明清建筑最多，明清时期遗留下的建筑装饰性雕塑成就也最高。山东泰安岱庙、北京故宫、山东曲阜三孔、河北承德避暑山庄并称我国“四大古建筑群”，这些古建筑群中的装饰性雕塑尽显庄重、典雅和大气。还有一些私家园林或民居建筑如苏州园林、平遥古城等，这类古建筑中的装饰性雕塑虽然不如皇家园林建筑富丽堂皇，但也精巧、古朴、趣味十足。

故宫旧称“紫禁城”，是明朝和清朝皇帝居住和办公的场所，现在成为可供全世界人民参观的、展示古代文化魅力的博物院。中国人被称为“龙的传人”，古代皇帝被称为“龙子”，故宫作为古代皇帝的居所，大到龙柱、龙壁，小到一个灯盏上的装饰，龙的形象被雕刻装饰在每个地方。其中以保和殿后面的巨型云龙石雕最有特色，这是故宫里最大的石雕，用一整块石料雕刻而成，是专供古代皇帝行走的御路，全长 76.5 米，宽 3.7 米，在生产力落后的时代，仅将它搬运至此就是一件了不起的工程。云龙石雕采用浮雕的形式，雕刻着九条飞龙、三座宝山以及祥云，整个雕塑布局巧妙、主次分明、刻画细致，所体现的是古代中国封建社会皇家的气势。

传统建筑如果缺失了装饰性雕塑，就缺少了生机和魅力。不管是故宫还是民居，或是现在新建的仿明清建筑，都离不开雕塑艺术的装衬。古代的建筑以木构为主，不但要防火还要防水，最怕雷击起火，并且这些建筑的屋脊有一定坡度，便于下雨时屋顶不积水。为了让有脊瓦不下滑、掉落，古人就在屋脊的交梁处用长铁钉做固定保护；为了免于雨水侵蚀铁器，就在铁钉上设置各类神兽。这些数目不等的神兽，有封固保护的实用性，同时也能增强房屋的美观度，成为古建筑上最常见的装饰性雕塑。中国古建筑因居住者身份、建筑功能以及构筑方式不同，所设置的神兽数量和种类也不同。安放在屋脊两端的叫“螭吻”，它是鱼和龙的结合体，吞着屋脊，也是中国传说中龙的第九子。种类最多的是垂脊兽，在檐角领头的被称为“骑凤仙人”，该雕塑是一个神仙骑着一只凤凰的形象，被安置在古建飞檐的最前端。它后边跟着一群小兽，数目越多，房屋等级越高，故宫等级最高的太和殿屋顶一共有十个小兽，一般古建多为三五个。这些小兽相貌不同，骑凤仙人往后依次有龙、凤、狮子、天马、海马、狻猊、狎鱼、獬豸、斗牛、行什。

纪念性雕塑是为表彰历史人物或纪念重大历史事件而创作的雕塑，说得通俗一点就是用雕塑来讲述有意义的历史事件或塑造历史人物，永久的纪念性是这类雕塑存在的意义。纪念性雕塑的风格要体现庄严，它的价值在于缅怀历史、教化民众。在很多城市我们都能看到这种纪念性的雕塑，特别是一些发生过历史事件的城市，都设置纪念性雕塑来缅怀历史，如上海黄浦区人民广场树立的五卅运动纪念碑、广州的解放纪念碑以及各类人物纪念雕塑。

北京的天安门是中国人民向往的圣地。在天安门广场的中心位置有一组雕塑，是为了纪念人民英雄而创作的，这便是人民英雄纪念碑碑座浮雕。人民英雄纪念碑整体高 37.94 米，东西宽 50.44 米，南北长 61.54 米，分为纪念碑身和碑座。碑身用 413 块花岗岩垒砌 32 层而成，碑心是一整块重达 103 吨的花岗岩，在碑身正面镌刻着毛泽东书写的“人民英雄永垂不朽”字样，背面则是由周恩来书写的碑文。碑座分两层，底层镶嵌八块汉白玉浮雕，以近百年来中国人民革命事迹为主题刻画了“虎门销烟”“金田起义”“武昌起义”“五四运动”“五卅运动”“南昌起义”“抗日游击战”“胜利渡江”，以及以“支援前线”和“欢迎人民解放军”为题的两幅装饰性雕塑，雕刻了170多个人物，每个人物都饱满生动、比例和谐，故事感很强，讲述了中国人民百年来不屈奋斗的故事。

将重要人物的形象做成雕塑用以缅怀和纪念，在中国有很悠久的传统，近现代以来更是盛行，如孙中山、林则徐、李大钊、王尽美等都有立像，而数目最多的当属伟大领袖毛泽东的主席像。1967年清华大学师生在校园树立了第一座毛泽东主席立像，在今天，我们仍能在一些大学校园和城市广场看到毛泽东塑像，如中国农业大学、复旦大学、山东师范大学等，这些雕塑带有一定的程式化，但在姿态上略有不同，以毛主席立身像为主，雕像一般被安置在台基之上，我们以仰视的姿态领略主席的伟岸身姿。树立毛泽东塑像，一方面表达人民对领袖的崇拜和敬仰，另一方面这些塑像也成为校园中靓丽的风景。与20世纪六七十年代树立的毛主席雕塑不同，湖南省长沙市橘子洲风景区树立的青年毛泽东半身像，所展现的是毛主席风华正茂的形象。

工艺性雕塑的材质包罗万象，常见的有木雕、核雕、石雕、竹雕、骨雕、泥塑、陶瓷雕塑等。作为精致的雕塑，工艺性雕塑既是文人案头把玩的器物，也是收藏爱好者争相购买的爱物。工艺性雕塑包含民俗工艺雕塑，是民众生活的玩具或是信仰习俗的工具，具有很强的民俗韵味。

明末文人魏学洢曾写过一篇《核舟记》，讲述了民间艺人精湛的雕塑技巧，在拇指大的果核上雕刻出一只船和船上的人和物，表现了古代民间艺人精湛的技艺。台北故宫博物院藏有一枚东坡夜游赤壁橄榄核舟，再现了《核舟记》中的描述。该核雕由清代宫廷雕刻家陈祖章在借鉴前人核雕技巧的基础上创作完成。该核雕以苏轼与友人泛舟赤壁为主题，整体高1.6厘米，长3.4厘米，在一个椭球形狭长的果核上刻画了苏轼、客人、客妇、艄公、书童等人物，船体刻画精细，门窗皆备，开阖自如，透过敞开的窗扇可以看见舟内的桌椅、杯盘，所体现的是创作者高超的雕刻技艺和精巧的构思。

在中国除了玉雕、核雕、牙雕、木雕等工艺性雕塑外，还有一种带有乡土气息和农耕特色的民间艺术雕塑，与精英阶层把玩的雕塑不同，它们更加质朴、率真。它们一方面在民间信俗中充当媒介，另一方面作为一种人人都消受得起的民间玩具或装饰品出现在日常生活中。山东高密的泥老虎就是一种带有很强趣味性和民俗韵味的民间工艺雕塑。在山东地区，每逢春节前后泥老虎被民众争相购买。泥老虎造型简单古朴，外饰彩绘，制作工序并不复杂，流传几百年来它的样子并未改变多少。泥老虎以“虎”为原型，但却是符号化的老虎，竖眉瞪眼，昂首踞立，极力夸张虎头，以彰显威风凛凛的姿态。同时，泥老虎十分注重彩绘，整体底色为白色，以民间百姓最喜爱的红色、黄色为主，黑色运用在点睛、钩眉、画耳上，胸口绘制桃红大花，让泥老虎变得憨态可掬，为节日增添喜庆气氛。泥老虎是一种民间孩童的玩具，用手按动虎头和虎尾能够发出响脆的声音，虽不是什么艺术精品，却寄托着很多人对美好生活的期盼，成为民众心中镇宅保平安的吉祥物。

三、中国雕塑的文化表达

雕塑是时代前进留下的脚印，欣赏雕塑是一种解码传统文化的过程。当我们欣赏流传至今的雕塑作品时，仍能够透过雕塑感受到先民们的独特文化和生活情趣；欣赏秦陵兵马俑，我们体会到了大秦军队的威严气势；欣赏汉代的陶俑，我们看到了汉代人穿衣打扮的风格；欣赏唐代的说唱俑，我们能够感受到唐朝人的生活乐趣。

中国雕塑是一种表现艺术，它所表达的是一种理想美。与西方雕塑艺术再现生活不同，中国雕塑重在表现。古代的雕塑匠人，从真实的生活中发现雕塑创作的元素，又将真实生活通过头脑的想象加工，呈现出被幻想后的理想造型。所以，纵观中国雕塑艺术发展史，大部分雕塑作品是模仿了现实，但又不是现实的重现。仔细观察蹲在宫殿、寺庙、府邸、陵墓前的石狮子，它们或是威严镇静，或是威武雄壮，或是活泼可爱，千姿百态，但却与现实中凶猛狮子的形象相差甚远。这些狮子造型是抽象化和符号化的产物，也是美化和理想化后的狮子。再如我们常见的佛造像，被雕刻成理想美的典范，佛造像是人造的神，虽然离不开人的形象，但是却按照最美的人的比例塑造，富态的躯体，俊朗的面庞，慈祥的微笑，所透视出的是一种纯真和崇高的理想之美。

中国雕塑所表达的是一种意象美。原始时期的雕塑作品开始成为独立艺术，就是从雕塑由实用工具转向宗教仪式中的器物开始的。雕刻精美的玉龙、玉琮、玉璧等既是一种美化生活的装饰品，也是祭祀中重要的礼器。自进入奴隶社会和封建社会后，中国人更是用造像艺术将虚幻的世界与真实生活紧密相连，几乎所有的雕塑都围绕着前世和今生创作，围绕着生和死的意义创作，因此大量的陵墓雕塑、陪葬雕塑、佛教雕塑流传于世，甚至可以说中国雕塑就是宗教的附属品。到了魏晋之后，中国人虔诚地挖山造窟，将崇拜的佛像塑于深山之中，并不是为了纯粹的欣赏，而是为了解决世人精神上的困惑、苦难、孤独与空虚。因此，中国雕塑是人追求内在精神的产物。与西方雕塑艺术追求严谨、工整、比例协调的创作思维不同，中国雕塑更加注重意境和感悟，在意线条的流畅、造型的洒脱，表现的是一种重神轻形、写意传神的意象美。

中国雕塑是一门大众艺术，日常生活中处处可以见到雕塑艺术的影子。如果你是一个喜欢游山玩水的人，路过四川省乐山市南岷江江岸，定会感叹以山为体的乐山大佛带给你的震撼。倘若你是爱美之人，你一定会精心挑选挂在身上的玉饰，忍不住去触摸它被精心雕琢的纹路。可以说，雕塑是离我们最近、最真实的艺术，它以立体可感的方式存在于我们生活的空间中，被我们欣赏与感知。细数那些庞大而精美的古代雕塑，几乎全部出自民间工匠之手，但雕塑者的姓名很少能像画家、书法家一样被熟知。因为在古人看来，绘画是高雅的艺术，雕塑是世俗生活的内容。虽然雕塑从未获得过像绘画一样的地位，但常常借助绘画的语言来塑形造像。如现存佛教雕塑中的衣纹处理大多借鉴了绘画中“曹衣出水”的风格，以流畅而简单的线条附着在雕塑形体之上，营造出飘逸流畅的优美视觉感受。唐太宗的昭陵六骏，更是借助了线条的处理，使其成为古代石刻艺术的珍品。另外，中国雕塑善于运用色彩创造出独特的东方趣味，秦陵兵马俑、唐三彩、宋代罗汉泥塑等都是彩塑的代表。

参考文献：

[1] 肖博. 中国雕塑史话 [M]. 上海：上海文艺出版社，1995.

[2] 赵萌. 中国雕塑艺术 [M]. 北京：人民美术出版社，2013.

[3] 韦滨，邹跃进. 图说中国雕塑史 [M]. 杭州：浙江教育出版社，2001.

[4] 田川流，刘家亮. 艺术学导论 [M]. 济南：齐鲁书社，2004.

[5] 盛文林. 雕塑艺术欣赏 [M]. 北京：北京工业大学出版社，2014.

[6] 梁思成. 中国雕塑史 [M]. 天津：百花文艺出版社，2006.

[7] 孙振华. 中国雕塑史 [M]. 杭州：中国美术学院出版社，1994.

[8] 张维青，高毅清. 中外艺术史要略 [M]. 济南：山东人民出版社，2006.

[9] 刘锡诚. 中国原始艺术 [M]. 上海：上海文艺出版社，1998.04.

[10] 杨先艺. 论中国古代雕塑的特征 [J]. 雕塑，2003（1）：7-9.

[11] 吴为山. 我看中国雕塑艺术的风格特质 [J]. 文艺研究，2005（6）：122-126.

第八讲　非物质文化遗产在中国（上）

一、什么是非物质文化遗产

根据联合国教科文组织的《保护非物质文化遗产公约》定义：非物质文化遗产（Intangible Cultural Heritage）指被各群体、团体，有时为个人，视为其文化遗产组成部分的各种实践、表演、表现形式、知识体系和技能及其有关的工具、实物、工艺品和文化场所。各个群体和团体根据其所处环境、与自然界的相互关系和历史条件的变化，不断对这种代代相传的非物质文化遗产进行再创新，同时使他们自己具有一种认同感和历史感，从而增强了文化多样性并激发了人类的创造力。公约所定义的非物质文化遗产包括以下五个方面：（1）口头传统和表现形式，包括作为非物质文化遗产媒介的语言；（2）表演艺术；（3）社会实践、仪式、节庆活动；（4）有关自然界和宇宙的知识和实践；（5）传统手工艺。

《中华人民共和国非物质文化遗产法》规定：非物质文化遗产是指各族人民世代相传并视为其文化遗产组成部分的各种传统文化表现形式，以及与传统文化表现形式相关的实物和场所。包括：（1）传统口头文学以及作为其载体的语言；（2）传统美术、书法、音乐、舞蹈、戏剧、曲艺和杂技；（3）传统技艺、医药和历法；（4）传统礼仪、节庆等民俗；（5）传统体育和游艺；（6）其他非物质文化遗产。属于非物质文化遗产组成部分的实物和场所，凡属文物的，适用《中华人民共和国文物保护法》的有关规定。

“非物质”——非物质文化遗产的特征。非物质文化遗产是指各种以非物质形态存在的，与群众生活密切相关、世代相承的传统文化表现形式。非物质文化遗产是以人为本的活态文化遗产，关注的是以人为核心的技艺、经验、精神，其特点是活态流变，突出的是非物质的属性，强调的是不依赖于物质形态而存在的品质。但在物欲横流、精神空间被严重挤压的当今社会，“非遗”同样不可避免地在申报过程中被不同程度地物化。避免非物质文化遗产过度物化包装的态势、突破物质形态的藩篱和局限、保持“非遗”的非物质特征，是尊重祖先留下的遗产的必要态度。

“文化”——非物质文化遗产的性质。“非遗”都有着浓厚的文以化人的礼乐作用，大部分是先辈在劳动、生活中产生的对忧乐、生死、婚配、祖先、自然、天地的敬畏与态度的表达，是满足人的自然需求、社会需求和精神需求的活态文化。其实用性建立在以人为本的基础上。但在现实保护中，非物质文化遗产的文化品质在不断消解，保护的功利性目的越来越突出，甚至对“非遗”的留存、申报乃至保护，都有着强烈的利益驱动，不仅是个人的需要，还有当地政府的助推，使得申遗工作变成了本地的广告、旅游的宣传、增值的途径。更有甚者，“非遗”的申报就是一个异化的过程、商品化的过程、去神圣化的过程、从文化常态中剥离的过程。没有经济利益的驱动，有多少人会从文化本位上关注“非遗”？

“遗产”——非物质文化遗产的渊源。“非遗”是先辈通过日常生活的运用而留存到现代的文化财富。它在历史的长河中自然生成，并随着族群所处环境、与自然界的相互关系和历史条件的变化，不断得到创新，但人们对遗产的文化认同感和历史感是始终不变的。保留遗产的自然状态和真实性而减少人造的成分，继续保持日常性而减少节庆性，增强实用性而减少表演性，体现民间性而减少官方性，这才是保护遗产应有的态度。特别是留存至今的“非遗”，大部分是在农耕时代及相对封闭落后的地方形成的，其如何在现代化的大潮中不被同化并继续发挥作用是有资格继承遗产的后世子孙必须考虑的问题。

“保护”——对非物质文化遗产的态度。“保护”一词用于非物质文化遗产，本身就说明了非物质文化遗产的脆弱性。任何事物都有产生、成长、延续、消亡的过程，“非遗”的未来，同样处在这样一个动态的过程中。“非遗”自身如果没有足够的生命力继续发展下去，我们现代的保护就成了对“非遗”的临终关怀。

当一个“非遗”不能让后人自觉传承而需要外力被动留存时，我们不能不考虑其维持的时间有多久。当一个“非遗”要靠项目申报的方式来保护而自身难以维系时，我们不能不想到有多少没有被申遗的非物质文化遗产在我们没有关注到的偏远村落苟延残喘直到停止呼吸并随着岁月渐渐消失。受现代化的冲击、商品化的影响，非物质文化遗产失去了原有的生存土壤和社会环境，也就慢慢走向消亡。当一个文化项目被装进温室里，后人只能从外部考察、观看、品味时，这也许已经是一种凭吊了！

“名录”——对非物质文化遗产价值的认同。我们基于西方的学术理念、按照西方文化分类方式和程序进行申报，“非遗”也因为符合西方的价值评判标准而被列入“名录”。但在这个过程中，“非遗”本身可能被肢解，系统的整体性可能被碎片化、活态性演变成标本化而失去了“非遗”原来的模样。

“民族”——非物质文化遗产的归属。“非遗”保护，往往侧重个别少数民族的、特别是濒临消亡的人口基数小的民族文化的抢救，这当然是“非遗”保护的一个重要方面，但同时也给我们提出了一个问题：能不能突破个别民族、局部区域、特定时间、某个行业的“非遗”，在中华民族的宏大体系中，去发掘对中华民族有普遍影响，覆盖全国大部分地区，不分男女、贫富、行业、信仰等差别，在全社会广泛适应的“非遗”呢？

非物质文化遗产之所以要保护，不是因为好看，而是因为有用。“非遗”如果是中看不中用的东西，就跟古董和艺术品收藏没有什么区别了。在中华民族伟大复兴的时代，非物质的无形的遗产更加重要，民族非物质文化遗产，包含着难以言传的意义、情感和特有的思维方式、审美习惯，蕴藏着传统文化的最深的根源，保留着形成该民族文化的原生状态。

非物质文化遗产的最大特点是不脱离民族特殊的生活生产方式，是民族个性、民族审美习惯的“活”的显现。它依托于人本身而存在，以声音、形象和技艺为表现手段，并以作为文化链而得以延续。因此对于非物质文化遗产传承而言，人的传承显得尤为重要。

截至 2017 年 12 月，中国入选联合国教科文组织非物质文化遗产名录项目总数已达 39 项，成为世界上入选“非遗”项目最多的国家。

二、中国非物质文化遗产保护的现状

中国是一个多民族的国家，悠久的历史和灿烂的古代文明为中华民族留下了极其丰富的文化遗产。我国政府历来高度重视文化遗产保护工作，在全社会的共同努力下，文化遗产保护工作取得了显著成效。2003 年发起的中国民族民间文化保护工程对非物质文化遗产保护方针的定位是:“保护为主、抢救第一，合理利用、继承发展”。而那时的非物质文化遗产保护工作面临着诸多的矛盾和问题。2003 年第 32 届联合国教科文组织大会通过了《保护非物质文化遗产公约》，而我国自始至终都在积极参与《保护非物质文化遗产公约》的制定工作。2004 年 8 月，经全国人大常委会批准，我国正式加入了《保护非物质文化遗产公约》。2005 年 12 月国务院下发《关于加强文化遗产保护的通知》，确定从 2006 年起，每年 6 月的第二个星期六为我国的“文化遗产日”（2016 年已经更名为“文化和自然遗产日”）。这一系列政策法规的出台都为 2011 年国务院颁布实施的《中华人民共和国非物质文化遗产法》奠定了坚实的基础。同时，各个省、自治区、直辖市也相继出台了《非物质文化遗产保护条例》等地方性法规。到 2010 年，初步建立比较完备的文化遗产保护制度，文化遗产保护状况得到明显改善。到 2015 年，基本形成较为完善的文化遗产保护体系，具有历史、文化和科学价值的文化遗产得到全面有效的保护；保护文化遗产深入人心，成为全社会的自觉行动。全国“文化遗产日”并没有像人们预想的那样，选在农历五月初五端午节，而是确定在没有任何特殊意义的 6 月的第二个星期六，这样做旨在使这个“文化遗产日”具有更为广泛的代表性。

在此我们有必要回顾一下非物质文化遗产保护运动在中国的历程。

2001—2003 年是非物质文化遗产保护的起步阶段，以 2001 年昆曲入选“人类口头与非物质遗产代表作”为标志，学者们开始投身于这一新生研究方向中。整体来说这三年由于“非遗”研究刚刚启动，研究思维和视野仍未展开。2001—2003 年，由于处在“非遗”研究的启动和萌芽期，文献较少，研究主题较为单一和集中，该时间段处于“非遗”学术研究与原有民俗、民族民间文化等传统文化的新旧交替、相互交织阶段。2001年，除了昆曲的研究外，学者们还尝试探索其他保护方法的引进，涉及法律、博物馆等或抽象或具体的方式方法。郑欣淼从法律视角切入，关注到民族民间文化的立法问题，涉及如何制定具体的保护民族民间文化的专门法律，民族民间文物认定问题以及非物质文化遗产立法保护问题①。虽然其中仅仅浅析了"非遗"方面的立法问题，但是对其后的"非遗"相关法律法规、乡约村规的制定与实施提供了启示。胡朝相就博物馆作为"非遗"保护手段入手，进行分析。首先，区分了生态博物馆与传统博物馆对"非遗"保护的明显区别，同时认清了不足，指出生态博物馆在保护"非遗"方面面临的首要任务以及如何完成该任务②。生态博物馆这一名词的引进对于"非遗"保护可谓起到高屋建瓴的作用，同时也成为接下来一整年学者主要探讨的学术重点。虽然十多年过去了，博物馆随着数字技术、媒介跟进日臻完善，但最本质、核心的理念和思想一直沿用至今，可见当时的引入和研究对如今的意义是不言而喻的。

这一时期，学者们虽然回归到具体问题具体研究上，但会出现某一方面点到即止、浅尝辄止的情况，没有深究下去。例如就某一地域发现问题，提出解决办法，没有后续的措施跟进或随后学者的多方面的研究。一篇文章、一段言论无法解决一个地方的实际而严峻的问题，需要后续的完善与修葺。

2004—2006年是中国非物质文化遗产的启蒙发展阶段，特别是在2004年，全国人大常委会批准了联合国教科文组织《保护非物质文化遗产公约》的决定，从而真正开启了中国非物质文化遗产保护的篇章。随着对非物质文化遗产保护工作研究的逐渐深入，越来越多的学者开始关注非物质文化遗产保护过程中应该遵循的基本原则。纵观此类文章，涉及了系统保护、原真保护、生命保护、创新保护、人本保护、协调保护、整体保护、教育保护、活态保护、精品保护、优先保护等诸多的保护原则，而其中的人本保护、整体保护、活态保护、原真保护成为非物质文化遗产保护工作中最为重要的保护原则。非物质文化遗产保护需要切实有效的措施，在2004—2006年"非遗热"的大背景下，大量的传统文化资源亟待全面普查整理，传承人和传承技艺的保护力度急需加强，政策法规以及各级保护体制也需要得到进一步的完善。

---

① 郑欣淼:《立法: 保护民族文物和文化》, 载《中国民族》, 2001(5) : 第7-8页。

② 胡朝相:《论生态博物馆社区的文化遗产保护》, 载《中国博物馆》, 2001(4) : 第19-22页。

2007年，对于中国非物质文化遗产而言意义非凡，中国非物质文化遗产开始以独有的魅力、自信的姿态主动走向世界，敞开怀抱接受世界的品评。中国非物质文化遗产技艺的展演、项目的展示走向了世界的舞台，专家学者开始走出国门积极宣传、介绍中国非物质文化遗产，学术界开始以开放的视野关注国外非物质文化遗产研究，积极借鉴，非物质文化遗产开始找到了归属。

2008年围绕非物质文化遗产研究的最大特点就是“遍地开花式”的研究成果呈现。针对非物质文化遗产的本体研究、法律、知识产权保护、教育、旅游资源与市场开发、图书档案情报资源等传统主题的研究持续升温；对少数民族和特定地区的非物质文化遗产项目个案剖析不断深入；结合经济一体化、信息网络化、知识多元化的时代背景，从国家文化发展战略上探讨非物质文化遗产保护的研究层出不穷，例如王文章的《非物质文化遗产保护与国家文化发展战略》、李昕的《非物质文化遗产保护与国家文化发展》等。应该说，2008年学术界对中国非物质文化遗产保护研究开始回归理性思考。

2009—2010年，非物质文化遗产的保护与开发是学界非遗研究的两大主题。非遗保护面临资金短缺等问题，非遗开发又将非遗推向了商业化的道路，使其丧失原本面貌。如何在保护与开发中找到平衡点是学者们研究的焦点，也是未来的方向。祁庆富认为工艺类非物质文化遗产本身就具有生产性，因而，对于这类非物质文化遗产采取生产性保护方式是合理的、正确的。属于表演类的非物质文化遗产，包括传统音乐、舞蹈、戏剧、曲艺、美术以及游艺与杂技等，本身就具有表演性。在节庆、旅游活动中展演或表演，产生社会效益或经济效益，都符合这些遗产的属性，也是合理的。但是，任何非物质文化遗产的表演，都不能随意进行商业性的加工、改造，不能改变其活态传承的本质。一旦变味、变质，改变了遗产自身活态传承属性，就是不合理的，就应当反对。我们必须认识到，不是所有的非物质文化遗产都可以“生产”“表演”。属于认知类的自然界和宇宙的知识与实践，例如第一批国家级名录中的“农历二十四节气”不可能人为地生产出来。属于礼仪类的祭典，只能在特定的时间、场所，以特定的规则进行，绝不能随意搬上舞台进行表演。如果为了商业性目的对这类非物质文化遗产进行表演，就是破坏了这些遗产的活态传承。对于非物质文化遗产的研究和保护来说，2011

年是非常重要的一年，随着《中华人民共和国非物质文化遗产法》的颁布，关于非遗法的探究成为本年度的热点，“后非遗时代”的概念也首次被提出，非遗的保护也从重申报向重保护转化。以述评的论文研究方式，对本年度非遗保护的研究成果进行梳理，从非遗法、数字化保护、高校科研单位的非遗理论研究、政府文化机构在非遗保护中的职能体现等角度出发，呈现专家学者对非遗保护不同的观点和认识，希望能为今后探究非遗保护之路提供有益的参考。

2012 年是“后申遗时代”的起步年，申遗热潮逐渐退去，从实践的角度去保护和认识非遗的重要性越来越突出，生产性保护成为热点。非遗的产业开发和非遗产业化的区分也为实现非遗经济价值带来新的思路。同时在这一年，更加注重非遗商业属性，非遗与旅游产业融合的具体措施得以探讨。对于非遗的保护，除了保护名录措施越来越完善，警告退出机制的建立外，在这一年里不仅让非遗法的价值和不足得以显现，也使得非遗的生态保护作为一种重要的保护方式在实践中得到新的认识。

保护、反思、资金解决成为“后申遗时代”非遗研究的三个主题，从三个主题出发这一阶段的特征就不言自明。首先，“后申遗时代”更加注重活态传承，特别是对于传承人的研究，从生态保护的角度来讲，传承人也是整个生态保护链中的核心。

2013 年，我国政府和人民对非物质文化遗产保护依然做出了不懈努力，取得了瞩目的成绩。每次成绩的展示、努力的实现，都指涉我们对“非遗”保护深刻认识的理论向实践的转变。6 月 14 日，《保护非物质文化遗产公约》十周年纪念大会成功举行，说明了我们深知回首往昔，总结经验，夯实基础的重要性。6 月 17 日，“城镇化进程中的非物质文化遗产保护论坛”如期召开，昭示着我们立足当下，保护中不忘传承，传承中力求发展。12 月 4 日，珠算入选联合国教科文组织《人类非物质文化遗产的代表作名录》以及我国成功命名并公布了四批国家级非物质文化遗产项目代表性传承人，预示着我们仍需要做好打持久战、攻坚战以及巩固战的心理准备。

2014 年，非遗学术研究已经过了十几年，研究阶段也到了第四个阶段。十几年对于一个学科来说是极其年轻的，但是对于解决非遗保护中出现的问题的成功经验数不胜数。十几年间，关于非遗产学术研究的文章也达到 15 万篇左右。但是积累的这些问题与经验，如果我们不去回顾、整理、归纳与总结，只是一味地向前看，只会像盲人过河一样走不少弯路，磕磕碰碰在所难免。非遗的重要特性之一就是不可再生性，一旦消失，就不会再复原。这就要求我们必须尽最大的努力减少保护过程中的失误。众多专家学者对非物质文化遗产中出现的问题进行反思、总结，对之前出现的一些争议、模糊的地方进行比较，查漏补缺是十分必要的。专家学者们从不同方面各抒己见，总结反思。

有的学者对少数民族、区域保护与开发、旅游、法律等方面的非物质文化遗产研究进行学术综述。张雪梅、廖涛等人对 1994 年以来有关彝族非物质文化遗产研究进行了综述，通过文献分析发现，彝族非物质文化遗产主要集中在民间文学、民间音乐舞蹈戏曲、传统体育、传统手工技艺、医药、民俗等方面；探讨了当前研究的不足，指出了今后彝族非物质文化遗产研究的方向①。王宇翔、程道品通过对近 10 年来国内有关民族地区社区参与非物质文化遗产保护与旅游开发文献的梳理，认识到了在民族地区非物质文化遗产保护与开发等方面的研究现状，并对研究中存在的问题和今后的研究趋向进行了展望②。与此相关的文章还有任华东等人的《近十年景德镇陶瓷非物质文化遗产保护述评》《少数民族非物质文化遗产研究文献综述（2000—2011）》等。政府立法保护一直是非遗关注的焦点，其公私法结合的模式被学界广泛接受。李小苹、柳之茂纵观学者们的研究，分出了支持者与反对者两方并分别进行研究，最终对非遗法律保护模式提出了自己的看法③。宋立中把视野放眼国外，通过近二十年国际著名旅游学术期刊所刊载有关非遗旅游文献的学术梳理，分析出国外旅游的研究主题，具有一定的启发意义④。关于非遗保护与传承过程中出现的问题，学者们进行反思、批判。

① 张雪梅、廖涛、董恺凌，等:《彝族非物质文化遗产研究综述》，载《资源开发与市场》，2014（2）：第 213-216 页。

② 王宇翔、程道品:《近 10 年来 (2001—2011) 民族地区社区参与非物质文化遗产保护与旅游开发研究综述》，载《旅游研究》，2014（1）：第 34-39 页。

③ 李小苹、柳之茂:《我国非物质文化遗产法律保护模式研究述评》，载《湖南警察学院学报》，2014（2）：第 80-84 页。

④ 宋立中:《国外非物质文化遗产旅游研究综述与启示：基于近 20 年 ATR、TM 文献的考察》，载《世界地理研究》，2014（12）：第 136-145 页。

谢中元分析了当下政界、商界、学界等非遗保护主体由于自利性和信息不对称而产生的机会主义，让被保护者沦为失语者，成为“沉默的大多数”。他对此问题进行批判的同时，提出了几点解决的对策，以保证“后非遗时代”的保护具备可持续性[①]。顾浩对非物质文化遗产学术中的民间美术方面的核心工艺研究提出几点问题，非物质文化遗产与民间美术的关系、工艺的实质等问题。解析了工艺概念及其滥觞，围绕工艺本真性进行思考，通过之前总结分析所得，民间美术工艺里面的几点问题不容忽视，应予以重视[②]。学者们对目前非物质文化遗产的相关概念存在的争议和不明晰的地方进行了探讨，以期查漏补缺。简万宁就非物质文化遗产中的“非物质性”或称“无形性”概念提出看法，从概念的演变过程切入，结合联合国教科文组织立法的背景和目的及其价值取向思考，以期全面了解“非物质文化遗产”中的“非物质性形态以及与其相关的‘具有物质形态’的‘工具’‘实物’‘工艺品、’和‘文化场所（空间）’与‘非物质文化遗产’的‘非物质形态’”对象的主次关系[③]。黄凌梅从非遗分类入手，辨析了民间美术与传统手工技艺的异同，总结出传统手工技艺概念优于民间美术，并以水族马尾绣现状作为佐证[④]。

2014 年到了“后非遗时代”，除了是回顾与反思、整理与综述，弥补不足之处的一年，同时也是展望未来，对保护非遗的新方法、新理念进行研究的一年。关于用新方法、新理念、新思路去保护非遗，专家、学者献计献策，用自己学科的知识、当下新知识、新科技去尝试与非遗结合，以期解析出新的保护非遗的办法。

2015 年是非物质文化遗产保护工作具有总结意义的一个年头。就国家层面而言，这一年是“十二五”规划收官之年，是检验过去五年来非物质文化遗产保护工作落实情况的一个重要关头；同时，也是找准未来保护重点方向，推动非物质文化遗产保护“十三五”规划制定的关键之年。从学术角度上来说，非物质文

① 谢中元：《非物质文化遗产保护中的机会主义批判》，载《探索与争鸣》，2014（3）：第 79-83 页。

② 顾浩：《工艺致世对非物质文化遗产中民间美术工艺相关问题的反思》，载《新美术》，2014（4）：第 61-72 页。

③ 简万宁：《非物质文化遗产概念中非物质形态的讨论》，载《东南文化》，2014（2）：第 12-16 页。

④ 黄凌梅：《从非物质文化遗产分类看传统手工技艺概念的界定及保护：以水族马尾绣为例》，载《文艺理论与批评》，2014（3）：第 141-143 页。

化遗产保护方面的研究已经来到了“非遗后”时代的第五年，随着研究体系与机制的逐步完善，专家学者在研究重点与方向上的变化，研究深度与广度的拓展也能够为后续保护工作的开展提供更多理论与田野的支撑。在“后非遗时代”，非物质文化遗产的科学化保护成为摆在政府与学界面前的首要课题。原文化部提出了“数字化保护”与“生产性保护”两种手段，并在部分省市开展试点工作。各个省市的政府部门结合当地的特色，均创建了特色的非物质文化遗产保护模式，取得了一定的收效。

2016年作为“十三五”的开局之年，在庆祝中国共产党成立95周年大会上，习近平总书记将文化自信与道路自信、理论自信、制度自信并举，把文化进一步提升到一个高度，从顶层设计上面思考文化之于传统与现代，理论与实践的研究。而作为文化的精华——非物质文化遗产以其独有的特性在这一年得到学者们多方面的研究。2016年，学者主要围绕现状问题、对策方法和热点展开学术研究，呈现出细节化、多样化、立体化、全面化的趋势。学科融合解读非遗愈趋明显，热点问题推陈出新，对策方法与时俱进，现状全面而完备，问题思考兼顾全面，回溯历史又统摄全局，立足当下又展望未来，兼顾全面又不失细节，成果令人欣喜。非物质文化遗产是中华民族创造的极其丰富和宝贵的文化财产，是民族精神情感、个性特征以及凝聚力的显现。当然，传承人是非物质文化遗产保护的核心，但当非物质文化遗产传承人的保护力度不强，或传承人的生活境遇受到了威胁时，人绝艺亡的残酷现实就会不断上演。在现实生活中，越来越多的传承人迫于生活压力，纷纷选择到城市打工来维持生活，他们的思想也逐渐被同化①。刘魁立认为对非物质文化遗产的保护，不能将其封闭在某个特定的历史时空中，要尊重非物质文化的传承者和共享者在文化保护、文化传承、文化发展中的自由选择意志②。同时，传承人的调查和认定是非物质文化遗产普查工作中一项极其重要的工作。

非物质文化遗产的保护和利用需要大量的专业研究人才，因此高等院校有针对性地开设相关专业或课程对非物质文化遗产保护至关重要。贾银忠认为非物质

① 许林田:《传承人：非物质文化遗产保护的核心载体》，载《浙江工艺美术》，2006(4)：第97-101页。

② 刘魁立:《非物质文化遗产及其保护的整体性原则》，载《广西师范学院学报》，2004(4)：第132-140页。

文化遗产是一个跨学科的概念，大学教育在这方面培养的人才还比较少。同时，教育领域对非物质文化遗产缺乏重视和价值认知，从而造成教育和文化遗产保护、传承脱节。大学中非物质文化遗产相关学科极度缺乏，教育不能培养文化遗产保护工作所需的社会人才[①]。中国高等院校对非物质文化遗产教育进行了激烈的讨论，希望将非物质文化遗产教育引入到大学教学体系之中。上海大学的程蔷先生认为高校民俗文化教育的科学性是我们必须要解决的问题，而高校民俗文化教育的科学性包括普及性、层次性和参与性三个方面的内涵[②]。

① 贾银忠:《彝族口头和非物质文化遗产的保护和利用》，载《贵州民族研究》，2004(3)：第 61-66 页。

② 毕旭玲:《非物质文化遗产保护与学校民俗文化教育”学术研讨会综述》，载《民间文化论坛》，2006(3)：第 5 页。

第九讲　非物质文化遗产在中国（下）

一、非物质文化遗产保护的方法和思路

中华人民共和国文化部令第39号《国家级非物质文化遗产保护与管理暂行办法》经2006年10月25日文化部部务会议审议通过，于2006年11月2日发布，自2006年12月1日起施行。其中第三条提道："国家级非物质文化遗产的保护，实行'保护为主、抢救第一、合理利用、传承发展'的方针，坚持真实性和整体性的保护原则。"

《中华人民共和国非物质文化遗产法》是为了继承和弘扬中华民族优秀传统文化，促进社会主义精神文明建设，加强非物质文化遗产保护、保存工作而制定。由中华人民共和国第十一届全国人民代表大会常务委员会第十九次会议于2011年2月25日通过公布，自2011年6月1日起施行。

依照这两部国家出台的法规，人们在实践中总结出一套保护非物质文化遗产的思路和方法，当然这些方法和思路随着实践的深入会不断地修正，数字化保护、高校通识教育的融入性保护方式也逐渐加入进来。非物质文化遗产是由民众创造的，是民间智慧的结晶。非物质文化遗产的保护不能脱离广大人民群众的实际生产生活，要在民间"活"的生活之中进行活态保护，将其转化为当下的生产生活方式。迄今为止，我国在非物质文化遗产的保护方式上做了以下探索。

（一）抢救性保护

抢救性保护是指对散落在民间的非物质文化遗产进行采集、记录、整理、立

档、保存、研究等，是非物质文化遗产保护中的基础性工作。我国非物质文化遗产保护工作的指导方针是“保护为主、抢救第一、合理利用、传承发展”。根据这一方针，我们将“抢救保护”作为非物质文化遗产保护工作的首要内容。鉴于此，我们以普查为基础，以建立名录体系为核心，以传承人保护为重点，对我国非物质文化遗产进行了全面、深入的抢救性保护，并取得显著成效。

首先，普查是非物质文化遗产保护的基础。2005年开始的全国非物质文化遗产普查主要有三个目的：一是确定一个地区流传的非物质文化遗产的主要类别、形态、蕴藏情况、流布地域、传承范围、传承脉络及演变情况等；二是发现一批代表性传承人，并记录、采集他们的口述史和作品；三是采集作品和记述民俗。目前，多数省份已经完成了普查。我们计划于今年年底完成全国非物质文化遗产普查的验收工作。通过普查，我们基本摸清了我国非物质文化遗产资源的家底，并通过建立资料库、数位博物馆、专题博物馆，对挖掘、整理出的文字、影像、实物资料进行归档，为日后的研究、保护工作提供资料；同时，出版有关典籍、编制各类非物质文化遗产形式的科学资料片，通过向社会开放的形式进行宣传。

其次，建立名录体系是当前非物质文化遗产保护的核心工作。在普查的基础上，我们致力于建立国家、省、市、县四级非物质文化遗产名录体系。目前，国务院已经批准公布了国家级非物质文化遗产名录。各地也在进行省、市、县三级名录的构建工作。其中云南、贵州等省已经基本建立了省、市、县三级名录体系。北京、上海两市建立了市、区两级名录体系。通过建立四级名录体系的方式，对存续现状堪忧、具有重大价值的非物质文化遗产进行重点保护，可以提高全社会对它们的认知和重视，促进社会各界开展研究和保护工作。通过这样的引导，非物质文化遗产的抢救、保护工作将会取得事半功倍的效果。

最后，传承人保护是非物质文化遗产保护的重点工作。如前所述，传承人是非物质文化遗产的活态载体，是“活珍宝”。非物质文化遗产保护必然要以传承人保护为重点。我国以命名“项目代表性传承人”的方式，对与非物质文化遗产名录项目相对应的优秀民间艺人进行认定，并制定相应保护措施。通过扶持濒危项目的代表性传承人，使其将这些即将消失的珍贵技艺、技能和知识延续、传承下去。这一举措是抢救保护非物质文化遗产的最有效途径。另外，传承人作为非物质文化遗产的重要组成部分，对其口述史、作品等有关资料的记录、采集和建档，也是抢救保护非物质文化遗产的重要内容。我们即将出版的《国家级非物质文化遗产项目代表性传承人辞典》，对入选第一、二批国家级非物质文化遗产项目代表性传承人名单的传承人的基本情况和技艺特点进行了介绍，旨在为有关的研究和保护工作提供资料依据。总之，抢救性保护是非物质文化遗产保护的基础性工作，一切传承、振兴、利用、发展等都要以保存好文化基因为前提。

（二）生产性保护

生产性保护的概念最早出现在2006年出版的《非物质文化遗产概论》一书中。书中指出其是非物质文化遗产保护的基本方式和原则。今年元宵节期间举办的“中国非物质文化遗产传统技艺大展”系列活动中的“非物质文化遗产生产性方式保护论坛”首次对“生产性保护”这一概念进行了全面、深入的探讨，并将传统技艺类专案延伸到整个非物质文化遗产领域，使其由一般概念上升为非物质文化遗产保护的重要理念，成为非物质文化遗产保护的新途径。

所谓生产性保护，是指通过生产、流通、销售等方式，将非物质文化遗产及其资源转化为生产力和产品，产生经济效益，并促进相关产业发展，使非物质文化遗产在生产实践中得到积极保护，实现非物质文化遗产保护与经济社会协调发展的良性互动。其宗旨是“以保护带动发展，以发展促进保护”。非物质文化遗产生产性保护是由其活态流变性特征决定的。一切现存的非物质文化事象，都在与自然、现实和历史的互动中不断生发、变异和创新，并在传播中与当地的历史、文化和民族特色相互融合，呈现出继承和发展并存的状况。因此，非物质文化遗产的保护不能采取静止、凝固的方式，而是要在既不改变其按内在规律自然演变的生长过程，又不影响其未来发展方向的前提下，坚持积极保护的原则，将非物质文化遗产转化为经济资源和经济效益，以生产性方式进行保护。非物质文化遗产是一种活态文化，只有通过生产性保护，产生经济效益，改善传承人的生存状况和传习条件，促进当地文化与社会经济的协调发展，才能为非物质文化遗产带来持久的、有深厚基础的保护与传承。

非物质文化遗产保护的根本目的在于活态传承，这是衡量非物质文化遗产保护方式合理性的基本准则。生产性保护的前提是要有利于这些遗产的活态传承，也就是说，要以尊重非物质文化遗产的原真形态和文化内涵为前提。在保护工作实践中，我们要采取具体问题具体分析的办法，因地制宜、因类制宜，根据专案本身的特点，选择合适的保护方式。例如，工艺类项目本身具有生产性，采取生产性保护方式是符合其传承特点的；表演类专案，包括传统音乐、舞蹈、戏剧、曲艺以及游艺与杂技等类别的非物质文化遗产，其本身具有表演性，在节庆、旅游活动中展演或进行舞台表演，以期产生经济效益，也属于生产性保护方式的范畴。但是，不是所有的非物质文化遗产都可以进行生产或与经济效益挂钩。属于民俗类的庆典、习俗、礼仪等在特定的时间、场所以特定的规则进行的专案，就不能人为地肆意改动，也不能随意搬上舞台。生产性保护是我们在非物质文化遗产保护实践中摸索出来的，适合非物质文化遗产传承特点和当前市场经济环境的保护方式和理念，对于实现文化保护与经济发展的良性互动、促进文化与社会经济的和谐发展具有积极意义。

（三）整体性保护

我国非物质文化遗产内容丰富、形式多样，并与特定的生态环境相依存。我们倡导的保护是以全方位、多层次的方式来反映和保存人类文化的多样性和丰富性。因此，整体性是我们必须要坚持的一个重要保护原则。

所谓整体性，就是要保护文化遗产所拥有的全部内容和形式，包括传承人和生态环境。我国以建立文化生态保护区的方式来实现非物质文化遗产的整体性保护。根据文化生态学理论，文化生态是由自然环境、经济环境和社会环境三个层次构成的复合结构。文化生态保护区是指在一个特定的区域中，物质文化遗产（古建筑、历史街区与村镇、传统民居及历史遗迹等）和非物质文化遗产（口头传统与表述、传统表演艺术、民俗活动、礼仪、节庆、传统手工技艺等）相依并存，并与人们的生活生产紧密相关，与自然环境、经济环境、社会环境和谐共处的生态环境。它以在历史中形成并在当代存续状态良好的非物质文化遗产为核心，以自然环境为依托，以与非物质文化遗产相关的物质遗产为载体，且由诸多文化表现形式构成的良好的文化生态链。在文化生态保护区的建设实践中，第一要将完善国家、省、市、县四级非物质文化遗产名录体系作为首要工作，并做好名录专案保护的各项配套工作。这是保障非物质文化遗产整体性保护和文化生态保护区文化基因保有生命力的坚实基础。第二，做好非物质文化遗产专案代表性传承人的保护工作，注重对他们开展传承活动的重点支援，激发他们进行文化传承的主动性和自觉性，并调动他们参与保护区管理的积极性。第三，保护好文化生态保护区内与非物质文化遗产传承密切相关的物质文化遗产。相关的遗址、遗迹和文物是开展非物质文化遗产开展传承活动的空间场所和载体。保护好这些遗址、遗迹和文物对传承非物质文化遗产和保持良好的文化生态具有重要作用。第四，保护好文化生态保护区内各级自然保护区。自然保护区是保存有完整的综合自然生态系统的区域，是当地自然环境的代表区域，因此是文化生态保护区的重要组成部分。

文化生态保护区是中国非物质文化遗产保护工作发展到活态保护、整体性保护阶段，对非物质文化遗产保护方式的新尝试。因此，在具体建设实践中，要坚持非物质文化遗产保护“保护为主、抢救第一、合理利用、传承发展”的指导方针和“政府主导、社会参与，明确职责、形成合力；长远规划、分步实施，点面结合、讲求实效”的工作原则。自2007年开展文化生态保护区建设工作以来，文化部已经批准公布了多个国家级文化生态保护区，将我国的非物质文化遗产保护工作推向一个新阶段。今后，文化生态保护区建设依然是我国非物质文化遗产保护工作的重要内容。我们将从保持文化多样性和文化生态空间完整性的目标出发，建立多种文化类型的文化生态保护区，并逐渐完善文化生态保护理论，采用理论与实践相结合的方式，推进我国非物质文化遗产和文化生态的保护工作。另外，非物质文化遗产的整体性保护还体现在时间维度上。非物质文化遗产是植根于民间的活态文化，流淌在过去、现在和未来整个历史长河中，永远处于不断更新与创造之中。随着历史的演进和时代的变迁，它一方面保持原有的民族文化精神，另一方面不断注入新的文化内涵，使之发展、升华。因此，整体性保护的一个重要理念是客观地看待非物质文化遗产的变化，承认它的发展和流变，在传承中进行活态保护，而不是人为地将其“化石化”。

（四）数字化保护

非物质文化遗产数字化建档是近年来非物质文化遗产保护的主要手段之一，旨在利用数字化手段，如数据库建设、网站建设等，对四级非物质文化遗产名录中的项目，以文字、图片、视频等多媒体方式，全方位地展现非物质文化遗产的全貌，对于濒危的，特别是很难在传统的文化空间中再现的非物质文化遗产而言具有深远意义。技术手段的升级对于非物质文化遗产数据库建设方面的作用自是不言而喻，如《Web2.0 技术下我国非物质文化遗产建档保护促进研究》一文便着重讨论了 Web2.0 技术对我国非遗建档保护在收集、分类、鉴定和宣传四个方面的必要性和促进作用。《非物质文化遗产的数字化展示媒介研究》一文则从不同侧面对当前非物质文化遗产在社会大众当中的展示方式进行了分析，突出了数字化媒介的强大推力。但是，目前我国在进行非物质文化遗产数字化转录的过程中，也存在一些问题，特别是“重技术，轻文化”的现象，如未能考虑到非物质文化遗产的活态流变性，导致数据库中仅记录了该项非物质文化遗产原生性的特征，并未记录其随着时代的发展与社会形态的改变而产生的新生性的特征等。《非物质文化遗产数字化记录的利弊与策略》就对非物质文化遗产的数字化保护的优点与劣势进行了比较研究，提出了数字化保护工作的四项原则：有形记录原则、完整记录原则、综合手段原则与传承人记录原则。《非物质文化遗产数字化保护与传承中的分类研究》则针对当前非物质文化遗产在数字化建档过程中的分类问题进行了深入分析，提出了认为适合于非物质文化遗产数字化保护的四级深度分类体系网络。《非物质文化遗产数字化保护与知识整合平台建设》一文针对当前非物质文化遗产数据库的整合情况提出了自己的思考。作者认为，当前非遗的数字化档案存在着重静态而轻动态、重介绍而轻典籍等问题，亟须通过建立标准、知识重构、多方协作、整合资源，使项目化录入数据库的非物质文化遗产体现出地方特色文化生态，形成整体性的数字化保护。

（五）法制化保护

在学界，非物质文化遗产的法制化研究自 2006 年第一批国家级非物质文化遗产名录产生以来就是一个热点话题。《中华人民共和国非物质文化遗产法》于2011年6月1日起施行，但必须承认的一点是，该法实施四年来，并未有任何一起非物质文化遗产保护方面的案例出现，说明该项法律在实施方面也许存在一定的现实性困难，或是缺少其他方面的法律辅助。《从现代性和文化多样性看非物质文化遗产的法律保护》一文将非物质文化遗产视作一种生存方式，“保护的不仅是基于该生存方式而生的知识或形式，也更是针对创造这种形式的能力，以及运用这种能力的生存方式本身”。该文从法学与文化人类学相结合的角度，从实际出发，提出当前《中华人民共和国非物质文化遗产法》在真实性、传承性和整体性保护要求实际中难以达到的问题。《民族文化的知识产权保护——以广西彩调为例》《我国传统文化表达著作权主体保护问题探究》则揭示了我国非物质文化遗产在私法保护中面临的权利主体不明确，知识产权制度中的部分法律对民族文化的保护存在诸多局限的问题，并建议从宏观与微观两个方面提高国人对非物质文化遗产保护的意识，并由立法机构完善保护民族文化的法律法规。《非物质文化遗产保护的法经济学分析》则针对非物质文化遗产市场失灵的表现，分析造成此种现象的原因，同时提出政府介入与完善非物质文化遗产民事权利的两种解决之道。

当然，非物质文化遗产的法制化保护依旧在迈着坚实的步子前进，几年来各个省市政府部门也在抓紧制定当地的非物质文化遗产保护条例，力争构建保护体系，完善保护机制体制，实现非物质文化遗产在知识产权、产业实施等方面的全面保护。未来可期，但仍然需要时间的积累。

（六）融入性保护

文化变迁理论指出，文化生态会随着社会环境的改变而不断变化。无论是五千年积淀而形成的中华传统文化，还是依托于工业化浪潮而诞生的工业文明，都是一种文化生态，都有好的一面，也都有坏的一面。习近平总书记在2014年文艺工作座谈会上的讲话指出，“以古人之规矩，开自己之生面”，对于传统文化，要取其精华，去其糟粕。而同时，也要顺应时代的发展潮流，转变传承与发展思路，吸收借鉴其他地区优秀的保护传承方式方法，更好地为非物质文化遗产服务，让民俗传统与当代文明有机结合。《传统饮食文化类非物质文化遗产的保护及转型研究》即对传统饮食文化类非物质文化遗产的发展现状、存在的问题与为更好地融入当代社会而选择的保护模式进行了研究，提出博物馆保护、宣传推广、旅游开发等方式。《广东地方戏剧的生存现状与传承保护对策》深刻分析了广东多种历史悠久、特色鲜明的地方性戏剧在城市与农村生存与承继方面遇到的种种困难，提出一方面加大剧院改革力度，另一方面加大财政投入，共同传承当地的地方戏剧。《城镇化进程中的非物质文化遗产保护问题新探》聚焦于城镇化，以广东佛山等地的村落为例，说明城镇化背景下非物质文化遗产的传承危机，引出笔者提倡的"新型城镇化与非遗保护的互动共融路径"。《构建非物质文化遗产教育传承体系的探讨》将目光对准了非物质文化遗产进校园这条保护路径，从幼儿启蒙教育、少年的认知教育、青年的能力教育三个层次构建非物质文化遗产教育体系，全方位培养国人对非物质文化遗产的感情。《非物质文化遗产融入汉语言文学本科教学研究》一文中，作者欲将非物质文化遗产融入汉语言文学本科教学，通过举办理论教学、社会实践、庆祝活动等让更多的学生成为非物质文化遗产的守护者、传承人、研究者，进一步提高非物质文化遗产的学术水平。《论高校非物质文化遗产专业的建设》《高校民间美术课程中的生成性教学》则进一步探讨了非物质文化遗产学科的课程设置、生成性教学实施的可能性与实际操作主要流程。实际上当前学界也在热议，拥有传统技艺的传承人进入学校做教师，一方面能够解决个人的温饱问题，并得到了较为轻松惬意的工作环境；另一方面，通过必修课、选修课等形式开展教学，抛弃旧有的师徒传承模式，以当代的方式培养年轻一代的传承人，形成双赢。

非物质文化遗产产生于民间，繁荣于民间，蕴涵着深厚的人与自然、人与社会以及人与人之间和谐相处的理念，是公共文化服务体系与和谐文化建设的重要内容，是社会主义核心价值观的表现载体之一。但作为活态文化，非物质文化遗产正面临着日渐消失的危机，不仅将影响文化生态的平衡，而且会束缚人类的创造力，给世界各民族的多样性和独特性带来严峻挑战。

二、目前非物质遗产保护中的问题和思考

非物质文化遗产保护的主要目的不是破除传统而是要积极保护传统。但是，在工作推进过程中，一些弊端和问题也在不断出现。而这些问题一天不解决就会成为非遗保护工作今后的困惑。

首先面临的一个问题就是“伪非遗”事件不断发生。在非物质文化遗产保护工作全面铺开后，四级保护体系已经建立，传承人名录和非物质文化遗产名录也得到了很好的建设，但在一些省级非物质文化遗产中，那些所谓的传承人竟然是当地的开发商或者某些文化主管部门的领导。他们的理由充分：申遗需要资金，他们可以赞助，而对非物质文化遗产的开发也需要他们的积极参与，同时因为那些掌握民间技艺的人对申报程序缺乏了解，开发商成为他们的代言人也就成了顺理成章的事情。

传承人的弄虚作假几乎成为当前申遗中常见的现象，如果任由此种现象继续下去，非物质文化遗产的真实性就成了大问题。还有些地方，为了提高当地的知名度，不断提出“打造文化”的口号，一些地方为了打造“民族文化村”，向评估专家隐瞒真相，将村庄中本不属于这个民族的村民伪装成某特色民族，以提高当地知名度、提高旅游收入。有些地方为了打造文化景观干脆约请名人助阵，把假民俗当成真民俗宣传。冯骥才先生在《文化可以打造吗？》一文中指出：“打造文化叫得这么响，其中一个明显的经济目的——发展旅游。因为，人们已经愈来愈清楚文化才是最直接和最重要的旅游资源。一切文化都是个性化的。文化的独特性愈强，旅游价值就愈高。”这里所谓的打造文化其本质是对原有文化的一种资源整合，一种商业包装，一种市场化改造。这种打造和真正的文化建设完全是两码事。诚哉斯言！所有的文化一旦进入市场，只是被浅薄地利用，那些表面的形式能够获得市场的青睐，而深刻的文化内涵却常常遭到遗弃。这是文化市场化的结果，也是媒体参与文化制造的结果。更有甚者在保护非物质文化遗产中，将一些在精神层面上根本不能带来正面影响的所谓反派名人带入非物质文化遗产的保护行列，而且让其改头换面成为当地旅游文化的旗帜，从风月和色情的角度

惹人眼球。比如近十年来，有地方举“西门庆故里”招牌，竞争不息，西门庆也一改传统文学名著中“大淫贼、大恶霸、大奸商”的艺术形象，华丽转身成为当地政府追捧的文化产业“英雄”。“我们与其将仪式的失败归咎于世俗化，归咎于怀疑主义的增长，或是对挽救信仰的传说没有兴趣，倒不如把它归咎于社会的反常。”[①]在文化失去了标准，或者文化的传统丧失了尊严后，令人警醒的当是社会发展中信仰的危机，警醒人类的贪婪对人类自身健康文化的戕害。

我们应该保护什么样的文化遗产？这该成为当前非物质文化遗产保护工作首先需要解答的问题。“伟人宅第、名人故居有历史认识价值，地主的院落、汉奸的宅院同样具有历史认识价值。但物质文化遗产的历史认识价值即使是负面的也可以保护或保留，而非物质文化遗产的历史认识价值是负面的，则很难作为一种文化遗产加以保留了——如历史上的缠足习俗、典妻习俗等尽管也有很重要的历史认识价值，也可以通过录音、录像或是口述史调查的方式加以记录，但决不能作为非物质文化遗产加以保护、传承或弘扬。”[②]我们必须明确非物质文化遗产保护对象的标准，除了具有审美价值、历史价值，还要具有健康向上的精神品质。必须明白并非所有的非物质文化遗产都值得保护和传承。尤其是在保护非遗的今天，更不能借助非遗保护的名义，强奸文化，打造伪民俗，扭曲传统文化，甚至以保护的名义将文化垃圾死灰复燃，混淆视听。

当前一些地方政府和开发商把非物质文化遗产当成了摇钱树，因此在经济利益驱使下，他们可以打造假民俗，可以把已经取得的非物质文化无限扩大，为的是获得更大的经济利益。这其实是在破坏非物质文化遗产保护工作的良好生态，也在破坏非物质文化遗产本身。

另外，我们知道开发非物质文化遗产的经济产业价值，把非物质文化遗产转换为文化资本，让老百姓消费历史、消费文化，提高非遗在普通民众中的普及率，把中华文明传承下去是正确的。但过分地开发和利用，甚至不惜弄虚作假和营造淫秽色情的所谓文化必然给非物质文化遗产的保护带来无穷危害。诚信的缺失更将带来人们对此种工作的怀疑。

似乎只有一种理想的方法可以解决这个问题：首先宣传非物质文化遗产的重

---

① 格尔兹：《文化的解释》，南京，译林出版社，1999，第198页。

② 苑利、顾军：《传统节日遗产保护的价值和原则》，载《中国人民大学学报》，2007(1)：第34-40页。

要性，提高公众的保护意识，同时要增强对文化遗产的文化深读，提高参与者自身的修养，使其真正懂得文化遗产的价值和意义，明白盲目性地开掘只能导致破坏；其次，我们应该意识到非物质文化的原生态性一定是在特定的环境中生长的，外界环境的影响必然带来保护对象的变化，但抓住文化遗产中宝贵的精神财富和魂魄，才可能保证非物质文化遗产中的精髓不在保护中流失。

非遗的保护和传承需要倾听传承人的真实想法。非物质文化遗产中的许多对象都是民俗学研究的对象，而民俗学的理论告诉我们，民俗有两重性，一是相对稳定性，一是历史流变性。我们在保护非物质文化遗产时，往往注重对遗产本身稳定性的延续和保护，忽略了遗产本身还在不断发生变化，如果仅仅将遗产本身维持在一成不变的状态，也不符合事物客观发展规律。所以非遗保护要注意对象的双重属性，从历史发展的角度看待文化遗产在不同阶段的传承和变化是相当必要的。非物质文化遗产往往留存在一些偏远的山村或古镇，这些地方成为非物质文化比较集中的地区，我们在保护中要求同时注意民俗的双重属性，因此，不能不对其文化空间进行保护，但一个悖论性现象随即出现：一方面要延续或者保护非物质文化遗产的原生性，保护传统不受到破坏；另一方面在信息时代和经济大潮冲涌的当下，古村落持续多年的非物质文化遗产在追求改变，不想维持所谓的原生态。

在湖北恩施土家族苗族自治州的“两会”上，关于恢复“裸体拉纤”的大胆提议引起了社会各界的争议，支持者有之，质疑者有之，指责者有之，出谋划策者有之。在这个事件中，大家争论得不亦乐乎，但从现有的媒体报道中我们发现独独少了当事人纤夫们的意见。这些纤夫愿意去裸体拉纤吗？他们的真实想法是什么？如果纤夫认为这样有损于他们的尊严，那么所有的论证都可能是空谈。我们不知道大多数纤夫的想法，这有待于实地的田野考察。但由此也牵引出当前非物质文化遗产保护中的一个普遍现象。什么是真正的文化遗产？我们应该保护什么？关于前者，我们需要专家学者的指导和认定。但关于后者还需要倾听当事者、传承人的心声。否则我们的保护工作很容易在撇开传承主体的情况下，以政府官员和专家意志为转移，这样的保护是否能得到传承人和广大民众的满意值得怀疑。

苑利先生在谈传统节日的保护时有过这样的表述："传统节日又可分为以协调人与自然关系为己任的传统节日和以解决人与人之间关系为己任的传统节日两大类。在构建人类自然伦理观与社会伦理观的过程中，这两类传统节日确实发挥了十分重要的作用。在当下传统节日遗产保护过程中，之所以问题多多，关键的一点就是政府干涉太多，从而将传统民俗演变成官俗，使传统节日遗产在保护之初，便遭到了来自各级政府及其他社会强势群体的'保护性'破坏。"[①] 他指出了当前非遗保护中的重要现象：官俗代替民俗。而细细分析原因，就是政府对传承人和民众意愿的忽视。要想切实地保证人民的利益，同时获得民众对非遗文化的认可，请让传承人出来说话。

文化的功能主义特征需要得到加强。马凌诺夫斯基提出的功能主义实质上便是文化对人和人群形成的需要的"实用性满足"。而当我们从文化的当代实用性视角去分析非物质文化遗产存在和延续的理由时，会发现只要非物质文化遗产对百姓的生活有用而且能够带来实惠，这样的非物质文化遗产延续的可能性就很大。以庙会为例，因为庙会的特殊功能使得周围百姓很容易对庙会产生兴趣，如果从文化的实用功利性角度分析，我们能够发现一个清晰脉络：庙会作为一种非物质文本化遗产的存在，在历史的发展演变中总是以满足百姓的精神和物质需求为目的。从民间到政府与民间的合作，到政府的直接参与和组织，庙会文化的特点正在不断发生变化，而且内容也更趋复杂。只要非物质文化遗产不改变为民众服务的功能，那么百姓对一项文化遗产的依赖还是具有持续性的。但如果所谓的服务失去了本来的特色同时又缺乏新意，必然是对过去活动的破坏。庙会作为文化遗产的重要组成部分，受到政府和群众的重视本是值得庆幸的事情。尤其是庙会凭借其丰富的内容和草根性的文化内涵吸引着来自四面八方的群众。从庙会形式的保护和延续角度，古庙会无可厚非，但我们在文化遗产保护中如果只是一味地强调其传统性、延续性，而忽略其在当代社会中的多样性，忽视作为主体的人的审美观念和价值观念的转变，非物质文化遗产丧失其吸引力也是必然。当然在保护非物质文化遗产时，如何有效地引导和培养当代观众对传统文化的认识，使其懂得欣赏和理解传统文化中优秀的文化内涵更为重要。在大众文化消费时代，

① 苑利、顾军:《传统节日遗产保护的价值和原则》，载《中国人民大学学报》，2007(1)：第34-40页。

文化成为消费品已经成为潮流，但怎样让好的文化成为大众可以接受的对象也是非物质文化遗产保护工作应该积极思考的问题。优秀文化不能只是专家学者说好，大家都感受到文化的魅力，才能达到非物质文化遗产保护的目的。全民的参与意识得到提升，文化的自觉意识得到加强，保护工作才能顺利推进。

同时我们应当意识到：历史上对文化的不同定义事实上构成了对民间文化传统和非物质文化遗产之传承机制的强力介入。由于对文化的不同认识和主流意识对文化定义的变化，过去认为是封建迷信的应该剔除的文化本身正成为要抢救的对象。现代文明以其摧枯拉朽的手段积极推进着文明的进程，那些跟不上形势发展的一概被认为是“落伍”“腐朽”“没落”的。过去乡村中的家庙是被清除打砸的对象，佛像庙宇也是在被清除之列。个人信仰更是曾经被追逐打杀的对象。而现在当非遗成为一种“运动”和政府号召后，那些早就退出的公众文化活动得以重生。在这样的情况下，我们一方面要看到政策带给百姓的自由和更为自我的空间，同时也要警觉那些本来就没有多少文化价值而且充满封建愚昧色彩的落后习俗打着非遗的旗号死灰复燃。这时候对非遗的判别和鉴定就成为一个紧迫的课题。非遗保护是在重构中国人认同的公众文化，我们在此进程中需要谨慎对待目前的工作中暴露出来的问题。

为了商业目的演出或者改编的非遗还是非遗吗？一些地方的非遗项目已经成为地方赢得政府补贴的一项重要工作。为了得到非遗专家的认可，它们经过训练成为一些展演节目。甚至一些本来只在农家院落里从事的技术表演也被迫搬进酒店大堂，供专家、学者们欣赏。更有在一些集体项目表演中，村民们作为其中的表演者根本不理解仪式或者庆祝活动中的丰富的内容和意义，为了表演而表演，表情麻木，缺少感情的投入。在他们看来，他们所做的都只是给观光客看，吸引他们掏腰包，至于表演的内容是应该如何表达，怎样艺术性地表达并不关心。一些地方已经动员放假在家的中小学生加入已经绝迹多年的求雨和祖宗牌位的祭祀中，以非遗传统找到了继承人相号召。一些古村落为了招揽游客，不惜创造民俗，将本地没有的民俗活动，经过加工改造后成为当地观光的内容进行展演，让观者看后感到不伦不类。有些有经济实力的地方，干脆以经济搭台、文化唱戏的方式让非遗节目走上舞台，进行华丽包装，精心编排，获得了观众的好评。但大量经过改编和包装的非遗对象在大量的商业演出中所获得的声誉也许宣传了非遗对象，也让大多数人了解和喜欢上了自己身边的传统文化，但远离了非遗产生的具体的环境和文化空间的非遗，其实已经失去了其原初的文化含义和功用，更多的是商业化操作下的文艺表演而不是乡民传统生活中的日常行为。在这样的形式下，似乎区分民俗和非民俗的客观标准开始模糊，你不能否定舞台和村民们表演的是民俗，它们具有民俗的重要内容，而观众喜欢也是因为节目中的民俗内容和表演形式。那么脱胎于民间的非物质文化遗产，如果进行了改造是不是民俗？什么是非物质文化遗产的“真”，什么又是非物质文化的“假”，这个问题估计是当前民俗学界必须面对并要认真思考的问题。

对于保护民俗或者非物质文化遗产之“真”的问题让我们联想到目前的古村落保护。在古村落保护中，因为大多数建筑已经年久失修，为了保护建筑本身和建筑艺术中的非物质元素，许多地方采取的方法是对建筑材料进行收集，将拆除后的古建筑的一些砖瓦进行再利用。或者在重新建设中使用这些旧砖瓦，或者将它们放进博物馆。有些地方采取的方法是直接将古村落拆建，其中建筑形式和材料都尽可能保留，在遗址上建设新村。这样的保护方式都可能造成遗产的“空壳化”。古村落的灭亡是早晚的事情，但人为的开发和利用加速了它们消亡的速度，而且对僵死的古材料和建筑形式的继承和保护其实就是非遗保护的失败。同样道理，我们继承了非遗的一些表演形式，却缺少对对内涵的挖掘和研究，忽视对非遗对象的深在文化内涵的认识和了解，如何培养观者的兴趣，又如何让后人对非遗对象产生保护的欲望。同时由于研究者往往纠缠于非物质文化保护的分析，忘记了非物质文化保护工作的目的是为了文化遗产的延续和发扬。在保护和开发的矛盾纠葛中，与其争吵孰是孰非，不如对非物质文化的“本真性”和“现时的文化性”进行深入的研究，使对文化遗产本身的“文化意味”得到更大更深的发现。

从民俗主义角度看待非物质文化遗产开发会让我们体会到：商业开发和对民俗文化的本质性追求并不矛盾。只要我们认识到非物质文化遗产本身具有的文化内涵和历史传承性，研究其本真性（或称原生态性）时同时认识到文化的流变性，深入文化的精髓和本质，所谓的真假民俗自然可以得到判别。而商业化操作如果能依循文化的本质性追求，最大可能地保留民俗精华，在形式变化中仍保有民俗文化的精华则可达到非物质文化遗产保护的真正目的，使得文化保护和地方经济获得利益最大化。“我们在对民间工艺进行制度性保护的时候，就要注意创造一定条件，让民间工艺生产重新回归到一种与乡土日常生活相联结的、充溢着精神创造旨趣的‘副业’活动中，而不是仅仅选择几个艺人给予生活补助、商业包装即算大功告成。进一步讲，我们要保护的绝不仅仅是民间工艺的技术，更要注意保护民间工艺所赖以存身的文化生态。如果没有了后者的依托，民间工艺永远只能是表层的技术的存在，是一种没有心灵、随处飘荡的无根浮萍，直至成为只能存照归档的‘遗产’。”[①]张士闪先生提出了对民间工艺的保护的要求，这同样适用于当前的非物质文化遗产的保护。我们发现了文化遗产并知道要保护什么，那么怎样保护就成为保护工作思考的焦点。目前的情况是，有的地方在落实保护措施，有的地方因为财力所限，仍没有将保护措施落到实处。但即使是已经实行的保护措施，比如定期开设非物质文化遗产培训班、重点资金扶持非物质文化遗产传承人等，也只能是从外部环境给予非物质文化遗产保护以支持，真正对非物质文化的传承能起到多大的作用，仍旧无法得到确切的答案。一个明显的事实是，脱离了具体生活语境和文化生态的传承人，在周围环境对自己的手艺或传承的文化已经失去兴趣的情况下，他的传承必然从内心深处受到挫伤。传统的民族文化精髓如果在当代缺少知音或者正面的引导，都必将造成传承者自身的当代困境。这时候带来的一系列问题是：年轻人不学，家族人不愿接受，传承人失去热情。所以，不破坏传统文化的生存环境，让文化遗产在变化的时代中获得新的生命活力，处理好传统文化生态和文化的当代流变之间的关系将成为非遗保护的关键。

“民间艺人不是为艺术而艺术，而是有着鲜明的功利性追求，这种功利性不仅指向当地生活生产之需，也指向包括信仰心理在内的民众精神需求。”[②]我们认识到民间艺术与文人艺术的区别，就更能了解作为精神需求和生产需求的民间艺术作为非物质文化遗产的重要组成部分，其在民众中的重要作用。它具有生活实

---

① 张士闪、邓霞：《当代民间工艺的语境认知与生态保护——以山东惠民河南张泥玩具为个案》，载《山东社会科学》，2010(1)：第34-37页。

② 同上。

用性的同时具备文化功利性。一方面为了生存，一方面为了心灵的愉悦。意识到非物质文化遗产大多带有这样的性质时，我们在保护过程中，就更加要注意对其艺术精神的体悟和理解，对传承人内心世界的感受和把握，同时从实用立场看到其在乡民艺术或者民间世界中的生存功用。我们艺术实践者和传承人，为了推动一种文化遗产的前进甚至延长其生命力，完全可以大胆地尝试让更多的新鲜元素加入古老的文化遗产中，让它焕发出新的活力。尽管让传统的非物质文化遗产获得新生的难度比较大，但只要推动了非物质文化遗产的前进，让更多的、宝贵的文化遗产在濒于灭亡之际重新为大众所认可，那么满足当代大多数百姓对民俗的需要，认识到当代百姓的审美需求而进行自觉的文化调整，在文化精神的延续中唤起百姓的热爱和认可是大有可能的。

“非物质文化遗产的保护主要是活态保护，物质文化遗产的保护是静态保护。活态保护的关键是传承人。”① 冯骥才先生说出了保护工作的根本。没有对传承人的保护其他一切都是空谈。甚至没有了对传承人的保护，所有的保护最终只能成为开发商的批量生产，成为政客们的政绩工程，而缺少了对传承人的保护，精神文化的历史命脉就可能失去，同时失去的是文化遗产本身所具有的人文价值、内在的情感历史或者说心灵之史。所有优秀的非物质文化遗产背后都蕴藏着宝贵的能和心灵情感沟通的故事。他们需要活态的人从精神上去继承和发扬光大。“我们必须清醒地认识到，民众才是文化遗产的真正主人，而我们——无论是政府、商界还是专家学者，都应该以局外人的身份参与到文化遗产保护工作当中。这其中，政府的定位是统筹管理，学术界是科学指导，而商界则是在科学保护基础之上进行适度参与，任何一方的过度参与，都会对非物质文化遗产的自主传承造成不必要的伤害。”② 意识到了传承人的重要性，正确处理好传统文化生态和文化遗产的活态流变之间的关系，理解了文化传承中人文精神的遗产价值，我们更应尊重遗产保护中各安其位的原则。政府、学者、商界、传承人四方应该有一个合理的定位。过分越界就会给保护和传承带来损伤。我们的工作已经遇到了太多这样的惨痛教训。

同时我们必须认识到，“文化遗产的珍视和保护不能只是政府与专家学者

① 冯骥才:《灵魂不能下跪——冯骥才文化遗产思想学术论集》，银川，宁夏人民出版社，2007，第 10 页。

② 苑利:《从日本和韩国经验看中国戏曲类文化遗产保护》，载《艺术评论》，2007(1)：第 62-63 页。

的事，主要是民众的事。民众是文化创造者，是文化的主人。如果民众不珍视、不爱惜、不保护、不传承自己的文化，文化最终还是要中断与消亡。”[①]的确，文化保护除了专家学者、政府、商界的参与，最重要的是传承人和民众自身对文化的情感。如果我们自己都意识不到我们文化的重要性，那么谈保护是空谈。只有当全民都意识到了文化的内涵，文化的存在价值，从而从情感上和历史沟通，获得对文化的认同和体认，文化才能够影响我们的生活和思维。

三、国外非物质文化遗产保护的案例分析

日本学者森田真也在《民俗学主义与观光》一文中指出：“如今，民俗学者经常拿来调查研究的东西已经成为观光的素材，在其周围还存在着消费它的观光者与靠它谋生的人们。观光的现场，在满足观光旅客的同时，还必须获取经济利益，由此决定了观光具有一定的功利性。一方面，地域生活变得更方便、舒适；另一方面，某些生活技术或社会制度由此可能消失或发生变异。观光实际上是一种极其不稳定的活动。它与巨大的社会系统联动，从多个方面对地域社会产生影响。无论对观光旅客而言，还是对旅客接待者而言，观光的现场都意味着一种不断带来变革的交流场所。”[②]我国当前的非遗保护工作完全可以从中吸取教训。因为一旦某一个古村落或者民间戏曲或者曲艺成为被关注的对象，马上就会成为地方政府开发和利用的资源。围绕当地被认定的或还没有认定的文化资源，一些村落或者基层政府会从经济利益出发，将那些所谓的文化资源充分商业化。这几乎成为当前非遗保护的常态。一边是专家学者的坚持，保持被保护对象的本真性；另一边是当地急功近利的开发和利用，而且在打着传统、怀旧、乡土、故乡、环境、自然、安慰等话语来为开发行为张目，在给旅游项目加入“文化内涵”后，新的被改编或改造的民俗出现了。这种从功利角度出发对民俗进行改造利用的行为，学界称之为民俗学主义，也称民俗主

① 冯骥才:《灵魂不能下跪：冯骥才文化遗产思想学术论集》，银川载，宁夏人民出版社，2007，第 14 页。

② 森田真也:《民俗学主义与观光——民俗学中的观光研究》，载《民间文化论坛》，2007(1)：第 67-71 页。

义。“德国民俗学家莫塞尔最早提出民俗主义这一概念，是在1962年发表于《民俗学杂志》上的《论当代的民俗主义》一文中。”① 他认为，那些通过改编或者第二手资料加工处理过的“传统民俗”其目的是吸引游客或者观众的目光，从而达到地区的政治或者经济目的。他把这样的现象统称为“民俗主义”。他还指出，在大众传媒高度发达的时代里，民俗的当代性都或多或少地带有人为的功利性和商业目的，最终导致的只能是对民俗传统的任意篡改和随意恶搞。这是大众文化消费年代的必然结果。他认为任何脱离了民俗产生土壤和具体文化空间的所谓民俗都是伪民俗，是和历史真实相左的，所以不能被研究者当作真正的研究对象对待。

田野调查的结果表明，我们在旅游或者调查中被当地推荐欣赏的民间表演或者非物质文化遗产项目常常已经是经过包装和整理过的艺术作品，这些作品完全投合了观光者的审美需要，有些原来民俗节目中没有的元素被加进去了，一些丢失很久的传统元素又被加入。所以，我们无法评判究竟哪一种是真的民俗，哪一种是假民俗。而如果纠缠于对民俗真伪的裁判和鉴定，必然会发现只要加入了人为观光和保护的因素，非物质文化遗产就可能成为再造和改编的商业节目，而观光者在欣赏这些节目的同时不会对它的真伪进行辨认，而是在审美的愉悦中获得对观赏对象的认可。按照日本学者森田真也的观点即是：“在观光的现场，对本质性的追求与商品化，完全可以和平相处。”② 但这不代表非遗保护就没有必要，而是在保护中要讲究方式方法。既然意识到了非遗的流变性，也注意到它的民俗主义特点。我们在采取保护措施时就需要仔细把握非遗对象在具体文化空间和具体语境中的多种表达，掌握其精神文化内涵和艺术展示方式。当保护深入对象的精神层面，也就是上升到了对“人”的重视。非物质文化遗产保护归根到底是对人的保护和利用。所有的非物质文化遗产承担的主体是人，而在代代相传中，起关键作用的是非物质文化遗产本身的内在精神气质、精神追求、理想境界，其次是表现手段和方法。

通过田野调查我们可以列举出如下现象：（1）继承了非遗传统表演的形

① 王霄冰：《民俗主义论和德国民俗学》，载《民间文化论坛》，2006(3)：第100-105页。

② 西村真志叶：《民俗学主义：日本民俗学的理论探索与实践——以〈日本民俗学〉“民俗学主义专号”为例》，载《民间文化论坛》，2007(1)：第58-65页。

式，却没有多少令人心动的内容；（2）表演者对非遗节目的麻木甚至冷漠，让非遗本身成为借尸还魂的把戏；（3）对非遗内涵的简单化处理，让村落生存遭遇尴尬；（4）舞台表演和大型商业演出获得极大盛誉并不代表非遗保护的成功。

“只要葬礼作为一种商品或服务项目而存在，那么，它必然具备着足以吸引消费者的魅力。因此，葬礼并不是由丧葬企业一方开发的仪式，而是企业和作为消费者的遗属共同创造的仪式。如今，丧葬企业用来商品化的资源已经不仅仅是传统丧俗，而呈现出全球化的趋势。山田如最近从美国引进的尸体保存技术，大受那些追求遗体美观的遗属的欢迎。丧葬企业时刻关注消费者的动向，探索和开发其资源。”[①] 日本民俗学界提出的民俗学主义已经意识到了民俗在现实生活中开发和利用。他们提出的观点无疑对我们解决目前非物质文化遗产保护中“保护和产业开发”的矛盾有很大的借鉴作用。所有可以获得利益的文化开发，如果没有企业和消费者的双向互动是没有前景的，也是不能获得巨大市场和生命力的。正是因为企业或者开发商看中非物质文化遗产，看到了该项目经过商业操作可能带来的市场利润，同时消费者消费的是文化，并从非物质文化遗产项目中看到了符合当代人审美需要的传统文化因素，非物质文化遗产才有了开发的前景。这时我们不能求全责备商家对民俗或非物质文化遗产的改编和包装，因为在重视文化含量和传统文化的内蕴的同时，给产品以美好的外观和形式，吸引消费的眼球是必须的。一件东西穿了华丽的衣裳后就能身价倍增，这是当前创意学常用的思路，同样适用于非物质文化遗产的开发建设。

一个非常典型的例子就是王洛宾、雷振邦等对新疆民歌和音乐的改编。他们通过实地生活和体验，运用自身全面的音乐修养，按照自己作为汉族人的美学趣味以及长时间对欧美音乐的接受和欣赏，大胆改造了新疆民间音乐，并取得了骄人的成绩。“只是他们的创作不再面对新疆人，而是面向中国更广大的民众。而在这种改造过、锤炼过的歌曲中，新疆不再是音乐的性质，而变成了歌曲的风味。通过采风和改良，这些歌曲进入另外的音乐家族，如：古典美声歌曲、中国

① 西村真志叶：《民俗学主义：日本民俗学的理论探索与实践——以〈日本民俗学〉“民俗学主义专号”为例》，载《民间文化论坛》，2007(1)：第58-65页。

民族声乐、汉族流行歌曲、西方欧美民谣。总之，它们变了，虽然可能更美。”[1]这是民俗主义的成功，也足可证明在非遗保护工作中，我们的研究者和艺术实践者，为了推动一种文化遗产的前进甚至延长其生命力，完全可以大胆地尝试让更多的新鲜元素加入到古老的文化遗产中，让它焕发出新的活力。尽管改造和改编可能会遇到很多困难甚至阻力，但只要推动了非物质文化遗产的前进，让更多的、宝贵的文化遗产在濒于灭亡之际重新为大众所认可，那么满足当代大多数百姓对民俗的需要，认识到当代百姓的审美需求而进行文化的自觉调整，在文化延续、精神延续中唤起百姓的热爱和认可大有可能。

① 李皖:《浪漫漫流大地——新疆音乐如是我闻》，载《读书》，2009(10)：第155-160页。

第十讲　文化创意和非遗保护

一、从文化创意的跨界研究看其对遗产保护工作的启发

（一）“品牌营销”意识

文化创意是文化产业发展必不可少的工具和手段。但并不是所有的文化都可以发展为产业。娱乐文化是文化创意的最佳对象。产业化后的电影工业、动漫产业都能带动整个产业链的发展，成为规模化、集约化、市场化的文化消费品。所以文化创意如果立足于产业，那么针对的仅仅是一些文化产品本身。非物质文化遗产是不能够产业化的。文化遗产产业化必然导致非物质文化遗产保护工作的失败。文化遗产一旦和市场接轨，带来的必然是文化遗产本身的破坏和短寿。那么文化创意和文化遗产可以发生关联吗？这种关联又有没有正面积极的作用？如果文化创意作为文化遗产保护的一种创新手段而不针对文化遗产本身，那么对当前的文化遗产保护工作一定会有所帮助。

在文化遗产保护中，“品牌”是值得重视的一个问题。在一些地方，一些原创性的非物质文化遗产一旦被市场化或者被不法商人利用，很有可能使得真正的文化遗产本身遭受伤害。大量的实际案例已经表明，在各地争抢非物质文化传承人的大战中，一些地方伪造假遗产，或者侵犯真正传承人权利的事件时有发生。最关键的一个原因是，在文化遗产保护中，保护工作忽略了对遗产本身的“品牌”保护。在对中国布老虎文化进行的田野考察中，中华第一虎黎侯虎传人高秋英就处于这种困境。她制作黎侯虎的手艺被许多年轻人学去后，将成品转化成商

品，而她的正牌黎侯虎却卖不出去了。这种尴尬就是缺少品牌保护意识所致。“品牌的背后，站着一个庞大而坚强的消费群体。我们所要做的便是找出这两者之间的独特关联。我们正处于服务经济逐渐向体验经济过渡的阶段，而体验经济形态的特征是消费者会倾向于乐意因为获得一种独特的心灵体验而对体验提供者买单。”① 在此，我们先不论文化遗产是否能够获得市场，首先应该考虑的是如何使它在这样一个传媒时代里获得更大的声誉并受到保护，从而获得生命的延续。一些非物质文化遗产是可以获得市场并得到继续发展的可能的，另外，一些虽已退出市场或者本来已没有了生存的土壤，但具有极高的历史文化价值的文化遗产需要得到国家的支持从而在活态传承中获得生命力。对于那些具有市场利用价值的文化遗产尤其要注意其发展的方向。对非物质文化遗产首先是保护，其次是弘扬和利用。但文化遗产的性质决定了其所蕴含的精神性价值一定高过其市场价值。从农耕时代诞生的文化遗产需要的是继续保持其独特的风格，并伴随时代进行符合其自身发展的合理改造，但不是顺应商业发展的改造，经历商业改造的遗产一定会面目全非。

在此我们必须了解创意和文化遗产保护的关系问题。

在这样一个时代，创意是为文化产业化服务的，它是一种思维方式，也是市场化催生的一种生存之道。但具体到文化遗产保护时，我们更需要重视的是其对遗产保护手段的丰富和补充，而不是针对其对市场的推动和创造性。“消费者购买的不仅仅是服装本身，而是依附于服装的核心价值，因此为自己选择一种极具个性化的品牌形象成为众品牌成功经营的必经之路。”② 这是创意学中对于品牌的认识，尽管它的指向是市场，是营销，但从某种意义上说，其思路对文化保护也一样奏效，那就是我们把文化保护当作一次营销活动，所有“营销”的目的是使遗产本身获得更大的知名度，让更多的大众参与到对遗产本身的保护中来。所以，“独特的个性化的品牌形象”恰恰是文化遗产保护中坚持文化的地域性、文化多样性的需要。当我们将独特的文化遗产保护下来后，宣传其价值就成为保护工作的延续和深化。因为任何一项文化遗产如果只有专家认识到它的价值，而“养在深闺人未识”，甚至正在享用和使用的大众也没有意识到自己文化遗产的独

① 江绍雄：《创意撩人》，北京，北京广播学院出版社，2006，第 5 页。

② 江绍雄：《创意撩人》，北京，北京广播学院出版社，2006，第 19 页。

到魅力或者价值，那么这样的保护也是失败的。

保护利用和弘扬需要的是“品牌”。“一个成功的品牌在于发现消费者心中认可的与他们密切相关的故事，找到有价值的故事，给消费者带来精神的满足，从而让顾客乐于消费、忠诚消费。”① 如果说，文化遗产的保护就是发现、保护和弘扬的话，那么吸引更多民众对遗产本身的兴趣就和“营销”一样。只不过，这里的“消费”是文化消费，是大众对文化遗产的关注和理解。如果没有这个环节，文化保护工作也是非常危险的。因为发现一个品牌后，并没有让更多人理解和认识到文化遗产本身所具有的历史文化价值以及其内蕴的深刻含义，那么这样的文化遗产很快就会被商家开发利用为一个商品，而忽视其精神文化价值。这样的文化产品生命力也不会长。事实表明，真正成功的营销策略是，发现“产品”蕴含的故事。每一个文化遗产本身都有与之相关联的民间传说或动人的民间故事，如果在保护中对文化遗产进行整体性保护，发掘文化内涵，这样文化遗产会获得民众更大的兴趣，并且帮助他们理解并热爱属于自己的文化。

故此，在这样一个时代，在文化保护工作中用“品牌营销”思路赢得公众对文化遗产本身的兴趣非常重要。

（二）文化保护需要“创意”

我们的文化遗产保护是需要策划的。“创意”对于市场化的今天，成为成功商业活动的代名词，但它同样适用于文化遗产保护。

首先是对文化遗产的传播。“传播主题是响亮的，但是光靠一句响亮的主题是不够的，我们还希望调动更多的力量来不断演绎，不断诠释，不断体验这一主题。”② 比如针对非物质文化遗产保护这个主题，我们曾经对保护工作提出濒危优先的原则。那么我们需要不断地将这样一个理念贯穿到实际工作中去，让人们感受到“人亡艺亡”意味着什么，为什么要抢救，为什么要紧急行动。当“濒危优先”作为一个保护口号贯彻到大众日常生活中时，大众会对这样的保护工作产生强烈的注意，从而产生同样的危机感。可惜的是，目前保护工作中关键性口号没有得到更为广泛的传播。“创意是为了引起消费者的注意，在产品与消费者之间

① 江绍雄：《创意撩人》，北京，北京广播学院出版社，2006，第 13 页。

② 江绍雄：《创意撩人》，北京，北京广播学院出版社，2006，第 17 页。

建立有效沟通，用独到的语言打动消费者，在他们内心深处挠痒痒，让他们注意我，听我说，由感动到行动。”[①] 究其原因还是媒体对非物质文化遗产保护工作关注不够。在这样一个信息化时代里，媒体如果不参与到公众活动中，那么活动的知名度和传播力度就要大打折扣。媒体的缺席导致非物质文化遗产保护工作局限在政府和专家的层面，百姓了解和参与得较少。即便有了很好的创意，创意本身的失效，也会导致缺少关注度。

“文化消费的内容主要包括文化消费者了解信息所需的报纸、广播、电视、互联网、手机的媒介等需求；为丰富知识、陶冶情操或娱乐消遣所需的书刊、音像、游戏、演出、会展、旅游等的需求。与普通的物质消费不同，文化产品和文化服务本身具有强烈的精神属性，它极易受到来自消费者个人的知识结构、兴趣爱好、心理素质乃至一时的情绪和态度的影响，主要表现为消费心理的认同性、趋新性和可塑性等。”[②] 要让品牌和传播达到效果，我们必须分析消费心理。其实保护非物质文化遗产是为了让更多人意识到我们文化遗产的魅力和可贵之处，是为了让更多人关心它、爱护它。这和吸引文化消费有着某种共通之处——引起关注。既然消费文化要受到消费者个人的兴趣爱好、知识结构等的影响，那么同样文化保护也必然受到民众个人对文化的认识差别或者程度的影响。这项工作同样需要引导，像引导消费一样引导大多数民众对文化的热爱和了解。当大多数人开始认可这样的保护活动时，必然产生认同性。这是文化遗产工作需要做到的。

如何让更多人参与到文化遗产保护工作中来？需要创意，需要文化传播品牌的树立，需要从民众对文化的亲近和热爱的角度进行创意保护。故此，目前经常出现的创意是：举办各种文化遗产表演，让民间艺人现场制作，用精湛的工艺吸引城市人对民间文化的了解和注意；国家还为此设立了文化遗产日，在这一天围绕文化遗产保护的各项宣传工作也在深入进行，为的是让公众形成全民自觉。这些措施无疑是具有创意色彩的。但长此以往，一种创意经常使用会出现审美疲劳，还需要在保护的前提下不断推出新的创意。

“创意也是一种产品，因为好创意本身就是解决问题的方法，它能减弱纸质媒体与受众的沟通障碍。然而好创意若藏在深闺，并不会创造任何价值，要让目

① 江绍雄：《创意撩人》，北京，北京广播学院出版社，2006，第155页。

② 严三九、王虎：《文化产业创意与策划》，上海，复旦大学出版社，2009，第35页。

标受众接受你的创意，唯有通过媒介，通过有效的媒介才能创造出传播奇迹。”[①] 当前的非物质文化遗产保护在全社会的关注下，在政府和专家的推动下，已经获得了一定声誉，但要让全体民众都认识到当前这项工作的紧迫和重要性，还需要大力宣传和引导。

目前非物质文化遗产的保护还存在着许多困惑，这些困惑主要在于，人们对非物质文化遗产的重要性认识不足，还有就是不良政绩观和盲目追求 GDP 导致人们在保护非物质文化遗产的时候目的不纯。重申报，轻保护，伪造虚假文化遗产的现象也在不断出现，这些都是导致一个良好创意无法很好实施的主要原因。

为此，我们应该意识到，非物质文化遗产的保护在创意过程中需要不断发现新问题，不断找出解决的办法使之完善，目的是让一个好的创意得到最为完善的实现。

（三）新媒体时代里的“创意保护”

“由于新媒体的出现，报道方式也发生了变化。全民出版、全民报道在海外已经十分普遍，只要有记者或是线人在事件现场，就可以马上用手机拍下来，然后上传到电视台，所有的人都可以成为目击者，所有的人都可以成为摄影师、评论员，在现场向主流电视台传输所看到的新闻，这样一来，新闻的报道方式就发生了变化。”[②] 目前我们的非物质文化遗产的保护方式创意不断，但问题也不断。当前非物质文化遗产的“活态性”和传承人的保护都受到了极大重视，各地对非物质文化遗产的积极申报也显示出地方政府的态度。重要的是怎样保护，保护什么，不光是专家和政府说了算，还需要传承人亲自出来说话。而在新媒体时代，人人都可以成为文化遗产的发现者和保护者，他们完全可以凭借对新媒体技术的掌握积极投入文化遗产保护中去。这样可以把一些好的点子和策划即时地根据当地实际进行反馈。这也属于创意的一部分。“一个创意必须可以产业化或者具有一定的产业化潜力，才能称为创意产业的内容，那些无法被产业化、小作坊式的生产模式不能称为创意产业；再次，创意产业在本质上还应该是一种文化的外在体现，它的本质是文化，也就是说人类文明的体现，没有文化内涵的内容也不能

① 严三九、王虎：《文化产业创意与策划》，上海，复旦大学出版社，2009，第 126 页。

② 范周、吕学武：《碰撞与交融》，北京，中国传媒大学出版社，2007，第 203 页。

被称为创意产业；最后，创意产业还应该具有科学技术的支撑。”[①] 在此，我们必须弄清楚创意和创意产业是两回事。在创意产业的视角，所有创意都是为了获得市场利益的最大化，它们针对的是文化产品本身，如果不能带来经济利益，所有的创意都是不能当作创意使用的。所以，面对背离市场的文化遗产保护工作中的创意，我们应该清醒地意识到，可以学习和借鉴创意产业中创意的思维方式，并为文化遗产保护找到方法和出路。

新媒体时代的创意一定是为了文化遗产的传播和更大范围内的声誉而创意，为了文化遗产的生命活力而创意，而非针对市场最大利益化的创意。创意可以无处不在，但在面对濒危的文化遗产保护时，请手下留情，并注意其应用到文化遗产保护领域时的新的含义。

二、文化创意和非物质文化遗产保护工作的关系

（一）创意可以进入文化遗产保护中

非物质文化遗产是指各种以非物质形态存在的与群众生活密切相关、世代相承的传统文化表现形式，包括口头传统、传统表演艺术、民俗活动和礼仪与节庆、有关自然界和宇宙的民间传统知识和实践、传统手工艺技能等以及与上述传统文化表现形式相关的文化空间。非物质文化遗产是以人为本的活态文化遗产，它强调的是以人为核心的技艺、经验、精神，其特点是活态流变。在非物质文化遗产的实际工作中，认定的非遗标准是由父子（家庭）或师徒或学堂等形式传承三代以上，传承时间超过 100 年，且要求谱系清楚、明确。

非物质文化遗产的最大特点是不脱离民族特殊的生活生产方式，是民族个性、民族审美习惯的“活”的显现。它依托于人本身而存在，以声音、形象和技艺为表现手段，并以身口相传作为文化链而得以延续，是“活”的文化及其传统中最脆弱的部分。因此对于非物质文化遗产传承的过程来说，人的传承就显得尤为重要。

① 陈放：《创意风暴》，北京，中国盲文出版社，2007，第 13 页。

截至2017年，我国共有昆曲艺术、古琴艺术等36个项目入选联合国教科文组织“人类非物质文化遗产代表作名录”，羌年、中国木拱桥传统营造技艺等3个项目入选“急需保护的非物质文化遗产名录”，我国成为世界上入选项目最多的国家。“创新性是创意的本质特征，而艺术性和文化性是创意的两个主要特征。”① 这是我们要将创意引入文化遗产保护的一个重要原因，因为创意就是艺术和文化的创意。这两个主要特征也决定了文化遗产保护需要创意思维。

“随着中国全国建设小康社会步伐的加快，如今的休闲文化已经不再是一部分群众的特例了，老百姓的生活富足了，就会用多出来的钱进行休闲消费。”② 世界文化消费的趋势是这样，中国社会也如此。世界范围内对包括非物质文化遗产在内的文化遗产的保护引起了广泛关注，并被提到了议事日程。自1972年起，联合国教科文组织先后通过了《保护世界文化和自然遗产公约》和《保护非物质文化遗产公约》等文件，并在世界范围内展开了“人类口头和非物质遗产代表作”的申报工作，至今已举办三届。中国历史悠久、幅员辽阔、民族众多、文化灿烂，这些因素都使我国有着异常丰富的非物质文化遗产。作为负责任的文明古国和文化大国，中国积极参与联合国教科文组织的文化遗产保护活动，充分重视非物质文化遗产的保护，昆曲艺术、古琴艺术、新疆维吾尔族木卡姆艺术和我国与蒙古国联合申报的蒙古族长调民歌分别被列入2001年度、2003年度和2005年度的“人类口头和非物质遗产代表作”。2004年8月28日，在中国第十届全国人大常委会第十一次会议上，表决通过了关于批准中国政府加入联合国教科文组织《保护非物质文化遗产公约》的决定；2005年3月，国务院办公厅下发了《关于加强我国非物质文化遗产保护工作的意见》；2005年12月，国务院颁布了《关于加强文化遗产保护的通知》。2006年5月20日，国务院批准公布了第一批国家级非物质文化遗产名录，其中包括518个项目，涉及758个保护单位。2006年6月10日，迎来了我国的第一个“文化遗产日”。从此以后，每年6月的第二个星期六，确立为我国的“文化遗产日”。2006年6月底，在联合国教科文组织《保护非物质文化遗产公约》首次缔约国大会上，我国入选保护非物质文化遗产政府间委员会。这些举措都表明了中国政府对保护非物质文化遗产的重视。而

① 陈放:《创意风暴》，北京，中国盲文出版社，2007，第4页。

② 严三九、王虎:《文化产业创意与策划》，上海，复旦大学出版社，2009，第247页。

且，各级政府及有关机构、民间社团、学术界和群众也积极参与，积极探索和实施富有成效的保护措施。非遗保护工作在全国逐步开展起来。

（二）非物质文化遗产保护的他国创意经验

法国文化部遗产司戈万先生认为，要说法国在遗产保护政策上的特点，那就是法国是世界上第一个制定现代遗产保护法的国家。法国大革命促使遗产保护思想产生。大革命中，宫殿被砸，教堂被毁，文化遗产受到不同程度的破坏。但有一个名叫格雷茹瓦的教士最早提出了保护遗产的建议。他说，摧毁祖先留下来、象征着我们文化的遗产的行为是十分愚蠢的。他的忠告被接受了。1793 年，《共和二年法令》问世，法令规定，不论哪一类艺术品，在法国的领土上都必须受到保护。这一法令使文化遗产在动荡的年代免遭浩劫。又经过近一个世纪的经验积累，一部具有划时代意义的遗产保护法诞生，这就是 1913 年 12 月 31 日通过的《保护历史古迹法》又称为《1913 年法》。它是世界上第一部保护文化遗产的现代法律。《1913 年法》这部法律规定了保护范围、申请保护的行政程序、享受的税收优惠等，这部法律内容全面细致，使有关的行政人员、专业保护人员都有章可循。1964 年，在文化部长马尔罗的主持下，法国对遗产进行了一次大规模的清点造册。仅国家登记入册的历史建筑遗产就有 4 万件。文化遗产的涵盖面更宽，总数远超过 4 万。目前这个数字还在增加，因为出现了两个新趋势：一是遗产的概念在扩展，人们想要保护的不限于宫殿、教堂，还扩展到百年老厂、矿井等；第二个趋势是遗产年轻化，20 世纪一些知名建筑师、时装设计师的作品也被列为文化遗产。有专家认为，这两个趋势表明在全球化背景下，人们渴望寻找民族文化身份认同，担心全球化潮流吞噬了民族特性，因此，凡是能够加强这种认同感的遗产都受到欢迎。

印度文保部门对文物的抢救和修复工作一贯秉承他们在 1932 年的原则，即“对古建筑残迹的修复，不论多么简单，第一责任不是修旧如新，而是保护残迹”，要尽一切努力保护原物。印度在文物保护，特别是国家重点保护的名胜古迹的保护和维修上相当成功，积累了许多有益的经验。第一，多方参与筹措经费。首先，建立国家文化基金会。国内外团体和公众在免税的情况下，通过基金会对特定或普遍的项目提供资金或捐赠。其次，鼓励本国私人企业参与保护和修复工作。最后，寻求国际合作。自 1977 年以来，印度一直是联合国教科文组织世界遗产保护工作的积极支持者，并与一些国际机构紧密合作。第二，先进的专业技术人才。印度有着一支技术比较先进的文物保存和修复队伍。早在 1917 年，“印度考古研究所”就设有化学处理处，负责博物馆展品和其他文物的化学处理和保存工作，分析研究古迹的材料来源和古迹损坏的原因，从而发现改善和保存它们的方法。经过他们的努力，印度考古界成功地应对了不同情况下不同原因造成的问题。第三，广大民众的支持。“人民的参与是最好的保障”。这是印度文物界对外宣传的一句口号。印度决定每年的 11 月 19 至 25 日为“世界遗产周”，每到此时，印度文物考古界就大力进行文保宣传，提高民众保护民族文化遗产的意识。近年来，民众文物保护意识在逐渐提高。在印度各地参观时发现，这里基本上没有在古迹上乱涂乱刻的现象。印度的古迹一般占地面积都比较大，但除了少量经允许的旅游纪念品商店和食品店之外，没有店铺泛滥的情况。在墨西哥，古代文化遗产是增强国家主权认同感、全体国民凝聚力的基本要素，保护和传播古文化遗产是国家的责任。墨西哥国家人类学和历史研究所及下属的文物保护单位，所需经费由国家出资，不靠门票收入。一些古迹区和博物馆有一个共同特点，就是门票便宜，还有各种优惠措施。墨西哥是个具有悠久历史的文明古国。墨西哥国家人类学和历史研究所是国家负责文物保护工作的最高也是唯一领导和管理机关，它有四大职能：对文物的保护、研究、传播和培养专业人员。因此，除下属的文物保护、研究机构，它还直接管理全国 172 处已经开放的文物考古区、110 家博物馆、1 家出版社、2 所文物保护专业学校。它向全国 32 个州级行政单位派驻代表，领导和管理地方的文物保护工作。这种管理体制的好处是具有权威性和唯一性。国家人类学和历史研究所依法统一领导、管理全国的文物保护工作，有职有权。墨西哥国家人类学和历史研究所在文物保护工作中做到“三个结合”。一是保护文物与扶贫结合。大多数文物古迹都位处偏僻贫困的农村地区。把文物保护工程同扶贫项目结合起来，吸收文物古迹所在地居民参加文物古遗保护工作，在保护文物古迹的同时，带动当地贫困人口脱贫致富。二是保护文物与合理利用结合。以保护文物为前提，开发以古文物遗址为主要内容的旅游项目，充分发挥古文化遗产的社会功能，同时促进旅游业发展。三是以国家为主，与公众结合。搞好文物保护，公众参与是一个重要方面。保护文物的观念在墨西哥公众中有比较广泛和深厚的基础。墨西哥有很多公众自发成立的保护文物古迹的组织和文物保护志愿者组织。

据联合国教科文组织统计，意大利保存着世界上 70% 的文物古迹，这就使意大利人不仅有一种特殊的优越感，而且也有很强的责任感，因为这些文物不仅属于意大利，而且属于全人类，保护好这些文物，就是对人类的最大贡献。

俗话说，“创业难，守业更难”。对于意大利来说，要将数千年的历史文化保护好，确实是一个沉重的负担。意大利文化部长的艺术顾问丹尼尔认为意大利在文物保护工作方面的成功来源于三个保证。一是政策保证。意大利将文物保护作为一项重要国策写入宪法。在《意大利共和国宪法》第九条中明确规定，意大利共和国负责对国家的艺术、历史遗产和景点进行保护。意大利的文物保护与其历史密切相关，在意大利统一之前，已经存在不少有关保护文物的规定。意大利统一后陆续出台了一系列有关文物保护的条例。1975 年，意大利政府正式组建文化遗产部，负责意大利的文物保护工作。在意大利，各个城市对于城区建筑管理相当严格，古老街道和建筑物不许随便改造，不仅外形不能变，就连外墙涂料及窗户颜色都要保持原样。二是经费保证。近几年来，意大利在文物保护经费保证方面做了不少努力。首先是每年大约 20 亿欧元的财政预算保证文物保护的经费开支。其次，自 1996 年以来，国家通过法律形式规定，将彩票收入的千分之八作为文物保护的资金。此外，意大利还在税收方面制定了一些有利于文化事业的政策。三是专门人才的保证。已有 60 多年历史的意大利文物保护中心是培养各种文物保护人才的基地。该中心根据文物保护工作的需要，开设有绘画、雕刻、纺织品修复等专业，学员不仅要学习有关的历史和技术知识，还要学习与工作关系密切的化工、物理、生物常识。该中心本身就担负着一些重点文物的保护和修复工作，这对于学生来讲既是理论课，又是实践课，通过动手可以理论联系实践。该中心还负责全国文物的跟踪与观察。除此之外，充分发挥自身的文物优势，提高居民的文物素质也十分重要。意大利文化部每年都要组织文化周活动，活动期间所有公立博物馆免费向公众开放。历史悠久的总统府、议会大厦也都定期向社会开放。各级学校还利用这些宝贵的文化遗产，对学生开展生动活泼的历史、文化、艺术教育。

（三）创意不能破坏文化遗产的原生性

民俗节日的流传不是因为历史的实有其事，也不是因为典籍的记录，而是因为民间传说和故事在民众中的流传，而之所以流传是因为那故事、那人物充满了人文魅力，具有感人的力量。如果分析中国四大民间节日——清明节、端午节、中秋节、重阳节，我们可以发现它们共同的诗意化品质及在传播中的各种艺术表达。在文化遗产保护中我们首先要懂得对其背后文化艺术内涵的解读，继而注意保护中的稳态维持，否则许多文化就要消失或者在过分的创意中遭到破坏。

尽管清明和端午都有纪念和缅怀的性质，甚至有学者也指出清明是祖先崇拜，有祭祀的功用，端午是对恶年恶月的警惕和祭拜，它们基本上没有娱乐的性质；中秋是庆祝秋收的节日，重阳是老人节，它们才具有真正的娱乐性。但我们必须看到传统节日在流传，甚至是穿越千年而来，其巨大的生命力就在于这四大节日的民间娱乐性质，这样的娱乐性体现在节日的仪式和丰富的内容表达上，在于民间朴素的智慧让一切影响生活甚至快乐的因素在仪式和娱乐活动中得到巧妙的禳解，具体说就是借助挂艾草、带香囊、吃粽子、赛龙舟等仪式巧妙地将一种怀念和忧伤通过吃或者竞技娱乐的形式释放，使民众获得极大的快乐。这是对诗人的纪念也是对诗意生活的巧妙创造，让所有的仪式和快乐找到其存在的理由，无论最早的端午节是否属于屈原，百姓和民间已经这样流传了千年，能让百姓由此获得放松是诗人的荣幸。同样清明节吃寒食，本也具有积极的意义。尽管是为了纪念和缅怀，我们仍能读到深沉的情感意义。那就是作为良臣，为了国家利益舍生忘死的精神气节，它已经成为一种象征，代表着民间对国家政治的温和想象，对统治者和清明政治的委婉的呼唤。同样，中秋节和重阳节的娱乐和喜庆意义更加明显，它们从一开始就具有全民娱乐的性质，在收获的时节表达感恩，在重阳爬山中表达对老人的祝福，这些活动借助吃月饼、喝菊花酒、拜月、登高望远等形式，完成的是对一个和谐家园的美好祝愿。人们在团聚和娱乐庆典中感受收获和秋高气爽以及生活的美好。

不论这四大节日的表现存在怎样的差异，具有怎样的全民娱乐性质，我们都不能忽视其根本，那就是在四大民间节日中支撑其世代相传的动力和源泉是中华民族的精神。“在民间文化中到处都蕴含着或洋溢着强烈的‘生生不息’和‘自强不息’的意识，而这才是中华民族的文化精神。‘生生不息’和‘自强不息’的意涵，表现于个体、家庭、家族、族群上，就是对生命意识的崇尚，说它是民间文化、民族文化之根，绝非夸张之论。失掉了自己的民间文化的民族，是可悲的民族。”[①] 清明节中，民间多数地区的重点在于对春秋时期一代良臣介子推的怀念，他身上体现出的为国为民、忠贞报国而淡泊名利的思想正是一种“自强不息”精神的典型写照。端午节，大多数地区会纪念诗人屈原或者大臣伍子胥，两者同为忠臣遭小人谗言陷害，最终都选择了以死殉国。他们身上体现出的国家利益高于一切和舍生忘死的精神同样是中华民族自强不息精神的一种突出表现，为国人所景仰和爱戴。中秋和重阳虽然没有成为某个英雄或者良将的专属，但通过拜月、登高的方式来表达对美好幸福的祝福，可以说是中华民族对国家集体利益的自觉维护。希望国泰民安人寿年丰的祝福，带有明显的对个体生命的尊重和崇拜，体现出极大的人文情怀，这也是对中华民族生生不息精神的人文表现。“在中国古代思想史上，由残民事神，到敬天保民，转而为重民轻天，乃至应天常，尽人事，神人地位的兴替，在汉字构形上留下深刻的印记。”[②]“重民轻天”思想恰恰是民间对生命的自觉意识，也是人文精神得以在四大民间传说中繁衍和延续的根本所在。“尤其是希腊、印度、中国这三大古老文明相对来说更强调人的地位、人的价值的人文精神。在中西文化的比较中，中国文化浓郁的人文精神是显而易见的。中国文化以伦理、政治为轴心，不甚追求自然之所以，缺乏神学宗教体系，无不体现了这样一种对待人生、世界的人文主义态度。”[③] 节日中的民生意识、人文情怀让我们在参与中理解了四大民间节日的“狂欢”精神。作为四大民间节日，尽管前两者有纪念的性质，但从总体上看，四大节日都具有明显的狂欢化色彩。各种丰富的节日活动，娱乐项目都将节日推向了快乐的高峰。“狂欢首先展示的是一种积健为雄、奋起抗争，向生命悲剧挑战的人生态度，弘扬的是以

---

① 刘锡诚：《非物质文化遗产的文化性质问题》，载《福建省社会主义学院学报》，2006（1）。

② 申小龙：《汉字人文精神》，南昌，江西教育出版社，1995，第106页。

③ 申小龙：《汉字人文精神》，南昌，江西教育出版社，1995，第111页。

饱满、旺盛的生命力量去征服生命悲剧的精神。林同济认为，'狂欢'是从'恐怖'中诞生的，同时又是'恐怖'的对立、否定和超越。他说：狂欢是恐怖的正对头，然而狂欢必生于恐怖，恐惧而后生死亡，而狂欢则是生命意识到自身无法回避的必然命运，对待生命悲剧命运的态度。"[①] 当这样理解时，我们似乎能够更确切地感受到四大民间传说的心理传播机制，那便是对死亡的恐惧和不安。生与死的永恒主题再次从四大节日中得到凸现。无论是清明节的寒食，端午节的粽子，中秋节的月饼，还是重阳节的菊花酒，我们发现这些节日无不与牵涉民生的食物有关，这些标志性的食物都有祭奠和祭祀的味道。有的用来祭奠亡灵（屈原、介子推、祖先），有的用来祭祀神仙（月神），这些节日的目的无非是借助亡灵或者神仙乞求平安和长寿，人类长久以来对生命延续的渴望在这些节日里得到了突出的表现。无论怎样，在怀有对生死的敬畏之心中，四大节日都会用"狂欢化"的仪式和内容表达民间对生死的超越和生生不息的信念。狂欢让人神换位，让加冕与祛冕的游戏在广场上大众间轮番表演，人间的悲喜交加在波折的游戏中得到诠释。

目前传统民间四大节日的传播正面临着诗意化丧失的局面。大多数人只知道这个节日，却缺少对此节日更深刻的认识和感受。甚至年轻一代基本上并不知道节日的来源和过节的意义。文化的内涵在节日传播中丧失殆尽。在这个大众文化消费的年代里，诗意的集体丧失成为一种通病。人们更注意到现实功利的需要，而缺少对诗意的自觉认识和把握。从艺术的角度去感受传统民间四大节日，大家完全能够体会到四大节日充满了诗情画意。清明踏青、荡秋千；端午赛龙舟、戴荷包；中秋赏月，喝酒欢宴；重阳登高望远，喝菊花酒吟重阳诗，我们的先人早就为四大节日准备了诗一般的形式和内容。然而长久以来对传统节日的忽略，让人们对节日的激情逐渐淡漠，这些都损害了传统节日的传播效果，以至于大多数年轻人只爱洋节而鄙视传统节日。

这一现象的出现当然与西方文化对中国文化的长期影响有关，同时也与国人对传统文化的传播缺少积极有效的措施有很大关系。一个民族的文化如果缺少传播的手段和创新的意识，尤其是在网络文化传播的年代，没有对某一事物独到的

① 郭国灿:《中国人文精神的重建》，长沙，湖南教育出版社，1992，第227-228页。

认识和传播方式，很快便会被滔滔洪水般的信息淹没。对此，传播者自身要加强对传统节日的认识力和感受力，在传播知识的同时能够培养学生和公众的兴趣，否则丰富多彩的节日文化在乏味和了无新意的解读中会更加败坏接受者的胃口。年轻一代对国家民族历史缺乏兴趣给传播带来了难度。年轻一代对传统认识的缺乏导致他们必然会对传统文化产生好奇心和求知欲，但受现代文化影响，他们往往又对传统文化产生不了热情。传统和现代的契合点是他们需要的，而传播者能否在传统和现代之间找到和年轻人沟通的渠道，决定了传播的成败。此外，内容产业的缺失导致传统节日在继承中缺少创意。四大民间节日经过国家政策的推进必然会推动国人对传统节日的认识和兴趣。“我们认识到，民俗是一个具有各种不同程度的重要性的习惯组成的巨大集合，覆盖了所有的生活利益，构成了对年轻后生的一整套教育材料，体现着一套生活策略，塑造着人的性格，包含着一种还很含蓄、还未被系统整理的世界观，并受到鬼灵崇拜的强化，以致不可改变；民俗总是靠那种强迫性的和制约性的力量支配着社会成员。”[①] 到了现代化发展的今天，中国的民间四大节日要想进一步发展，要想得到更多的国人的认识和理解，必然要接受来自国家政策的扶持和推动。当民间节日成为国家意志的同时，某巨大的生命力就会得到体现。但如果四大民间节日仍旧保持过去的内容，没有太多的项目去丰富节日，那么法定假期的空洞和乏味很快就会让传统节日受到更大的冷落。所以，发掘传统四大民间节日本身的文化内涵，创造更多符合节日习俗的内容产业，将成为继承和发展传统节日的关键所在。新的内容必须在传统节俗基础上进行延续和创新，更多大众娱乐和文化的内容需要公众在节日中消费和享受。“非物质文化遗产或民间文化，能够在如此漫长的历史中经历许许多多包括政治灾难和民族浩劫在内的劫难而不衰，而且在流传过程中因不断吸收新的因素（包括思想）、扬弃失效的或过时的因素而嬗变和更新，在民族或群体中获得生存和继续传袭下去的活力，它自身就包含着存在和发展的合理性。文化发展的规律显示，文化的发展只能是在继承传统的基础上积累式地递进，而不可能离开民族的既有的文化传统去‘创造’出一种‘新’的文化。”[②] 诚哉斯言。传统出新需要创意，所有的传统在新的时期如果没有新元素的加入，没有创意，那么早晚

① 刘锡诚：《非物质文化遗产的文化性质问题》，载《福建省社会主义学院学报》，2006（1）。

② 高丙中：《民俗文化与民俗生活》，北京，中国社会科学出版社，1994，第198页。

会成为僵死的传统。

比较四大民间节日的艺术精神我们会发现：前两者着重于纪念，并从纪念中获得快乐的传递；而后两者纯粹是庆贺，在庆贺中表达全民狂欢的心情。前者在从世代的流传中诗意丧失，需要积极发现并让其浪漫和诗意的性质得到彰显，让年轻一代在体验和感受中获得对传统的了解和热爱；后者在世代的流传中因为本身的诗意品质得到不断延续，团圆和喜庆的性质也得到了很好的发扬，但还需要增添更多的内容，丰富节日的内涵。而传统文化、传统节日走向现代化已经成为必然趋势。“走向现代化是一个不可逆转的历史过程，同时也是一个世俗化的过程。但是这并不意味着以精神价值作为祭品而走向堕落是合理合法的，更不意味着‘文以载道’一定要被‘文以载欲’取代。韦伯百年前曾揭示‘现代化’社会面临一个形式合理化而实际不合理的境地，人被物的世界所异化。将现实现代化所必须付出的‘代价’降到最低，适应现代化而又超越现代化，是现代社会终极价值两个不可或缺的特质。经济的现代化不能脱离政治、法律、文化、道德的现代化，尤其不能脱离教育的现代化和人的现代化。”① 中国四大民间节日在保持自己浓厚的文化底蕴的同时，以丰富精彩的内容吸引人，成为继续传播的生命线。而这些内容需要现代创新意识的加入。昆曲青春版《牡丹亭》的成功，以及昆曲艺术借助现代的审美理念和创新带来的新的生机都为我们的民间艺术、民间节日的发展和创新提供了很好的启示。在传统节日精神内核不变的情况下，如何用更加吸引眼球的手段让大众在节日中消费文化，让节日更深入人心成为非遗工作应该思考的问题。另外国内首部动画偶像剧《梁祝》的成功也为传统文化产业化发展找到了思路。让传统和现代结合，让传统更适应当今消费者的心理，在不失去传统优秀元素的同时积极拓展传统的生存视野，这将是非遗保护的正途。

三、中国乡民艺术的精神镜像分析及其创意保护

中国的乡民艺术在当代强势文化面前显得乏力和停滞。在政府行为的干预和保护下，它们正渐渐重新为民众认识。知识分子不仅是文化的守望者，不能只表

① 王岳川:《中国镜像：90年代文化研究》，北京，中央编译出版社，2001，第83页。

现出对传统文化的叹惋和无奈，更多的应该积极参与到挽救和发展传统化中。回顾百年乡民艺术的研究，诚如张士闪所言：“20世纪的中国乡民艺术研究，从1920年代的骤起波澜，到1950年代以后的云谲波诡，再到1980年代以降的峰回路转，乡民艺术经历了一个被抽象化、工具化、符号化然后返归乡土语境的过程。”[①] 他看到的是乡民艺术在历史价值范畴中的波动和螺旋性的发展过程。而如果我们从审美价值范畴去审视乡民艺术在中国百姓生活中的作用，把目光聚焦于乡民本身作为创作主体的内心世界和精神追求时，乡民艺术的艺术功利性表达就得到了凸现。那些流传并在日常生活处处可见的乡民艺术构成了普通百姓的生活历史甚至成为他们日常生活的一部分。而正是从这些鲜明的艺术活动中，我们能看到构成历史的三大元素——文化、经济、政治在乡民内心的表达和理解。由此我们可以得到一个大致不差的结论：乡民艺术的最大特点即是日常生活的审美化，而理解乡民艺术的功能恰应从它的日常实用性入手。“存在于日常生活之中的乡民艺术，既具有一定的现实功用，又具有超越现实的艺术审美的意义，而这种超越却始终未曾脱离生活的日常性。或者说，它能够在日常生活中呈现出最朴素的意义，同时又蕴含着超越现实的无数可能，这其实是理解乡民艺术的关键之处。”[②] 此言极是。

构成日常生活必不可少的中国少数民族吉祥物，是中华民族吉祥物的重要组成部分。各民族有许多共有的吉祥物。汉族的一些吉祥图案，受到许多少数民族喜爱，一些少数民族的吉祥图案也被汉族吸收。汉族和少数民族吉祥物既有同一性，也有差异性。我国的少数民族有自己创造的吉祥物，是本民族象征文化的集中体现，展现出各民族文化的特质。“比如一些民族有影响的代表性吉祥物，是由图腾崇拜演变而来的，如柯尔克孜族的白鹿、羌族的羊头、白族的金鸡、哈萨克族的白天鹅、畲族的凤凰、黎族和壮族的青蛙、苗族的蝴蝶、塔吉克族的山鹰、拉祜族和佤族的葫芦，等等。”[③] 有论者以为汉民族的十二生肖有可能是受到少数民族吉祥物的影响，不是没有道理。其实从十二生肖里我们已经看到了先民

---

① 张士闪：《从参与民族国家建构到返归乡土语境——评20世纪的中国乡民艺术研究》，载《文史哲》，2007（3）。

② 同上。

③ 祁庆富：《试论中国少数民族吉祥物》，载《中央民族大学学报：哲学与社会版》，2000（4）。

对动物的喜爱，而每一个生肖都成为人们当年心目中的吉祥物，尤其是在经济发展的今天，在传统年节越来越淡薄的今天，生肖仍旧成为华人心目中的吉祥物的代表似乎可以说明一个道理，那就是吉祥文化对人们潜移默化的作用。每一个生肖几乎成为人自身对各自属年的记忆，因为对自身的关注而关注其生肖，并因此将祝福和吉祥灌注于生肖，这时候，生肖已经成为主体自身的象征物，人们从这个生肖物身上看到了自己，并且找到某种一致和暗示。这正表明了来自民间的风俗因其潜移默化的影响造成的人群“焦虑”，出于对未来不可知命运的恐慌，对不可抗拒力的精神缓解，民间的智慧通过吉祥物的情感寄托，巧妙化解内心的恐慌。这或许与民间仪式中的禳解有异曲同工之妙。而十二生肖活泼可爱充满人性化的形象也艺术地传达了人们对吉祥美好的主观诉求。

这也正好印证了柯林伍德的“精神镜像”理论，他认为认识到自身正是自我认知心灵的时刻，发现并不存在形成镜像的基础，即所谓主客体的区分，因为这一区分正是来自心灵本身的认识能力。它是心灵为自己制造的一种幻象，而包含着区域划分的知识地图也是一种虚构，因为从根本上而言，各种知识形式都是同一的，都是精神对自我的认识，或者说是不同程度的哲学。正是远古先民们对自己命运的无从把握，他们找到了自然界中可以依托的动物作为想象中可以寻求依靠和保护的神灵，从而将之幻化为自己部落或者村落的图腾。而那些所谓的生肖或者图腾也成为认识自我的一个对应物，主体将自身的认识投射到那里，试图从那里得到对自己的启示，即所谓的“镜子的镜子”。

关于十二生肖的吉祥活动几乎贯穿了乡民的日常生计。如果从十二生肖中抽取一个动物，恐怕最能代表吉祥文化的莫过于“龙”。在山东武梁祠中有一个细节是关于对神农的描述：神农龙颜。“龙颜”据唐段成式《酉阳杂俎·鳞介篇》记载这是龙头上的一物，如博山，龙无尺木不能升天。也就是说龙的魔力集中在它的额头，有了龙头上的颜，神农就能有像龙一样的魔力，这也可能与龙图腾有关系。古籍中描写黄帝、尧、舜、文王等肖像都有龙颜，到后来描写帝王时，比如汉高祖刘邦也说有龙颜。这也许是老百姓对统治者的崇拜，也同时映射了百姓对龙图腾的崇拜心理。在他们看来龙是天上的神物，故可以保佑他们的太平。李西建先生在文章中指出：在中华民族审美意识的发育与形成过程中，原始的图腾崇拜构成了极其重要的遗传机制和母体作用，是构成民族审美意识的古老原型。中国原始文化有丰富的图腾崇拜，尤以龙、凤和火崇拜，对民族审美意识的影响最为突出。从文化—符号学的角度分析，中华美学中的崇高范畴，其原始意象源于远古的龙崇拜，由语义转化进而产生“大”“全”“无极”“无穷”“雄浑”和“阳刚”等概念①。而就这些概念所反映的内容看，无不表现出远古先民对吉祥的追求，他们试图从龙的身上获得伟大的力量，得到赐福和护佑。而这样一种具有特殊意象的原始图腾的标志，无疑反映出先民对一种强大生命力量的内心热望和渴求，从精神分析的角度看，那正是主体自身在认识到自身的缺憾而无力解决时的一种强力崇拜，希望有这样一种神奇而庄严的吉祥物能够满足自身的要求，所以，精神的需要诞生了“龙”，或者确切地说是先民潜意识中的“求吉”“趋福”意识诞生了具有极大吉祥意象的“龙”。

“龙”的吉祥文化观念深入人心。最常见的恐怕就是“二龙戏珠”的图案了。按照学者朱年的阐释就是：二条龙与一颗龙珠（寓意：吉祥珍贵）。龙为中华图腾产物。在中华大地，龙为神灵之精、四灵之长。尤其作为祈雨避邪的神灵而象征吉祥；龙珠则是民间传说中的珍宝，可避水火，象征珍贵②。其实从这里我们似乎可以看到中国吉祥文化中对“象征”这样修辞手法的使用，而这样的使用其实也正反映出当时人们的一种思维模式和艺术表现手段。这样的思维方式从儿童身上最能得到反映。因为儿童思维最接近艺术，“儿童期的艺术、宗教和科学，都带有艺术的幻想色彩，青春期的艺术、宗教和科学都带有宗教热情和虔诚的特征；成年期的艺术、宗教和科学则由于思想上的稳定的沉思而得到统一。”③我们可以将人类的早年当作中华民族发展中的童年时代，因为对怪异事物的好奇和恐惧产生崇拜，进而将它作为整个部落的图腾崇拜，到后来将它作为一种求取吉祥和保护的神而加以供奉。况且在那个人类的童年时代缺少理性和科学的判断，将这样一种沿革传承到现在是一种必然，分析这样的求吉趋福心理，其实就是对过去人类思维方式的解答。有论者认为：人们常将“龙”这个神异吉祥物，用于日常生活中作意象性的企求与祝愿。其表现形式，也就是应用手段，主要有五种：

① 李西建：《原始图腾与民族审美意识》，载《文艺研究》，1997（1）。

② 朱年：《苏南泥塑意象图式的民俗意蕴及其渊源》，载《苏州铁道师范学院学报（社科版）》，2001（1）。

③ 柯林伍德：《精神镜像》，桂林，广西师范大学出版社，2006，第40页。

一是词以“龙”制；二是人以“龙”名；三是物以“龙”称；四是物以“龙”形；五是事以“龙”兆[①]。比如龙子、龙女、龙光、龙门、龙虎、龙飞（赞人升官和得志）、龙宫（赞别人的房子）、龙孙（赞别人后代）、龙驹（喻赞聪颖的儿童）、龙头（赞人的学识和地位）。这些常用的吉祥话都包含了先民思想中对龙的崇拜和趋祥求福的心理，同时也包含着人们对富足生活和权力的向往和追求，这符合老百姓长期以来对功名利禄的俗常心理。所以，中国封建王朝中长期实行的科举制度从民俗学的角度看，也是人们长期以来集体无意识的日常显现。求吉和求取功名几乎合而为一，似乎在求功名的同时得了吉祥。这从词以“龙”制的乡民行为中得到了反映，而这样的镜像必然导向主观感情，我们可以充分体会到主体自身对“吉祥”的渴求，其“镜像”中的求利求功名的结果其实也反映了求吉的最终目的。

舞龙也是一种流传久远的乡民艺术形式。这样的一种类乎广场文化的民间风俗，也充分反映出民间对“龙”这种吉祥文化的深切爱戴。“儿童和野蛮人的幻想，各种精灵和动物，都是文明人的漂亮的玩具，这些文明人经过长期的教育已经认识到它们只是想象出来的，但是在孩子和野蛮人看来，一定程度上甚至在今天英国乡下人看来，它们都是一群可怕的事物，有着巫术的凶险和邪恶。”[②]龙之所以最终成为百姓吉祥物，是因为先民对自然万物的无知后的想象杂糅，是主体精神的焦虑产物，导致生理性恐惧，因为对自然认识的缺失，使得还在人类童年的思维方式将未知事物幻化为无所不能的神，并借助趋吉避祸的乡民意愿和朴素的灵感，使其具有吉祥的力量，从而完成了一场化险为夷的设计。这同其他丑类吉祥物，如蝙蝠、蟾蜍等在乡民眼中成功成为流行吉祥符号殊途同归。在相似的精神镜像之后，袒露的无疑是民族性的集体潜意识，即对吉祥的整体追求。

在民俗学者心目中，乡民艺术中的年画民俗也带有明显的吉祥追求。如果分析一下年画我们至少可以得到关于年节的两层意蕴，“年”是五谷丰登、庄稼丰收的象征，又是需要特别防范一种叫“年”的凶恶怪兽的时节。这种悖论性的思考方式正好对应了木版年画中喜庆吉祥画与神像画两大类别的缘起。而正是这样

① 宁业高、夏国珍:《龙年话龙》，见《中国吉祥文化漫谈》，北京，中央民族大学出版社，1999，第27页。

② 柯林伍德:《精神镜像》，桂林，广西师范大学出版社，2006，第63页。

的悖论思维让乡民在面对命运和大自然时的无奈昭然若揭，解决问题的办法便是：一方面让内心对世界的期盼得到吉祥的描述，另一方面就是将对灾难和祸祟的恐惧化为艺术的巫术仪式，让众多神仙保护门户，保佑平安。同样类似的思维方式可以从传统民俗年画《老鼠嫁女》中得到答案：尽管不同的地方关于老鼠嫁女的描述略有不同，但都是场面宏大，喜庆有余，充分表现了百姓对嫁女的幸福生活场面的向往和祝福。另一方面，对祸祟的恐惧和不安又让人们在巧妙的创作中揉入创作主体的巫术仪式般的符咒："花黄猫"。送灾出门、嫁祸出外的潜在意识也因此得到艺术的表达和体现。所以年画背后的集体无意识准确地表现出乡民对祥瑞的热切追求和对灾难的智慧性化解，艺术成为化解的良方。从这个意义上说，吉祥意识和趋吉避祸意识实在是艺术的一种疗救方式，乡民在无奈的命运面前选择的精神胜利换得的是集体的狂欢和焦虑的释放。

因为乡民艺术是一种带有强烈主观色彩的现象，又是一种历史概念，它会随着人们审美观念的变化而变化，而非一成不变。"在某一时期，某一事物是吉祥的象征，然而到了另一时期，这一事物可能会改变其吉祥之性质，成为普通事物，甚至会走向极端，成为不祥之物。反之，一些原本不吉祥的东西，由于人们观念的改变，而成为吉祥的事物，同样亦不胜枚举。"① 这种选择的趋势告诉我们，无论什么乡民艺术都是主体的人决定的。所以所有的乡民艺术多少都带着人类的主观愿望和色彩。

随着时代的发展，乡民艺术也开始有了新的变化和发展。一类是赶上特殊时期，重新焕发出活力的文化。中国结是个典型的例子。由于年代久远，其历史贯穿于人类始终，漫长的文化沉淀使得中国结渗透着中华民族特有的，纯粹的文化精髓，有着丰富的文化底蕴。"绳"与"神"谐音，中国文化在形成阶段，曾经崇拜过绳子。又因绳像盘曲的蛇龙，中国人是龙的传人，龙神的形象，在史前时代，是用绳结的变化来体现的。"结"字也是一个表示力量、和谐，充满情感的字眼，无论是结合、结交、结缘、团结、结果，还是结发夫妻，永结同心，"结"给人的都是一种团圆、亲密、温馨的美感。"结"与"吉"谐音，"吉"有着丰富多彩的内容，福、禄、寿、禧、财、安、康无一不属于吉的范畴。"吉"是人类

① 徐华龙：《中国吉祥文化论》，载《广西民族学院学报（哲社版）》，1999（2）。

永恒的追求主题，“绳结”这种具有生命力的民间技艺也就自然作为中国传统文化的精髓，兴盛长远，流传至今。但这种吉祥文化如果没有赶上香港回归和澳门回归的重大事件，并通过这些重大事件而赋予这种传统工艺一种祖国统一民族富强的政治寓意，它恐怕也要泯灭于民间。

另一类是本来不属于特别的乡民艺术，经过社会的宣传和赋予特殊的历史意义而出现新的吉祥意义，最为耀眼的莫过于奥运福娃意象。福娃是2008年北京奥运会吉祥物，其色彩与灵感来源于奥林匹克五环、来源于中国辽阔的山川大地、江河湖海和人们喜爱的动物形象。福娃向世界各地的孩子们传递友谊、和平、积极进取的精神和人与自然和谐相处的美好愿望。福娃是五个可爱的亲密小伙伴，他们的造型融入了鱼、大熊猫、奥林匹克圣火、藏羚羊以及燕子的形象。贝贝传递的祝福是繁荣。在中国传统文化艺术中，“鱼”和“水”的图案是繁荣与收获的象征，人们用“鲤鱼跳龙门”寓意事业有成和梦想的实现，“鱼”还有吉庆有余、年年有余的意味。晶晶是一只憨态可掬的大熊猫，无论走到哪里都会带给人们欢乐。作为中国国宝，大熊猫深得世界人民的喜爱。他来自广袤的森林，象征着人与自然的和谐共存。欢欢是福娃中的大哥哥。他是一个火娃娃，象征奥林匹克圣火。欢欢是运动激情的化身，他将激情散播世界，传递更快、更高、更强的奥林匹克精神。欢欢所到之处，洋溢着北京对世界的热情。迎迎是一只机敏灵活、驰骋如飞的藏羚羊，他来自中国辽阔的西部大地，将健康的美好祝福传向世界。迎迎是青藏高原特有的野生动物藏羚羊，是绿色奥运的展现。妮妮来自天空，是一只展翅飞翔的燕子，其造型创意来自北京传统的沙燕风筝。“燕”还代表燕京（古代北京的称谓）。妮妮把春天和喜悦带给人们，飞过之处播撒“祝您好运”的美好祝福。这样的设计可谓别具匠心，同时也从中国百姓的乡民艺术中吸取了营养，符合中国人对吉祥永无止境的追求心理，和对奥运的美好期盼。

由此，我们可以看出，中国的乡民艺术源远流长，它从图腾崇拜里来，走过了人类漫长的历史，将长期以来民族趋吉求福的心理在民俗活动中形象而生动地展现出来，而且深深地渗透到百姓的日常生活中，并在当代社会的发展中随着人们的观念的变化、社会的发展而不断地变化。新民俗会不断产生，新的吉祥文化也会不断出现。巴赫金说过：“人的思想从来都不只是反映，它力图了解客体的存在，而且同时反映认识主体的存在，反映主体的具体的社会存在。”[①] 依照此话，笔者对乡民艺术进行大胆的概括：那就是乡民艺术从来都不只是反映，它力图展示主体的存在，通过客体表现出主体的情思，那可以代表着一个民族的集体潜意识，也就是一个民族的精神镜像，同时强大的有生命力的乡民艺术甚至会成为民族的传统，成为民族性格的一部分，而且通过艺术的方式存在于我们的日常生活中。从某种意义上说：乡民艺术就是日常生活审美化的典范。

① 钱中文:《巴赫金全集》，石家庄，河北教育出版社，1998，第 396 页。

第十一讲　挽留乡愁 保护村落

一、保护传统村落是为了留住农耕文明

我国对历史文化名城的保护早在20世纪50年代就已经开始，而真正对传统村落进行保护还是20世纪90年代才开始的事情，进入21世纪后，我国先后分五批将181个建制镇和169个村庄公布为中国历史文化名镇、名村。虽然有了上述一些村落受到保护，但比较起我国广大而丰富的乡村资源，我们保护的力度和数量远远不够，而且作为历史文化名村镇保护的许多地方大多关注了其物质文化遗产的部分，对村落非物质文化遗产的关注不多，因此许多的村落文化遗产遭受着因为社会转型而带来的巨大破坏。中国广大的民间文化就存在于民间，村落几乎是中国非物质文化遗产生存的最后屏障，如果村落没有了，那么丰富的非物质文化遗产如何继续生存下去是个严峻的问题。而且非物质遗产如果失去对其生存空间的保护本身也是不完善的。冯骥才先生早在2006年4月27日的《古村落是最大的文化遗产》一文中就指出："古村落不是一成不变的。需要注入现代科技的生活含量，也需要改建甚至重建。新建和重建的关系主要是注意文脉上的联系，要注重原汁原味。我们讲原汁原味，实际就是历史的真实性。历史的局限性就是历史的真实性，历史的局限性就是历史的美。"他那时候已经看到了新农村运动可能对传统村落造成破坏，他提出了保持乡村的历史真实性的问题。这给当时的村落保护提供了一条思路。也正是在这篇文章中他提出了古村落保护在所有文化遗产里，"不管是物质的还是非物质的，古村落这个遗产是最大的。第一，它悠久而博大。历史地看，我们的城市基本上都是从村庄式的小聚落发展起来

的。第二，在农耕时代每一个村落都是一个基本的社会单元，也是一个文化的容器。第三，我们的古村落不仅有它的历史文化价值、研究价值、见证价值、学术价值、审美价值、欣赏价值等多方面的价值，最重要的一个价值是它的精神价值。我必须大声说的是，我们中华民族文化的多样性在农村；文化的根在农村；非物质文化遗产主要在农村；少数民族的文化全部在农村。无论从规模、内涵还是价值来讲，古村落是我们中华民族最大的文化遗产。"[①] 随着时间的推移，在对非物质文化遗产保护工作进行了近 10 年的今天，行走在一线的保护工作者发现，非物质文化遗产保护工作的历史环境已经发生了变化，"非遗后时代"给非物质文化遗产保护工作提出了严峻的考验。如果任民间文化赖以生存的传统村落继续衰败下去，我们的非物质文化遗产保护工作将面临前所未有的危机。而且在 2006 年和 2007 年的政协会议上，冯骥才先生先后提出两个提案：《关于规划新农村建设要提前注重文化保护问题的提案》《关于建议重要的古村镇抓紧建立小型博物馆的提案》，在提案中他意识到古村落或者传统村落可能遭受到的命运，尤其是其中文化遗产保护的艰巨性。2011 年 9 月 6 日上午举行的纪念中央文史研究馆成立 60 周年座谈会上，国务院总理温家宝同一直致力于民俗文化研究的国务院参事冯骥才共同对话古村落保护问题，冯骥才先生关于紧急抢救和保护传统村落的呼吁得到了总理的高度重视，2012 年 4 月 16 日国家三部一局发布《关于开展传统村落调查的通知》。

那么什么样的传统村落是值得保护的，该怎样保护？冯骥才先生经过长时间的田野考察做出了自己的回答。他认为关于古村落或者传统村落的标准有四条。第一个，有悠久的历史，而且这个历史都被村落记忆着；第二个，就是应该有一个较完整的规划体系。比如较完整的村貌、建筑、街道以及庙宇、戏台、桥梁、水井、碑石等等，这些应该是一个基本完整的体系；第三，应该有比较深厚的非物质的文化遗存。包括各种民俗、民间文学、民间艺术等等；第四，有鲜明的地域特色，有它的独特性。独特性就是不可替代性，具有不可替代的价值。如果按这些标准确定是古村落了，就一定要保护，绝对不能破坏，这是原则[①]。这个标准基本上涵盖了传统村落的重要价值：历史文化价值、审美价值，重要的是过去

① 冯骥才：《古村落是最大的文化遗产》，见《灵魂不能下跪》，银川，宁夏人民出版社，2007。

的“古村落”保护着重村落的文物保护价值，这次的传统村落扩大其非物质文化遗产价值，也是为了防止在对村落进行保护中导致村落的“空巢化”现象[①]。因为中国的传统村落千姿百态，要想对每一个地方的传统村落采用统一的保护方法是不科学的。所以，需要政府和专家学者经常亲临现场，掌握当地的实际情况进行调研，从而为当地规划出切实可行的保护措施。“后沟古村位于山西晋中市榆次区东赵乡，因浓缩了黄土旱塬农耕文明的传统，保存了中国北方汉民族自给自足的传统文明，2005 年成为中国民间文化遗产抢救工程、古村落调查保护示范基地。经中国文联副主席、中国民协主席冯骥才的调查和奔走呼吁，特别是后沟古村被确定为中国民间文化遗产抢救工程唯一的古村落调查范本后，这里逐渐蜚声海内外。”[②] 经过学者和政府的合力，一个几乎被遗忘的村落获得了新生，这就是一个成功的典范。而后沟村保护的经验也同时启发我们，实地考察和科学规划的重要性。在对山西传统村落的走访中，冯骥才针对山西晋城地区的传统村落又给出了不同的思路。冯骥才在对晋城皇城相府、郭峪古城、上庄古城、砥洎城的现场进行考察后认为：皇城相府是通过一个传统村落进行开发利用的，它本是清代康熙年间名相、文渊阁大学士、《康熙字典》总编纂陈廷敬的故居，当地政府在将原有村民迁出后，进行旅游景区的开发，充分挖掘这里原有的历史文化和民俗内容，吸引了游客，既解决了村民的就业，同时也让村民更加爱护自己的村落，热爱自己的文化，形成了全村人对自己村落历史文化的自豪感，这是一处保护和利用非常成功的传统村落。而且这里建筑风格独特，充满了传奇色彩，建筑大多是明清古建，石柱、石雕、砖雕、木雕、牌楼都保护完好，特别是豫楼、河山楼无论文物价值还是其中蕴含的非物质文化遗产价值都非常高。上庄村是明代吏部尚书王国光的故居，同样具有很高的历史文化价值，但村落在保护和利用方面缺少方法，目前有些地方已经出现明显的损伤和危情。冯骥才先生认为这类传统村落属于有很好的资源却缺乏保护方法和力度的一类。只要科学论证，全面整

① 冯骥才在《文化空巢及其对策》一文中指出：在我们为那些不知不觉就会被推土机推去的古村落与城市的历史街区心怀忧患之时，是否知道它们已经出现了可怕的“文化空巢”？这些历史形态犹存的村落与街区，远远看去，似是不错，古建筑一幢幢优美地立在那里，可是如果穿门入户就会发现，历史只是在它的躯壳上，并不在其中。里边的家具什物早都面目全非，看不到任何地域特色和文化细节。历史内含已然不存。

② 王学涛：《山西后沟古村：古村落保护的喜与忧》，新华每日电讯，2012 年 3 月 26 日，第 7 版。

体规划，传统村落的价值会让更多的村民们受惠。他提出在发展旅游中，要结合实际，发挥优势，与周边景区相衔接，相互搭台唱戏，互为促进，相得益彰。皇城相府用自己的智慧保住了自己祖先的遗产，也走出了一条健康发展之路。

另一个传统村落可以位于晋城市泽州县山河镇洞八岭村的谢家大院为例。冯骥才仔细察看了谢家大院珍贵的明清风格建筑，详细了解当地的民俗民情和悠久的历史文化。尽管当地的民间文化工作者满怀豪情想通过呼吁获得政府的关注和投资，恢复谢家大院过去的繁华，但大院里存留下的具有历史文化价值的文物的确已经不多。谢家大院建于明末清初。过去村中 19 个古院建筑群落，形成一套严密的防御网络体系，各院都体现了内外有别、长幼有序的伦理道德观念，层楼叠院，错落有致，集古代传统民居、庙院宗祠、书院学堂、防御工事于一体，建筑风格独特。然而经过抗日战火，谢家大院被破坏得很严重，已经无法修复，即便勉强修复也不可能复现原本的风貌，况且很多文物都已被文物贩子盗走，目前村中也只剩下十户人家。针对这种曾经在历史上有过较大文化价值的遗存，冯骥才认为其也有利用价值。他认为可以建立一所"古村落消亡博物馆"，"谢家大院几乎已成为废墟，但这废墟有一种苍凉美。可能很多人看不出这种苍凉美，只觉得是一堆破房子。可是破房子跟破房子是不一样的，有的东西残破得有历史感，就像断臂的维纳斯。谢家大院就有这样一种特别的美，而且它还有历史的见证意义"[①]。在外围以非常现代的建筑语言把谢家大院围起来，里面原封不动地保留其废墟状态，任其中的建筑在岁月中倒塌，让人们看到一个村落在时间中消失的过程和现场。

经过对山西、河北、天津、福建等地区的数十个传统村落的田野调查，发现这些目前保护下来的传统村落已经形成了几种比较典型的保护模式，这些模式可以根据各地的不同情况在传统村落保护工作中推广。但这些模式也存在一些问题，如何解决这些问题，使得传统村落保护工作持续而长久，富有实效，还需要科学的保护原则作为指导。保护传统村落的目的除了保护农耕文明的最后堡垒，其中保留下的中国传统文化，还有其中重要的非物质文化遗产。传统村落没有了，生存其中的非物质文化遗产必然会消亡。

① 根据 2012 年 4 月 5 日与冯骥才先生一同进行田野作业时的现场录音整理。

我们必须要有这样的理念：农耕文明是人类文明重要的组成部分，不是说工业文明发达了，农耕文明就必然要消失，而是在工业文明发展中并存，并得到进一步的发展。这是人类共享文明成果的必然选择。

中国传统村落在城镇化建设的大潮中，首当其冲地将受到严峻考验。而中国住房城乡建设部、文化部、国家文物局、财政部早在2012年4月16日下发关于开展传统村落调查的通知，自2012年以来国家已经先后正式公布了四批传统村落名录，共计近5000个村落受到保护。怎样才能真正在城市化进程不断加快的今天让传统村落受到保护？全国各地已经有了一些比较典型的案例，而且这些案例各有利弊，对它们的分析可能会对正在进行的传统村落保护工作有一定的启发。

（一）政府和公司联合开发创造保护的理想模式

山西省晋中市介休市龙凤镇张壁村是进入中国传统村落名录的一个村落。2009年当地政府和山西凯嘉张壁古堡生态旅游有限公司签订协议，联合开发张壁村。公司进驻以后和当地村民达成了协议，在离原村不超过200米处又新建了一个村落，全部的二层小楼，实行物业化管理，小区环境和居住条件得到完善，目前大多数村民都已经住进了新村。公司在政府指导下的联合经营给整个张壁古堡村的保护带来了变化。原来村民都住在村子里，公司要进行整体维修总和村民们难以达成最终的协议，村落整体保护工作迟迟无法正常进行。此前整个张壁古堡村的旅游人数一年不足万人，村子的卫生条件非常糟糕，一些老屋因为年久失修到了坍塌的边缘。经过公司化运作后，村子的整体保护交给了公司，村民们搬到新村居住，公司根据保护规划对村子进行了修缮和维护，石头的街道卫生有专门的物业管理，水电都埋设到了地下，保持了村貌的干净整齐，经过大规模的宣传，每年来此旅游的人数也在不断增加。

由政府和公司共同经营，在老村附近另建新村，这是一个保护的基本模式。它实现了村民对现代文明生活的共享，使得多数农民就地成为产业工人，参与公司的日常管理，物业和导游的工作岗位大多由当地村民担当。还有一些农民干脆白天到县城打工，晚上回来居住。对于村民来说，他们每年的收入得到了提高，生活条件也得到很大改善。此外，利用自有资源发展旅游，让村民感受到了文化遗产带给他们的好处。

这种保护和开发模式最重要和宝贵的经验在于，村民们虽然搬离了原来居住的古堡，但由于是整村的搬迁，而且离原来的居住地不远，村民们除了居住环境有了变化，生活习俗以及靠亲缘、血缘、地缘结合起来的情谊和风俗大多完好保存着，街坊邻居们仍旧居在一个大院里，人气不散。传统村落保护中最令人担心的问题恰恰是因为搬迁，导致村民们散居各处，祖辈传承的文化传统也会因人气问题而消失，张壁古堡目前不存在这个问题。到了一些重要的节日，村民们仍旧要到固定的集市或者到附近的绵山赶庙会。“马克思首先认为文化遗产是一种既得的生产力。马克思曾经指出：每一代都利用以前各代遗留下来的材料、资金和生产力。这是就人们的积极态度而言的，就传统对人的制约讲，他指出，人们不能自由地选择生产力。”① 作为一座有很久历史的传统村落，它们积存的历史文化记忆和遗产已经成为一个地域文化的珍宝，在保护和利用时的科学性显得尤为重要。

搬迁带来的影响也很明显。从两类人群中可以看到两种不同态度：老年的村民过去习惯于土地给他们带来的安稳感。失去土地后，任何用品都需要花钱。年轻人喜欢现在的居住环境和生活方式，他们几乎都出外谋生，每月都有固定收入，感觉自己和城市人的生活差距在缩小。从一个上千年的古老的古堡变为一个旅游景点，村民们成了古堡保护和利用者。事实也证明，最初坚决反对将村民迁出的专家的想法是有偏颇的，整体搬迁并没有将村落的传统文化丢失，村落也没有成为废墟。作为村落保护实践的一部分，张壁古堡的保护和利用是否具有可持续性，还需要科学的跟踪调查，为以后的类似的传统村落保护提供思路。

（二）政府 + 公司 + 农户联营式引发更多后续问题

山西晋中市榆次区东赵乡后沟村是 2005 年 9 月 9 日由中国民间文艺家协会挂牌的“中国民间文化遗产抢救工程——后沟古村落调查保护示范基地”，这个村获得了“中国最具旅游价值古村落”“山西历史文化名村”等称号。这个村的

---

① 鲍展斌:《文化遗产哲思：马克思主义文化遗产观研究》，杭州，浙江大学出版社，2008，第 1 页。

保护模式经过了好几次的变化。据村委书记张春贵介绍：后沟最初由政府开发，曾先后投入 2600 万元进行古建筑修复，村庄旅游业一度兴旺，日接待游客两千余人，餐饮住宿年收入达到 100 多万元。主要官员调离后，后面的官员不愿意延续前任官员的政绩，政府投资取消。2007 年至今，改为由某集团下属的后沟村文化旅游开发有限公司的经营项目，采取股份制合作方式运作，导致旅游收入大幅下跌，村民们的收益大为减少[①]。原因很明显，没有了政府的直接支持，公款旅游和会议消费少了，旅游规模和消费水平大大降低。更为致命的是，由于公司和村委会在门票收入分配中发生了纠纷，村民的利益受到损害，村民一度要求公司撤离，在由此带来的公司员工和村民矛盾冲突时有发生。后沟村经营农家乐的家庭纷纷关门歇业，大批青壮年到城市打工。由于缺少了资金，村中一些文物古迹的修缮也受到了影响。目前公司和后沟村重新达成协议，正准备对后沟进行长期保护和利用，但经营者认为需要比较长的时间才能将后沟村的旅游重兴。古村旅游毕竟不如城市里时尚的旅游景区，游客因为交通和住宿环境的限制到这里进行消费的比较少，而村民因为门票收入达不到预计的设想，对村庄的管理和维护也缺少了热情。村民张丕莲说："农家乐"并不是所有人家都赚钱，位置好的农家，接待人数比较多，每年收入 3~10 万元。一些位置较偏僻的农家，往往生意萧条，如张丕莲家（窑中窑），一个月也不一定能接待一个游客[②]。

这个村与很多其他村的保护方法不同之处在于遵照了专家们的设计，没有将村民们搬迁，而让村民生活其中，期望村民以此将文化继续保持和传承下去。村庄最初开发的几年村民的收入有明显提高，村民的积极性得到了极大鼓舞，但当政府力量撤出后，大多数村民开始外出打工，多个原来红火的农家乐和农家小院已经门可罗雀，一些农户去了外地不再回来，很多习俗也随着村民逐渐外出而淡出村民的生活和视野。"文化遗产的传承与创新是辩证统一的关系，两者相辅相成，缺一不可，不应有所偏废。任何一种优秀的文化遗产，只有紧跟时代的步伐前进，才能永葆其勃勃生机，并给现实生活以永不枯竭的推动力，而任何一种优

---

① 采访人：马知遥。被访者：后沟村村委书记张春贵。时间：2014 年 7 月 11 日。地点：山西晋中榆次区东赵乡后沟村村民家中。

② 采访人：马知遥。被访者：榆次后沟村村民张丕莲。时间：2014 年 7 月 11 日。地点：张丕莲家中。

秀文化遗产的创新和发展也离不开文化遗产的扬弃。”① 传统村落的保护和利用也需要根据时代的需要根据村民未来的生活发展而进行方法和观念上的改变，几十年不变的保护方法必定会给变动中的村落发展带来阻碍。而一味依靠政府的输血进行保护和发展，不是传统村落发展的长久之计。

福建龙岩市永定区湖坑镇洪坑村，因为有著名的土楼群而闻名，而这个村庄经过近 20 年的保护和治理，成为世界闻名的旅游景点。这里的保护基本上一直实行政府指导，公司化运作，村民参与的形式。政府和公司占大部分股份，得到的分红也最多；村民是以个人方式参股，每年从旅游门票的收入中获得其中 15% 的门票收入。2014 年对村民的调查获悉，当年村民门票分红每个人每年分到 900 余元，而当年游客数量达到 100 万人左右，每个人的门票费用为 100 元。另一个优势是，旅游公司为了解决村民的就业问题，同时也为了让村庄留住村民，给很多村民安排了工作岗位，全村各个景点的导游人员都是本村的村民。很多常年到外地打工的年轻人开始回来创业。他们利用祖屋开设旅游品商店；还有村民完全按照外国客人的要求对祖屋进行改造，每个屋子里都设立了独立的坐便器、洗澡间，环境卫生而舒适。相比较其他一些家庭旅馆，他旅馆的现代改造为他的家庭旅馆赢得了声誉。

由于获得世界文化遗产和国家传统村落名录称号，洪坑土楼的景区游客越来越多，大多都有消费和过夜的需要。所以，一些老屋在前几年进行了改造，安装了洗澡间和卫生间。土楼在规划时也专门开辟出很大的停车场，在周边设立了酒店和商店。但由于资金和管理的问题，土楼群的保护利用中，着重保护的楼群获得了比较好的维护，居住其中的居民也获得了实惠，大多数的土楼由于没有列入保护范畴，虽然同在保护区内，但没有获得应有的关照。村落的保护应该是整体性的保护，村庄中的环境和整体格局本应列为保护对象，由于保护力度有所差别，村民的积极性受到挫伤。一些土楼群长期得不到维护，加之常年处于村民使用状态，已经成为危房。

最关键的问题是：由于最初规划景区时，没有考虑到村民未来生活的需要，大多数村民的土地都以 20 年前折现的方式交给了政府开发。村民失去了土地，

---

① 鲍展斌:《文化遗产哲思：马克思主义文化遗产观研究》，杭州，浙江大学出版社，2008，第 11 页。

很多人不得不到附近的县城打工，青壮年劳动力流失严重。还有一个重要原因，随着时间流逝，大多数当年的村民家庭人口在增加，他们没有建筑新房屋的土地，而那些土楼又已经被列入文保单位，村民的生活一下子陷入了困境。很多人家几代人同室。因此，看似优美的景区里，村民们对自己的未来生活缺少幸福感。在调查中我们发现，最初土楼内部严格按照宗族而居，并不混居。因此。基本每座楼内的居民都是或近或远的亲戚。然而随着人口发展，部分土楼内人满为患，老中幼三代混居一处。“住房如何合理分配的问题，已经成为制约村落和谐发展和遗产保护过程中一颗随时引爆的定时炸弹。”①

保护和利用本来是一条正确的思路，但没有远见的保护和利用导致传统村落受到更大的破坏，可贵的文化自觉遭到践踏。保护和规划不考虑持续性发展，最后的结果只能是百姓生活的困顿。

（三）村民自治式传达出村民自觉的重要意义

河北范庄是一个目前并没有进入国家名录的传统村落。这里完全没有保护和开发的痕迹，但这个村落的文化遗产被村民们自觉地保护着。每年农历的二月二日，河北赵县范庄一年一度的龙牌会都会准时召开。据说这个老会从清康熙年间就存在，目前仍旧活态存活。和传统村落先入为主的印象不同，在这个村落中没有建筑学家们要保护的珍贵的建筑遗产，没有老戏台或者老井。这里完全是近几十年来翻建的砖瓦房。由村民自发兴起并延续至今的二月二龙牌会，被几十位民俗学人一直跟踪研究，有的博士生专门以龙牌会为题发表了博士论文。你无法解释这里的民间宗教的含义甚至他们仪式中掺杂的其他宗教内容。就因为村民的热情和对这一习俗的自觉传承，老会红火而热烈，参与人数一天就达万人以上。周围相邻村落的人都陆续来到，共同参与这样一个村落狂欢。因为有这样隆重的集会，这里的集市贸易也很热闹，周围到处都是店铺，而店铺里的生意人大多是年轻人，他们透露出一个信息：当村落经济繁荣了，村民们就留下了。他们和其他各地的空巢村落不一样，青壮年们在街道在村落里到处可见。留住了这些人龙牌会就有了人气，龙牌会热闹了，村里的青壮年就不会走远。“庙会对于社区或集

① 蒲娇:《“非遗后”时代中世界文化遗产的存在现状——以福建永定洪坑土楼为例》，载《客家文学》，2013 年冬之卷。

团的整合功能也同样体现在城市和乡村之中。我们发现庙会对于强化社区内部的凝聚所起的重要作用，更明显地体现在乡村之中①。这个让建筑学家们可能要丢弃的村落，除了有几百年的老会，还有村边几百亩的百年老梨园。粗壮的梨树需要双手合抱。这是一类村落，它们有历史有自己的传统民俗，有自己的文化遗产。它们的村容村貌绝不会进入专家的视线，但即使没有人呼吁保护却仍旧自觉地承传着自己的文化、自己的历史。如果真的哪天被纳入保护的视野，它们的文化还能自在自由吗？它们会不会很快被“遗产化”、被“专家化”？

非物质文化赖以藏身的村落，只要有人，只要有能让村民发家致富的可能，村落就能自由地发展下去，文化也会自然地传承下去。当然传承已经开始有了变化，这样的变化是一种文化发展的必然，没有一成不变的文化。传统文化的改变有自己的规律，它们会顺应时代和经济生活的发展而悄然发生。和十几年前学者调查的龙牌会的内容相比，目前的龙牌会的仪式到内容有了变化，这是村民们自己做的改变。但崇拜龙王，祈求风调雨顺的核心没有变。

山西平遥的梁庄，地处偏僻，该村庄的特点是由五个分散的堡组成。最为可贵的是，该村还没有受到旅游开发的影响。它是建设部评选的历史文化名村，也是国家传统村落第一批名录中的典型村落。人口近4300人，村中有7~8棵古槐，五六人才能合抱，有十多座小庙宇，有3座大型庙宇，有古塔，大多是唐代、元代建筑。古槐为是汉槐，但据现有资料村庄历史还不详。村中5个堡建筑时间都不同，废弃的东堡几乎就是一个废墟村落博物馆，荒草丛生无人看管。而西堡、南乾堡等其他三堡则随时代更替面貌各异②。

目前村落传统格局保留完整。村东西两边是一带流水，一个大型水库就在附近，又有了江南的灵秀。该村快板、武术、剪纸等“非遗”活态传承。目前村中的古戏台1座、古碑20余通、古井30余口。保存比较完整。

梁村村民有一种共同的焦虑感，知道自己的村庄被评上国家的历史文化名村，但似乎村民们并没有得到多少实惠，村民生活没有很大提高。村庄中没有农

① 赵世瑜：《狂欢与日常——明清以来的庙会与民间社会》，北京，生活·读书·新知三联书店，2002，第191页。

② 以上调查根据2014年9月19日和摄影家臧于祥先生对山西平遥梁村进行航拍时调查所得，采访人：马知遥，臧于祥。被访人：梁村村委主任毛主任。

家乐，没有商业活动，村民基本上还保持着农业生产。他们盼望有大的投资商早点到村中投资，也希望借助行政领导的关心能把梁村炒作出去，能够早日发家致富。

“保护历史文化遗产是延续历史文脉，实现社会稳定和可持续发展的需要。城市在历史发展过程中形成的众多历史建筑、传统风貌和街巷形态是维持一定地域的社区结构的物质基础，而这些历史环境和居住社区，又是联系世世代代生活于此的人们的精神纽带。”① 同样，作为传统村落的保护，也需要有这样的理念作为指导。范庄的传统文化的完好保存得益于庙会文化带来的庙会经济，带动了周边的服务和商业活动，也吸引了青壮年就近就业，所以在文化活动中青壮年的参与让文化找到了传承的可能和活力。梁村的村民之所以还能基本保持现状，还能自觉维护自己村庄的历史和文化，与当地敦厚淳朴的文化和世代传承的公共文化空间有很大关系。同时当地比较得天独厚的自然条件也让村民们能够安居乐业。这两个村落还没有列入专家及政府规划视野，它们的存在和发展目前依靠的是村民自治。村庄的现状比已经进入政府保护和开发的村落要好，村民的精神面貌也积极乐观。但靠村民的自觉维持绝不是村庄发展的长久之计。政府如果没有更为合理科学的方法充分利用村落资源，改善村民生活条件，那些原始的没有开发的村庄早晚会因为经济的落后而让村民主动放弃。

二、传统村落保护要以民生为先

习近平在中央农村工作会议中指出：“中国要强，农业必须强；中国要美，农村必须美；中国要富，农民必须富。农业基础稳固，农村和谐稳定，农民安居乐业，整个大局就有保障，各项工作都会比较主动。”② 农村是我国传统文明的发源地，乡土文化的根不能断，农村不能成为荒芜的农村、留守的农村、记忆中的故园。在传统村落田野调查中，我们常常为那些已经进入国家名录，并且获得了国家保护资金的村落忧心忡忡。在这些村落会明显感觉到所谓的景点是人工打造

① 张松：《历史城市保护学导论》，上海，同济大学出版社，2008，第 15 页。

② 中央农村工作会议在北京举行 习近平、李克强作重要讲话，2013 年 12 月 24 日，来源新华网，http://news.xinhuanet.com/politics/2013-12/24/c_118693228.htm

的，一些保护和规划也完全是政府和专家的理念，没有经过很好的论证。比如为了保护好一个村落的整体面貌，村庄中为了防止火灾和燃气爆炸等隐患，家家换成了电器。有的地方为了保证自己符合传统村落的标准，有意地建立一些所谓的农家作坊，各种各样的手工艺作坊、磨坊等。但实际上这些作坊最初兴盛了一番，随着游客的减少，各家农户因为需要出外营生，这种更像表演的非物质文化项目就渐渐让村民失去兴趣。非物质文化遗产保护的确需要更为人性化的方法。在福建龙岩市连城县宣和乡培田村，我们看到村中的提线木偶艺人已经 80 多岁高龄，平时就守在一个专门给他设置的表演场地，有游客时就表演，其实村民大多出外谋生，提线木偶已经失去了赖以存在的观众市场。在洪坑土楼景区，本来应该有更多的非物质文化遗产的存在，调查中了解到，这个村的主要青壮年男子已经陆续外出打工或者定居在外地，村民们除了过年以外，很多传统文化活动已经不存在。景区的几处雕刻和地方戏曲表演的场地，也已经荒弃很久。传统非物质文化的生存是需要特定文化空间的，当我们在保护村落这一重要文化空间时，如果忘记其中人的重要性，那么即使我们替非物质文化遗产保护了生存的基本空间，仍旧无法让它们持久活态传承。因为喜欢他们的人没有了，消费他们的村民都走了，需要展示他们的舞台和庙会也消失了，非物质文化传承人只能消失在打工者的行列中，空有一番技艺却无法让自己改善生活。长此以往，艺人们的热情消失，“非遗”保护就会成为过眼烟云。

传统村落的保护是重要的，但传统村落应首先考虑村落中人的生存。必须意识到，传统文化的承载者是这些祖祖辈辈生于斯长于斯的村民们，他们同样有追求新生活的梦想，他们同样有权利享受现代化带来的社会进步，所以仅仅从文化遗产保护出发的村落保护必然不符合村民的利益。那种为了保护传统文化的延续，要求村民继续他们原始的耕种方式，继续过去的日常生活的主张显然是不符合人道主义的。

传统村落改善民生是关键。让村民们对未来的生活充满希望，让他们满意于现在的生活。村落保护需要国家的科学规划和资金投入。但村民的安置应放在首要考虑的位置。给他们解决就近就业的岗位，给失去土地的他们解决今后的生计，改善过去的落后的居住环境，改善村落的卫生状况和条件，建设公共卫生设施，这是村民最大的诉求。

对老屋进行集中保护和修缮，对无法居住的危房进行改造，让村民享受到现代的舒适生活。当生存保障了，生活条件提高了，村民们都留在村里时，传统才可能因为人而传承。当然那种一厢情愿的要求文化一成不变，而且保持其“原真性”的提法只能是一种理想状态。因为文化总是随着时代的变化而自由地往前发展和变化的，文化有自己的调适能力，要求传统一百年不改变的提法也不是实事求是的态度。

在中国快速城市化的进程中，许多村镇以经济发展为中心，村镇历史文化遗迹只处在放任自流状态，能自觉主动做保护规划的毕竟是少数，致使许多保护规划为申报而做，流于形式而缺乏实际指导意义。目前在传统村落保护中存在诸多问题。

不关心村落中的人和他们的生存及相关民俗文化，是传统村落保护之一弊。“把关注焦点放在古村落的物质遗存上面，不关心与古村落物质遗存密切相关的非物质文化遗产，不关心古村落居民的思想观念、风俗习惯、发展利益等，这种兴趣和思路显然是有偏颇的，按这种思路进行古村落的保护则是有严重缺陷的、不完善的，不能使古村落获得可持续发展，实际上也不能对古村落物质文化遗产进行完备的开发和展示。完善的古村落保护，不应只重视保护、修复古建筑的物质层面，也应该完整展示、合理传承与古建筑密切相关的传统文化。”① 学者在对著名传统村落浙江落苍坡村的田野调查中发现，因为着力于对建筑本身的保护而忽视其中的人的生存以及整个村落的传统文化，导致了保护工作的不利。

虽然有很好的文化遗产，但缺少持续不断的保护资金投入是保护工作第二大弊。本来作为传统村落保护成功典范的山西榆次后沟村，2011 年仅参观的中外游客达 8 万多人次，后沟古村旅游有了收益、村民生活也有了改善，但新的问题出

① 摘自黄涛:《古村落的文化遗产保护与社区发展》，载《温州大学学报》，2009 年 9 月第 5 期。作者在文中指出:“著名古村落苍坡村的古建筑景观呈现珍贵的宋代风貌，是传统社会耕读文化遗址。自 20 世纪 80 年代以来，苍坡古村成为该地区重要旅游景点，村中古建筑也得到了以当地旅游部门为主导的保护和开发，但近年来该村的文化遗产保护工作出现了一些令人忧虑的问题，其经验与教训值得深入探讨。古村落不仅是古建筑遗址，也是现代农村社区。在保护、展示古建筑的同时，不能忽视、损害古建筑主人即村民的活态文化和生存利益，应该合理传承、完整展示与古建筑密切相关的传统文化。而且古村落的保护工作应该由当地村民作为主要实施者，政府管理部门应承担指导与资助责任，而不能代替村民成为保护工作的主体。”

现了：每年文化遗产的维修费用没有着落。尽管政府分20%多的收益、个体老板有60%多，村里有10%多，但实际上村里拿不到。“政府如果不增加投入的话，就把开发古村落的初衷给忘了。”[①]

更有虽然挂了保护的门牌，却不加保护或者空置的村落，此为保护的第三弊。这实际上更是对传统村落保护的渎职。比如“当前徽州古建筑情形最切实的描述就是人走楼空：随着居民的离去，房屋就丧失了其使用价值，建筑就逐渐失去了生命力。诚然，对于现代诸多快餐式或者火柴盒式的建筑，变换内部用途是经济、合理的利用途径；但是对于蕴含着数百年甚至上千年历史文化积淀的徽派建筑来说，任何不加保护的利用或空置，都是对古建筑原有价值的破坏”[②]。

没有经过专家学者的论证和科学规划，随便拆迁和重建导致传统村落面目全非，此为第四弊。过去因为“穷”，楠溪江古村落被保存了下来；但随着经济发展，当地人富了后开始拆旧屋建新屋，导致一些本来整齐划一的传统村落建筑中时常出现一些小洋楼和其他现代建筑，破坏了整个村落的格调和风格。另外一些被拆除重建的房屋完全被设计师按照自己的理念“规划”了，完全不考虑该建筑过去的风格和风貌，用个人的眼光取代历史。真正的传统村落保护应该是修旧如旧，是不断地加固，防止倒塌和继续破坏，不是制造假古董假村落或者假的历史。

在处理保护和开发的利益分配时，作为村落主体的村民和开发商等的矛盾也是保护之弊。“在开展古村落旅游资源的同时，面临着越来越大的保护压力。受城市化、新农村建设的影响，在既是机遇，又是挑战的发展阶段，江西旅游发展在处理好古村落保护与改善当地农村生产生活条件时，又呈现出不同程度的矛盾冲突。2011年7月，婺源以古村落文化和田园风光为主打的几个核心景点——李坑、江湾及汪口景区相继关闭，而更深层次的矛盾却来自长达数年之久的门票收入分红不公、账目不公开等问题，使旅游公司与地方利益纠葛不可调和并最终爆发。此事件的发生也是在旅游的发展阶段一些旅游社区随着当地旅游产业的日益发展日趋要求增权的一种表现方式。在这些古村落，古村落保护政策因限制村民原有权力的行使和部分权利的丧失，限制了村民的生存权和发展权，而引起村

① 王学涛：《山西后沟古村：古村落保护的喜与忧》，新华每日电讯，2012年3月26日，第7版。

② 杨乔伟、李保民：《徽州古村落保护的人本思考》，载《工程与建设》，2010年第24卷，第6期。

民与政府的冲突。古村落保护不仅没有带来村民的自豪感，反而使村民以古村落为障碍。由此，古村落保护在实践中耗损了古建筑遗产、耗损了政府权威、耗损了村民的社区自豪感，造成了政府行政成本和村民建宅经济成本的提高，在一定程度上也造成了村民的社会去权。”[①] 由此可见，即使一些已经开始成功运营的传统村落保护工作也时时会遇到新的困扰。这些困扰在保护工作之时会被各方的热情所掩盖，一旦到了利益分配的时刻，各方因为对各自权利的追逐，而导致的各方角力，损伤的恐怕只有保护工作本身。所以，未雨绸缪地认识到一些问题，在保护之时就将可能出现的矛盾处理到最小，也许当是当前传统村落保护应该汲取的经验。

三、探索村落保护的基本原则

村落保护有了一定思路和方法后，具体实施中应有一定的保护原则，这个原则不是要求千差万别的村落都统一风格，而是在具体保护中有一定之规。一是严格控制村落的建筑风格。保护范围内建筑体量、门、窗和传统建筑一致，建筑大体为一层，屋顶有单坡顶和双坡顶两种形式，采用原木色、黑色等颜色。街道用砂石和土铺设，沿街小品体式与传统建筑一致[②]。二是加强对历史环境要素的保护。对那些百年以上的老树、古井、石磨、石碾、古桥等历史见证物应保存性保护。三是对村落的非物质文化遗产分门别类保护。地名由来、神话传说、传统工艺、地方戏曲、传统节日、生活民俗等应予以重视。四是重视对自然环境与村落整体关系的保护。“用生态文明的环境整体观来指导传统村落的保护方法有如下特征：（1）传统村落的整体性不容分割和支离；（2）延续和保留传统村落的生活及文化形态；（3）传统村落具有历史的连贯性和不可再生性；（4）历史环境是构成传统村落的重要元素；（5）传统村落具有语言和情感传递功能。由此可以说历史环境是传统村落赖以生存的母体，传统村落的保护实行原生态保护，可以划定保护范围，建设控制地带。历史环境的风貌不容破坏和重建，这是它不可再生的

① 陈庚：《以居民为核心主体的古村落保护与开发——基于婺源李坑村的实证调查分析》，载《江汉大学学报（人文科学版）》，2009年第28卷，第5期。

② 任俊卿：《古村落的保护与发展研究》，河北师范大学，硕士论文，2012。

特性决定的。现代生活环境要与历史环境协调衔接，其建筑物的风格与传统建筑的风格保持一致。”[①] 此外，为防止传统村落保护中乱象的发生还需补充几个原则：(1.) 名录申报成功的村落必须接受国家村落保护专家组的不定期检查，一旦发现弄虚作假就实行摘牌，并追回已经拨付资金；(2.) 对进入名录候选名单的村落，一定要组织专家组实地考察，明确其虚实后再行定夺；(3.) 对村落中以房地产开发或者其他名义实行的开发行为一定要征得村民的同意，并要请专家实地考察，对古建筑和村落进行拆迁前的整体评估。

当掌握了传统村落保护的基本原则后，我们必须具体到保护实践，认识到传统村落的保护之后是利用，“可以从产业的选择上减少生产生活方式的改变对传统聚落保护的冲突，从其外部出发，调整主导产业，将传统聚落的原生态特征转化为产业优势（如发展休闲、旅游等服务业），增加经济效益，实现对传统聚落的可持续发展”[②]。这也是保证传统村落能够持久得到保护和发展的重要方法。村落自身不能没有造血功能。经过一段国家政策和资金扶持后，村落依靠自身的资源发展壮大是未来的发展趋势。“仅仅是精神的唤醒还不够，还可以从旅游增权的角度，让村民在保护工作中看到村落美好的未来。”[③]

必须看到一个严峻的事实，在城镇化发展的加速进程中，多数传统村落正在成为空巢，也就进入了无人管理和关心的境地。从未来发展的角度，当住进新村和社区的农民享受到现代文明带来的生活改变和提高后，那些废弃的村落真的没有价值了吗？这是一个认识的误区。没有列入国家文物保护单位的传统村落一旦成为空巢更应成为政府保护的对象，那些具有历史文化价值的木雕、石刻、砖雕，那些历史见证物不能因为已经没有村民居住就毁掉或者成为文物贩子手中的宝贝。从传统村落保护的角度看，这些已经或即将成为空巢村的保护迫在眉睫。

从这个现实出发，传统村落保护的原则中还应有一条是：空巢的具有历史文化价值的传统村落应优先保护。

明白了目前传统村落保护中存在的问题，那么如何解决呢？“以人为本”应该成为传统村落保护的基本原则。尊重村民权益，充分调动村民的积极性。保护

① 储学文：《环境整体观在保护传统村落中的运用》，载《中国文物报》，2010 年 1 月 15 日，第 7 版。
② 段德罡、刘波、申研：《以“用”促“保”——丽江宝山石头城保护实践》，载《华中建筑》，2012 年第 6 期。
③ 马知遥：《论新农村建设中的传统村落保护》，载《丝绸之路》，2012 年第 22 期。

传统村落要让村民们意识到，保护是为村落今后的发展提供平台，会为未来村落发展带来收益。不仅能为当地村民开辟财源，同时也能使当地村民对传统村落资源的价值和资源保护有新的认识。只有让村民主动地参与村落的保护行动，才是村落文化遗产保护工作持续发展的可能。目前许多传统村落已经古旧，住房条件很差，村民们渴望改善生活条件，住上更为舒心的新房子，这样的情况普遍可见。但如果不进行合理规划，很有可能破坏过去的村落格局。由此就不理会村民的正当要求是不明智的。如何既改善村民生存环境同时又能保护好传统村落的建筑格局和风貌，浙江温州岩头镇的经验值得学习，在这个镇里经过多年的摸索，村里实行“村外建新村，村内搞整饬”。“所谓整饬，就是将倾倒的扶正，将新的改‘旧’，将高的‘削矮’。如今，全镇岩头丽水街、芙蓉、苍坡三个古村落的安置新村诸如对芙蓉古村，岩头镇试行的是股份制公司经营体制。”村与旅游局联合经营模式既保护古村的古典风韵，也保障了居民的住房现代化需求[①]。村民住在村落附近，同时成为村落风景区中的工作人员，照常生活工作。人气没有散，当地的人文遗产也得到了延续。

另外必须厘清一个概念。传统村落的保护和新农村建设工作并不相悖。古村落文化遗产的保护和新农村建设并不是对立的，它们可以相互依存，协调发展。目前的村落在建设中有些地方已经成功地实行各项现代化建设遵循适度、隐蔽、环保的指导原则，以不破坏原有的景观风貌为前提。山西平遥的经验就值得学习。

必须面对的是，当前许多的传统村落保护都或多或少地和旅游结合起来。当地政府和学者也都意识到，村民们是依靠自己的土地生存的，如果要保持村落原貌，同时又不能让村落成为空巢就必须留住村民的心。否则因为生计到处打工导致村落再度成为毫无生气的遗留物不是传统村落保护的初衷。为此，需要各方从保护的角度为村民的未来做安排。提高村庄的知名度，挖掘传统村落的文化价值和历史价值，这是村落吸引人并能在未来带给村民利益的基本手段。王宁先生在文章中指出：“增权（empowerment/empower），是指一定组织的个人或群体为了提高自身内在能力的确认和自立自强的行动，通过外部的干预或帮助充实或提升

① 刘歆、徐良：《新农村建设中古村落文化遗产保护问题研究》，载《河北工业大学学报（社科版）》，2010年6月，第2卷第2期。

其权力或权能的过程，向获取权力的社会采取行动并导致社会改变。”我以为将增权概念用到当前的传统村落保护很有借鉴意义。保护是为了“增权”，是为了提高村落的知名度，借此提高村民的社会地位和提高生活质量。因为在村落保护工作中，让村民们享受到保护工作给他们生活带来的变化，并从中获得实惠是很重要的。所以，“旅游增权的本质，就是为了探寻可增进大多数人的利益，并促进旅游公平性和可持续性发展的各种有效途径，而不是仅追求短视的表面繁荣景象。因此，考察权力与旅游的内在联系是任重道远的广泛而深入实践研究。适宜的改革与创新尝试，不是单纯用政府或市场替代社区，而是应当通过制度增权、社会增权和信息增权等具体可行性措施，增强古村落适应市场经济的社区能力，真正促进古村落旅游产业健康持续发展”①。保护工作的最终目的是为了让传统村落的文化文明继续传扬，是为了让人类获得生存的尊严，所以，首先要考虑到当地村民的利益。在保护他们村落的时候，应该让他们成为保护工作中积极的参与者，要多方征求村民的意见，不能让村民的村落成了知识分子或者政府想象中的样子。其次，在抢救和保护的同时，是否还要兼顾村民今后的生活出路，不能在挂牌和论证之后一走了之，那样的论证并不会对传统村落保护的持续发展有任何作用。再次，调动村民的积极性，从内心深处唤醒他们对自己文化的感情，让他们自觉参与保护村落的工作，并成为常态。当然，如果仅仅是精神的唤醒还不够，还可以从旅游增权的角度，让村民在保护工作中看到村落美好的未来。这非常重要。

① 王宁:《消费者增权还是消费者去权——中国城市宏观消费模式转型的重新审视》，载《中山大学学报（社会科学版），2006 年第 6 期。

第十二讲　传统文化敦煌篇

敦煌，鸣沙山里月牙泉，一湾清泉，涟漪萦回，传说轶闻，令人神往。敦煌，踏昔日丝绸之路，沙漠驼铃，沧海桑田，大漠孤寂，诗与远方。敦煌，感沙场征戍之事，征蓬汉塞，归雁胡天，碧血浇灌，赤胆映天。今天我们要说的主角也在敦煌，但不是它们，而是敦煌石窟。“大漠孤烟直，长河落日圆”，漫漫戈壁，茫茫沙漠，那些只剩下汉砖唐瓦的遗址，悲壮地矗立在广袤的大地上接受风沙一次又一次的洗礼；步履蹒跚地走过千年的莫高窟或许只剩下被多次劫掠后的苦痛，附在风沙包裹的峭壁上等着一群又一群崇拜者的膜拜。

敦煌，敦，大也；煌，盛也。敦煌，就是又大又盛的地方。敦煌最初并不是我们今天所看到的一个小小的绿洲。汉武帝打败了匈奴，在河西地区设立了四郡，分别是武威、张掖、酒泉和敦煌。那个时代，敦煌确实是一个又大又盛的地方，因为敦煌当时是联系中原和西域的枢纽。北倚蒙古高原的荒漠地带，南靠巍峨的祁连山和青藏高原，之间为狭长的河西走廊，祁连山的雪水一直灌溉着这片绿洲。敦煌又是古丝绸之路上的重镇，是中原通往西域的门户。《旧唐书·地理志》中记载：“长安第一，敦煌第二，扬州第三。”足见唐代敦煌之繁盛。

敦煌石窟是敦煌的名片，它是世界四大文明、六大宗教和十余个民族的文化的融汇之地，其中最著名的莫高窟是世界上历史延续最为悠久、保存较完整、内容最丰富、艺术最精美的佛教艺术遗存。它是经济、政治、历史、语言（中文、古藏文、回鹘文、于阗文、粟特文、梵文等）、美术（绢画、麻布画、纸画、纺织品、刺绣、木雕等）、文学（诗歌、变文、曲子词、话本小说、俗赋等）、科技（算术、力学、计量学、冶炼、炼丹、天文图、医籍、针灸、印刷、建筑、纺织等范畴）、宗教（佛教、道教、摩尼教及景教文献，儒家典籍）、习俗（包括民间契约、社邑文化、田制文书、赋税记录等）的综合体。至今保存着 735 个洞窟，其中有壁画45000多平方米，彩塑3000余身，前后绵延1680米。

一、敦煌的历史

规模如此庞大的洞窟，是何人何时在此兴建的呢？

在敦煌莫高窟有一块佛龛，叫作《圣历碑》。记载了这样一段故事，前秦①建元二年（366年），有一个和尚叫乐僔。他严守戒律，心志坚定，他拄着锡杖穿林过野，路过敦煌，忽然见到金光闪耀，就像有千佛齐至。乐僔和尚被眼前的景象吸引了，这不就是他苦苦寻觅的世界吗？于是，乐僔发愿开凿佛窟，化缘造佛。正是1600多年前乐僔与“佛光”的邂逅，造就了莫高窟的佛教艺术。

隋唐尤其是盛唐，是敦煌石窟艺术发展的繁盛时期。这一时期的艺术风格是中国化，而中国化的艺术风格多样，最显著的要数神圣化被世俗化取代。唐代的彩塑工匠突破了原有的佛教造像的清规戒律，以汉族当时的社会面貌为创作基础，在参阅了胡商、国王、大臣、梵僧、尼姑、贵妇、武将等现实人物基础上，加以艺术概括、提炼、加工，塑造出莫高窟里众多佛教艺术形象。

盛唐时期的菩萨，是披着佛教外衣的世俗少女形象。画家张大千在1941年春末，看到石窟中的《天女散花》时，感到她就是一个真实的人，面容俊俏而丰满，眼神沉稳而盈盈，酥胸白净而丰隆，佛教外衣的里面流淌着世俗人的血，跳动着世俗人的心脏，拥有着世俗人的理想，楚楚动人，甚至有种“相亲”的奇想。张大千说：“人物画到了盛唐，可以说已达到了至精至美的完美境界。敦煌佛洞中有不少女菩萨体，虽然明知是壁画，但仍然可以使你怦然心动。”比如散花天女，天女本来是佛国世界的人物，但是，这些天女虽为天承却毫无符号化脸谱化的感觉，无一重复的天女，旖旎多姿。有伫有坐，婀娜婆娑。或神情专注，听佛说法；或含辞未吐，目光流盼；或舞态生风，轻灵秀雅。就像世间美丽的少女，或柳眉微蹙，或敛容屏气，或解颜而笑，一颦一笑，风情万种。

到了唐天宝（742—756年）末年，安禄山、史思明反唐，史称“安史之

① 前秦，魏晋南北朝北方少数民族建立的政权，北方将领苻健，于352年称帝，国号为秦，历史学家称之为前秦。

乱”。也就是在这时，已经强大起来的吐蕃起兵攻城略地，于建中二年（781 年）攻陷敦煌。从此，敦煌进入了吐蕃统治时期，这也是敦煌衰败的开始。

10 世纪初到 20 世纪初是敦煌艺术的衰败期，经历了五代、北宋、西夏、元并一直到清，将近 1000 年。元代，是敦煌艺术繁荣的最后阶段也是衰败的最初阶段。1227 年，敦煌被蒙古大军占领，惨遭战火蹂躏。但是，蒙古人信奉藏传佛教，也正因于此，敦煌造像的开凿在元代并未停止。据统计，元代依然开窟 30 多个。从整体上看，元代石窟的艺术感染力大不如前，虽品种多，但题材散。从局部上看，有些石窟，如 465 窟精美绝伦，甚至可以说是莫高窟目前保存最为完整的藏传佛教石窟。明代，敦煌艺术彻底进入没落期。1372 年，明将冯胜、蓝玉到了敦煌。为了防止蒙古人东进，他们建立了嘉峪关。敦煌就在嘉峪关之外，朝廷下令让敦煌人迁入关内。也就是在这时，敦煌古城被人们所遗弃，无人看管，任由风沙侵蚀，孤悬于关外。到了清代，虽然莫高窟被重修和增补，但是工匠多技艺低劣，与其说是修补不如说是破坏。与此同时，敦煌受到破坏的另一个重要原因来自地理环境的变化，荒漠化逐渐吞噬着不多的绿洲。黄沙掩盖了敦煌，也渐渐遮蔽了世人关注它的目光。这一时期，敦煌石窟本身的衰败表现为两点：一是石窟、彩塑数量减少，往往只在前代的窟中重塑、改塑；二是艺术风格的程式化，由于思想的贫瘠，情感的匮乏，技巧的守旧，作品缺少个性与创新，渐渐落入程式化的窠臼。

二、敦煌的艺术

敦煌石窟的艺术悠远精深。季羡林先生说：“世界上历史悠久、地域广阔、自成体系、影响深远的文化体系只有四个：中国、印度、希腊、伊斯兰。而这四个文化体系汇流的地方只有一个，这就是中国的敦煌和新疆地区。”犍陀罗艺术风格，印度艺术风格，伊斯兰的艺术风格和谐并存。如隋朝的第 407 窟的藻井图案，就深受伊斯兰艺术风格的影响。方井中心为八瓣重层的大莲花，圆形的莲花中心为三只飞转的兔子，兔有三耳，但是，奇妙的是，我们望去，却有每兔两耳之感，三耳相接，形成等边三角形。莲花四周环绕飞翔的八身飞天，姿态各异，有手托花盘的，有手舞锡杖的，有手捧香炉的，有手持莲花的，飞天身上彩带飘舞，彩云飞旋，奔跑的兔子，飞翔的飞天，旋动的天花，以同样的方向运动，仿佛静止的莲花也动了起来。而所有的这些，追根溯源，来自波斯，从西亚传入敦煌。

敦煌石窟的艺术多元灿烂，三危山上，特别是那雄伟的九层楼，是如此灿烂辉煌，如此摄人心魄。敦煌洞窟是佛的生存空间，彩塑表现佛的形貌，壁画表现佛的主张与活动——佛经和教义。洞窟、彩塑与壁画构成了有机的艺术殿堂。

在洞窟中精美的彩塑是佛窟的主题。洞窟中的彩塑，有小有大，有多有少，有早有晚。洞窟中的彩塑内容主要为佛，涉及的佛有释迦牟尼、弥勒佛、药师佛、阿弥陀佛、三世佛、菩萨、天王、力士、飞天等。佛教特别重视造像，因此又称“像教”。那么多佛，依据形态不同，又分为坐像、卧像、交脚像、禅定像、苦修像等。以卧佛来说，莫高窟第一大卧佛是第158窟的卧佛。该卧佛像是释迦牟尼涅槃像。涅槃，在佛教中指的是经过苦修善行，脱离了生老病死的苦境，进入永远不死的永恒世界。释迦牟尼涅槃像作为第158窟洞窟主体，横卧在游客面前。此窟深7.28米，宽17.2米。涅槃像身长16.6米，肩宽3.5米。这尊卧像未经后代重修，依然保持了唐代的风貌，双目半闭，唇含笑意，恬适安静，仿佛世间没有任何烦恼之事，刻画出释迦牟尼涅槃时的自信与安详的形象。涅槃像左侧是一立像，为过去世的迦叶佛像，右侧是一坐像，是未来世的弥勒佛像。他们与主尊卧佛组成了三世佛像，即过去、现在与未来三世。第158窟的艺术特点是塑绘结合，既有彩塑绘具体生动的优点，又具备雕塑表现三维的特点。

再说说飞天，倘若你行走在敦煌石窟中，经常会看到没有翅膀的美女在空中轻盈地飞翔，在敦煌492个洞窟中，近一半的洞窟都有飞天。据统计，敦煌飞天在209窟中有4500余身，其数量之多，为石窟之最。飞天虽只两条轻盈的飘带，却使我们产生“天衣飞扬，漫壁风动”之感。穿行于淡绿色或浅红色的天空中，仿若“赤橙黄绿青蓝紫，谁持彩练当空舞”，黑色和精白的对比，朱红的大气、赤金的高贵、紫檀的沉稳、绛紫的点缀，浓情而不矫情，通俗而不媚俗，飞天带来的不仅是美，而是“霓裳曳广带，飘拂升天行”的美丽意境。

飞天最初来自印度，那时的飞天可不是我们现在看到的妙龄少女，而是壮汉，还是身躯直硬，动作拙笨，体壮腿短的壮汉，分别叫作乾闼婆和紧那罗，分别是梵文音译，乾闼婆为天歌神，因为散发香气，又叫作香音神。紧那罗为天乐神，紧那罗和乾闼婆在古印度神话中是娱乐神和歌舞神。他们形影不离，后来被佛教吸收，成为佛教天龙八部护法神之一，此时，他们的形象发生了变化。随着佛教艺术的发展，他们逐渐变成了眉清目秀，体态窈窕的妙龄少女，最终印度教的天人与中国道教的羽人、中原文化的飞仙合为一体。虽然飞天不是敦煌独有的艺术形象，却是敦煌最美的艺术形象。体态婀娜的飞天成为敦煌壁画的标志。敦煌石窟中的飞天，姿态优美，体态修长，肩披彩带，云气流动。天上有，人间无。人物自由飞翔之感跃然于壁画上，使得整个敦煌壁画富有生命力。

除了佛像，石窟中还有供养人。所谓供养人就是信奉佛教，出资建窟的人。他们是开窟造像的赞助人和施主。这些供养人具体包括王公大臣、达官贵人、歌舞伎人、僧尼佛众、庶民百姓、戍边战士、牧人画匠等善男信女。甚至会多人或多族共同出钱出力供养，比如翟家窟，供养人就是来自一个家族，上达祖辈，下涉子侄，乃至仆从奴婢等。供养人出资出力建造的画像就是供养人画像，并且在画像旁边或下面会题写供养人的姓名、地位、官职和愿望。主要目的是炫耀供养人的功德，或表明礼佛行善的虔诚。他们不同于佛像、菩萨、飞天等是浪漫主义的产物，而是确有其人其事。因此，张大千说供养人画像上的“当时的衣饰总不会错的”，服饰、习惯、风俗、阶层不会错的，在“人物画的断代问题”上，它“是唯一可靠的资料”。盛唐 130 窟的《都督夫人太原王氏供养像》，都督夫人雍容华贵，旁书“都督夫人太原王氏一心供奉”，身后紧邻次女与再次女，并分别有题记。主人们手捧香炉或鲜花，合掌敬礼，虔诚恭敬。附属人物皆为奴婢。奴婢之首，手持纨扇，其余奴婢有的捧琴，有的捧花，有的端瓶。悠然自得，顾盼流连，窃窃私语。画中人物遍身绫罗，满头珠翠，一望便知豪门望族。人物的形体优美生动，人物的位置错落有致，人物的背景柳绿花红，春风习习，生动活泼。此画艺术水准丝毫不落于唐代张萱《虢国夫人游春图》和周昉的《簪花仕女图》。

除了供养人画像，还有石窟最重要的画种——故事画，故事画又分为佛传画、本生画、经变画和因缘画。由于篇幅所限，这里仅以本生画为例谈一谈。所谓本生故事就是释迦牟尼前生的故事。佛教主张灵魂不灭，因果报应，生死轮回。相传释迦牟尼成佛以前，就已经累积了世代的善行。本生画主要以优美的神话、童话、民间故事附会到释迦牟尼身上，把人世间的一些善行归为释迦牟尼所为。主要形式有单幅式、组合画式和连环画式。下面我们欣赏两幅本生故事画。

第一幅为北周428窟《萨埵太子舍身饲虎》，这幅故事图采用异时同图的表现形式，把不同时间段发生的故事情节放置于一个画面中。故事内容大致如下。

在很久很久之前，地球上有一位大国王。国王有三个儿子，小王子名叫萨埵。

一次，国王与群臣、夫人、王子到野外游观。由于旅途劳顿，国王命令大家停下来休息。三位王子不想休息，就一起到密林中游玩。他们看见悬崖下面有一只母老虎，正在哺乳两只小虎。母老虎一副饥渴难耐的样子。小王子对哥哥们说："这只老虎极度饥饿，生命垂危，还要哺乳两只小虎。我看它的样子，是想吃掉它的孩子。"

两个哥哥回答说："你说的不错。"

小王子问："这只老虎现在需要吃什么东西？"

两个哥哥回答说："如果有新杀的热肉，就正合它的需要。"

小王子又问："现在有没有人能找来新杀的热肉救这只老虎呢？"

两个哥哥说："这是一桩难办的事情。"

小王子心中思忖：我在此前生生死死的过程中，无数次丧失生命，都是白白地舍弃自己的身体，或是为了贪求欲望，或是为了发泄怨恨，或是因为愚昧无知，从来没有为了佛法而献身。今天碰上这样的事情，正好可以贡献自己，为众生种植福田，我的身体有什么好顾惜的？

小王子一边跟着两个哥哥向前走，一边打着自己的主意。走了不远，他对两个哥哥说："你们先走，我有点小事，过后我再追你们。"

小王子跳下悬崖，躺在老虎面前。可是，老虎已经虚弱得吃不进东西了。小王子折取一段尖利的树枝，在脖子上刺出血来。老虎舔了血以后，可以吃东西了，就张开大嘴吃了起来。两个哥哥见弟弟很久还不回来，便回去寻找。他们想起小王子说的话，估计他是救老虎去了，就追到悬崖边，见老虎已将他吃完，血肉模糊，一片狼藉。两位哥哥见此情景，瘫倒在地，昏死过去。过了很久，他们苏醒过来，放声大哭，悲痛至极，又昏厥过去。

王后睡觉的时候，做了一个梦，梦见三只鸽子在树林中游玩，一只老鹰突然飞来，把最小的一只鸽子吃了。王后从梦中醒来，感到很惊恐，对国王说："听说梦中的鸽子代表子孙，我梦见小鸽子死了，我担心小王子会有不好的事情临头。"

听了王后的话，国王立即派人四处寻找三位王子。没过多久，大王子、二王子来到国王和王后面前。国王和王后一齐问："你们的弟弟哪里去了？"

两位王子泣不成声，回答："老虎已将他吃了。"

国王和王后听了孩子们的话，立即昏死过去，过了很久才苏醒过来。他们快速奔至小王子以身饲虎之处，见小王子的肉已被饿虎吃光了，只剩一堆残骨散在地上。国王和王后放声痛哭，几度昏迷，之后收拾残骸，起塔供养。

这幅壁画传达了平等、博爱的思想，不仅是人与人，而且是人与虎豹、牛马、鱼虫，都是平等的，讲究人要舍己为人。故事虽然恐怖，但是整个画面青山绿水，不仅没有恐怖的气氛，反而有一种感人的悲壮。

另一则故事是《鹿王本生》根据《佛说九色鹿经》绘制而成。

故事十分精彩，由于篇幅，在此不再展开，这幅绘制在北魏257窟的《九色鹿本生故事画》，不但色彩绚丽，而且布局十分精彩巧妙。它先从画面的左端开始，再看画的右端，故事在中间结束。画面由十个情节构成，依次是：左起溺水求救、鹿经水边、鹿救溺水人、跪谢发誓、鹿酣睡中；右起王后说梦、国王悬赏、溺水之人告密、国王乘马车捕鹿、九色鹿向国王控诉溺水之人；画面中央为故事的高潮和结局。

三、敦煌的苦难

敦煌艺术，就如同蚌中的珍珠，异彩的光芒被贝壳所掩盖。然而1900年，这枚贝壳被一名道士打开。这名道士发现了这枚珍珠，让敦煌这颗珍珠的光芒震耀世人。也正因为珍珠的发现会给蚌带来痛苦一样，敦煌也同样经历了近百年的屈辱与辛酸。

接近一百年的辛酸与苦难，从哪里说起呢？我们就从这名道士开始说起吧，这名道士叫王圆箓，湖北麻城人，清朝光绪初年到肃州（酒泉）巡防营当兵。之后离开巡防营，受戒当了一名道士，道号法真。王道士大约在光绪二十三年（1897年）到了敦煌，谁也没有把这位呆头呆脑的道士与震惊世界的伟大发现联系起来。那么，他们是怎样产生的联系呢？

这个联系与莫高窟17窟有关，莫高窟17窟，俗称藏经洞。藏经洞是敦煌16窟的侧室，这个侧室原来是晚唐高僧洪䛒的纪念室。洪䛒去世之后，这个侧室就成为他的纪念堂，在这个纪念堂中，目前有洪䛒的塑像。这个不足7平方米的纪念堂里当时存藏着从4世纪到11世纪历经700多年的5万卷经书，还有上千幅精美图画。这些佛教经典，涵盖了政治、军事、天文、医药、地理、科技、习俗、经济、艺术、文学等领域，可以说它是中国"中古时代的百科全书""古代学术的海洋""震惊世界的艺术宝库"。为何这个石窟会有如此价值连城的艺术珍品呢？由于历史太过久远，未有佐证，人们只能做出几种猜想，比如其中有人猜想，这是为了躲避战乱，僧人把最宝贵的图画、经卷存藏于洞窟，之后战乱过去，藏经的僧人或死于战火，或流落异地，于是这里变成了永恒的秘密。这个秘密被来自湖北的王圆箓发现了，王圆箓就是在1900年5月26日发现了这个封存近千年的神秘洞窟。关于王圆箓发现洞窟的说法目前存在三个版本，一个是徒子徒孙说，一个是自我回忆说，一个是法国人伯希和记录说。每种说法目前都附会了神圣的外衣，这也是能衍生多种发现说的原因。这里就节选王圆箓自我回忆说，根据王圆箓的《催募经款草册》记载，他四处游方，到了敦煌，看到千佛洞万万佛像，破败不堪，他一心向佛，决心募化，清理积沙，再塑金身。就是这种赤诚，感动上苍。1900年5月26日清晨，"忽然天炮响震，山裂一缝"，用锄头挖之，就发现了藏经洞，那是上天感念他对神佛的赤诚所给予的回报。

正是这一包裹着各种神秘色彩的发现拉开了莫高窟重见天日也是心酸异常的帷幕。为何说是心酸异常，因为王道士他是一个无知无识的小人物，他不懂得大公无私和爱国主义。一个不幸的国家，一个落后的政权，一个动乱的年代，一个偏远的地区，一个半文盲的道士，掌管着一座具有世界意义的艺术宝库，这样的“一个个”造成了藏经阁文献必然的流失，造成了敦煌石窟必然的破坏。就在这个帷幕下，中国人是偷，外国人是抢，各种小丑，粉墨登场，上演着一幕幕惊心动魄的戏剧。

王道士发现了这些宝物，搬了两箱经卷，以及绢画拓片，送给了他的同乡，敦煌县令汪宗翰，希望得到官府的一些赏赐。汪宗翰，湖北人，从北京贬谪到兰州，又从兰州贬到敦煌，仕途的不顺让他绞尽脑汁想要离开这个荒凉之地，王道士给他带来的卷宗，让他知道翻身的机会来了，因为他的上司甘肃学政叶昌炽是金石学家，他把拿到的藏经洞的佛经、佛画送给了叶昌炽。叶昌炽得到精美的经卷后，官员们纷纷问询索取，藏经阁文献在甘肃省内流失不少。叶昌炽在日记中记载，甘肃官员“所得皆不少”。随后，1904 年 3 月，甘肃藩台下令汪宗翰给王道士的指示是四个字：“善为保存”。

藏经洞的消息慢慢传开，一批批西方的“探险家”闻讯赶来。第一个来到敦煌的藏经洞并获取大量文献的是英国的斯坦因。狡猾的斯坦因在 1907 年 3 月来到中国，安排翻译蒋孝宛与王道士就经卷获取问题进行周旋。双方各怀鬼胎，王道士一心求钱，斯坦因则为了获取经卷文献。最后，斯坦因决定捐赠一笔功德钱以购买一批经文。经过斯坦因和蒋孝宛的巧言令色，王道士终于答应了他俩的要求。根据斯坦因的回忆，1900 年，他刚一进入藏经洞，看到里面的经卷已经堆积得“直到龛顶”，那里不仅有汉文、藏文、梵文和其他少数民族文字的经卷，还有绢画、纸画和刺绣等。他们怕被别人发现，所有的活动都选在夜间进行，把精品搬到斯坦因的帐篷中精心挑选。就这样如法炮制了七个晚上，从洞中运走了 24 箱近万卷敦煌写本经卷。几大箱绢画和丝织品，约 500 幅，雇了 40 多头骆驼才运走。最后，斯坦因给了王道士 200 两白银。1907 年 6 月 12 日，斯坦因离开了莫高窟，运走的经卷一部分留在印度，绝大多数运到了英国，留在了大英博物馆。1914 年 3 月，斯坦因再次来到敦煌藏经洞，故技重施，经过讨价还价，最后用 500 两谈妥了 600 件经卷。加上他前一次所得的藏经洞经卷，共计 20 000 余件。斯坦因的掠夺震惊了英国，震惊了整个欧洲。女王召见了斯坦因，不但允许他加入英国国籍，而且授予其骑士称号。皇家地理学会授予他“发现者金质奖章”；牛津大学和剑桥大学都授予他名誉博士学位。

第二个是法国的伯希和，法兰西远东学院的研究员，1908 年 2 月 25 日他来到了莫高窟。1908 年 3 月 3 日，伯希和在得到王道士的同意后，进入藏经洞。他曾经这样描述当时的心情："我简直惊呆了……自从人们从藏经洞中淘金的 8 年来，我曾经以为该洞中的藏经已经大大减少。当我置身于洞中，三侧都布满了一人多高，两层有时是三层的经卷，您可想象我的惊讶。"他估计藏经洞中文献有 15 000 到 20 000 卷。也正是如此多的珍宝，让伯希和决定将藏经洞的所有经文都翻看一遍，不仅要看到每一卷经卷，就是每一片碎纸也不放过。他用了 3 个星期，以每天 1 000 卷的速度，翻看了藏经洞中的每一卷乃至每一片碎纸。根据他所掌握的汉学知识，他把经卷分为精品和凡品。精品准备带走，凡品也不轻易放过。1908 年 3 月 26 日，伯希和和王道士以 500 两白银交换了经卷精品 6 600 卷，绢画 200 余幅，还有 20 余件木雕，丝织品若干，他装满了十辆车。1908 年 5 月离开敦煌。1909 年 12 月，法国人在巴黎举行了隆重的欢迎伯希和的大会。

藏经洞的文献，敦煌县知道了，甘肃省知道了，但是都未采取保护措施。直到 1909 年伯希和在京与当时中国学术界两位重要人物罗振宇和王国维相遇，这两位学术界人士给藏经洞文献带来了转机。见到伯希和的第二天，罗振宇建议学部给陕甘总督发电，将敦煌遗书悉数运京。然而，在运输的过程中，敦煌经洞的文献又经历了一次大的劫难。一方面，在藏经洞文献运输之前，王道士就对最好的经卷进行了藏匿。王道士把最好的经卷藏了起来，放到两个大木桶中，然后把木桶钉好，外面粉刷一层油漆，叫"转经桶"。清朝灭亡后，王道士打开了"转经桶"，拿出藏匿的经卷，卖给了外国人。究竟王道士一人卖出了多少藏经洞文献，至今是一个谜。另一方面，当时藏经洞的文献装了 18 箱，6 辆大车，准备运走时，敦煌县令、甘肃省官员，乃至敦煌的士绅，纷纷趁火打劫，巧取豪夺。即使运送的大车达到了北京，也未首先达到学部，押运的官差把运经的大车赶回自己的家中，用了三天三夜，挑拣了经卷数百卷，然后把剩下的经卷拆开，将一卷变多卷以掩人耳目，最后送达北京图书馆的经卷，名义上是 8 679 卷，但精华早已不在。

除此之外，还有日本天皇的内弟的大谷光瑞派橘瑞超和吉川小一郎在 1912 年 2 月 1 日进入王道士的居所，直接打开柜子，把 169 卷唐经强行运走。年老体弱的王道士敢怒而不敢言，随后几天橘瑞超和吉川小一郎又从王道士手中连续骗走 369 卷经文和唐代精美彩塑两尊，几乎没有付钱。还有美国人华尔纳，俄国人鄂登堡。华尔纳在藏经洞没有经卷的情况下，于 1924 年打起了壁画和彩塑的主意，最初用铁铲去铲，因为莫高窟墙壁是沙砾的，并未成功。之后他又想到了用胶水粘壁画的方法，目前已知的被盗取的壁画，已展出的有 10 方，5 方尚未展出，1 方毁坏，是这一行径给石窟壁画造成了不可复原的损失，与此同时，他还盗走了唐代半跪式观音彩塑，这一彩塑成为福格艺术博物馆的镇馆之宝。俄国人盗取的藏经洞文献，直到 1957 年，中国文化部副部长兼文物局局长郑振铎访问苏联时候，才第一次知道，列宁格勒（圣彼得堡）不但藏有敦煌文献，而且是世界上保存敦煌文献最多的地方。俄国人关于藏经洞还有一个心酸的故事。1920 年，十月革命战败的俄国军官阿连阔夫率领残部 550 人逃至敦煌，被当地官员拘押在多个洞窟中长达半年，他们把绝望的心情发泄在美丽的壁画上，在洞窟内生火做饭，在壁画上乱涂乱画，用刀刮去彩塑和壁画的金粉，留下了不可磨灭的伤痕。

目前，世界上敦煌文献的收藏中心有四个，俄国圣彼得堡藏有敦煌文献 2 万多件；北京藏有敦煌文献 8000 余件；伦敦出版了《英藏敦煌文献》15 卷，约 8 000 件；巴黎出版了《法藏敦煌西域文献》，约 7 000 余件。这些强盗行径已经过去百年，但是留在敦煌的暴行并未被遮蔽，留在我们国人心中的伤痛从未愈合。真不知道历史怎么了，让一个“目光呆滞，畏畏缩缩”的普通农民去决定敦煌石窟的命运。走进莫高窟的王道士，用一个老农民的目光去打量莫高窟的一切：洞窟壁画上唐宋时期的色彩让他看着有点眼花，于是用石灰粉刷一遍，干干净净的墙壁亮堂多了；洞窟里的雕塑虽经过了一千多年，还是那样的“搔首弄姿”，实在不雅观，于是用铁锤把她们敲得粉碎，这样洞穴就显得宽敞多了；洞穴里成堆的绘画、写本、经卷等，怎么一千多年还完好如新？放在这儿也是浪费，每天抱一捆出来，放到炉子里生火不正好吗？谁叫莫高窟这么冷还又不好找到干柴呢？王圆箓很“尽力”了，他用农民的“勤劳”去“经营”着这个“家”，这座“道士塔”，余秋雨先生有篇著名散文《道士塔》曾描述过这段经历，这里撷取部分，与君共飨：

1900年5月26日清晨，王道士依然早起，辛辛苦苦地清除着一个洞窟中的积沙。没想到墙壁一震，裂开一条缝，里边似乎还有一个隐藏的洞穴。王道士有点奇怪，急忙把洞穴打开，嗬，满满实实一洞的古物！

王道士完全不能明白，这天早晨，他打开了一扇轰动世界的门户。一门永久性的学问，将靠着这个洞穴建立。无数才华横溢的学者，将为这个洞穴耗尽终生。中国的荣耀和耻辱，将由这个洞穴吞吐。

现在，他正衔着旱烟管，趴在洞窟里随手捡翻。他当然看不懂这些东西，只觉得事情有点蹊跷。为何正好我在这儿时墙壁裂缝了呢？或许是神对我的酬劳。趁下次到县城，捡了几个经卷给县长看看，顺便说说这桩奇事。

县长是个文官，稍稍掂出了事情的分量。不久甘肃学台叶炽昌也知道了，他是金石学家，懂得洞窟的价值，建议藩台把这些文物运到省城保管。但是东西很多，运费不低，官僚们又犹豫了。只有王道士一次次随手取一点出来的文物，在官场上送来送去。

中国是穷，但只要看看这些官僚豪华的生活排场，就知道绝不会穷到筹不出这笔运费。中国官员也不是都没有学问，他们也已在窗明几净的书房里翻动出土经卷，推测着书写朝代了。但他们没有那副赤肠，下个决心，把祖国的遗产好好保护一下。他们文雅地摸着胡须，吩咐手下："什么时候，叫那个道士再送几件来！"已得的几件，包装一下，算是送给哪位京官的生日礼品。

就在这时，欧美的学者、汉学家、考古学家、冒险家，却不远万里、风餐露宿，朝敦煌赶来。他们愿意卖掉自己的全部财产，充作偷运一两件文物回去的路费。他们愿意吃苦，愿意冒着葬身沙漠的危险，甚至作好了被打、被杀的准备，朝这个刚刚打开的洞窟赶来。他们在沙漠里燃起了股股炊烟，而中国官员的客厅里，也正茶香缕缕。

没有任何关卡，没有任何手续，外国人直接走到了那个洞窟跟前。洞窟砌了一道砖、上了一把锁，钥匙挂在王道士的裤腰带上。外国人未免有点遗憾，他们万里冲刺的最后一站，没有遇到森严的文物保护官邸，没有碰见冷漠的博物馆馆长，甚至没有遇到看守和门卫，一切的一切，竟是这个肮脏的土道士。他们只得幽默地耸耸肩。

略略交谈几句，就知道了道士的品位。原先设想好的种种方案纯属多余，道士要的只是一笔最轻松的小买卖。就像用两枚针换一只鸡，一颗纽扣换一篮青菜。要详细地复述这笔交换账，也许我的笔会不太沉稳，我只能简略地说：1905年10月，俄国人勃奥鲁切夫用一点点随身带着的俄国商品，换取了一大批文书经卷；1907年5月，匈牙利人斯坦因用一叠子银圆换取了二十四大箱经卷、几箱织绢和绘画；1908年7月，法国人伯希和又用少量银圆换去了十大车、六千多卷写本和画卷；1911年10月，日本人吉川小一郎和橘瑞超用难以想象的低价换取了三百多卷写本和两尊唐塑；1914年，斯坦因第二次又来，仍用一点银圆换去五大箱、六百多卷经卷……

道士也有过犹豫，怕这样会得罪了神。解除这种犹豫十分简单，那个斯坦因就哄他说，自己十分崇拜唐僧，这次是倒溯着唐僧的脚印，从印度到中国取经来了。好，既然是洋唐僧，那就取走吧，王道士爽快地打开了门。这里不用任何外交辞令，只需要几句现编的谎话。一箱子，又一箱子。一大车，又一大车。都装好了，扎紧了，吁——，车队出发了。

没有走向省城，因为老爷早就说过，没有运费。好吧，那就运到伦敦，运到巴黎，运到彼得堡，运到东京。

王道士频频点头，深深鞠躬，还送出一程。他恭敬地称斯坦因为“司大人讳代诺”，称伯希和为“贝大人讳希和”。他的口袋里有了一些沉甸甸的银圆，这是平常化缘时很难得到的。他依依惜别，感谢司大人、贝大人的“布施”。车队已经驶远，他还站在路口。沙漠上，两道深深的车辙。

斯坦因他们回到国外，受到了热烈的欢迎。他们的学术报告和探险报告，时时激起如雷的掌声。他们在叙述中常常提到古怪的王道士，让外国听众感到，从这么一个蠢人手中抢救出这笔遗产，是多么重要。他们不断暗示，是他们的长途跋涉，使敦煌文献从黑暗走向光明。

他们都是富有实干精神的学者，在学术上，我可以佩服他们。但是，他们的论述中遗忘了一些极基本的前提。出来辩驳为时已晚，我心头只是浮现出一个当代中国青年的几行诗句，那是他写给火烧圆明园的额尔金勋爵的：

我好恨

恨我没早生一个世纪
使我能与你对视着站立在
阴森幽暗的古堡
晨光微露的旷野
要么我拾起你扔下的白手套
要么你接住我甩过去的剑
要么你我各乘一匹战马
远远离开遮天的帅旗
离开如云的战阵
决胜负于城下

对于这批学者，这些诗句或许太硬。但我确实想用这种方式，拦住他们的车队。对视着，站立在沙漠里。他们会说，你们无力研究；那么好，先找一个地方，坐下来，比比学问高低。什么都成，就是不能这么悄悄地运走祖先给我们的遗赠。

我不禁又叹息了，要是车队果真被我拦下来了，然后怎么办呢？我只得送缴当时的京城，运费姑且不计。但当时，洞窟文献不是确也有一批送京的吗？其情景是，没装木箱，只用席子乱捆，沿途官员伸手进去就取走一把，在哪儿歇脚又得留下几捆，结果，到京城时已零零落落，不成样子。

偌大的中国，竟存不下几卷经文？比之于被官员大量糟践的情景，我有时甚至想狠心说一句：宁肯存放在伦敦博物馆里！这句话终究说得不太舒心。被我拦住的车队，究竟应该驶向哪里？这里也难，那里也难，我只能让它停驻在沙漠里，然后大哭一场。

我好恨！

余秋雨先生的这种恨，是一种悲戚的恨。正如陈寅恪先生在《无盗贼无盗宝标记》中说“敦煌者，吾国学术之伤心地也”，道尽了那个时代敦煌的辛酸与无奈。

四、敦煌的召唤

敦煌是不幸的，它在一个“错误”的年代被发现，在末世与盛世的转化之间，遭受着百年来的尘嚣与纷扰，承载着难以负荷的民族情感；同样，敦煌是热血的，一批批热血的青年把最好的青春，把自己的一生奉献在那里，就像那里的钻天杨，生根，成长。

70多年前，在敦煌的感召下，常书鸿先生从巴黎启程，放弃优渥安逸的生活环境，以巴黎高等美术学院最著名的中国学生、油画大师劳朗斯的得意门徒的身份来到了敦煌。而与敦煌的缘分来自一次注定的邂逅，他是在一个旧书摊上无意中发现了伯希和的《敦煌石窟图录》，它为常书鸿开启了新世界的大门。那个来自他的故乡，千里之外的中国，在西方立体化盛行的时代，竟然还有一种仅仅凭着单线条勾勒就能摄人心魄的画种。

常书鸿先生所做的一切最初并未得到同为巴黎高等美术学院学生的妻子陈秀芝的理解。他们身处世界艺术之都，故乡却连年战火，哪有艺术创作的空间？可常书鸿在看了那些画册后，就心中着了魔，执意回到中国，在国立艺专任教。1937年，陈秀芝只好带着年仅6岁的女儿从法国启程。在常书鸿多次向妻子描述敦煌彩塑的艺术造诣后，妻子终被说动了，决定带着孩子一同前往。冒着战火烽烟来到敦煌，筚路蓝缕，以启山林。在这座古老的丝路重镇、被遗忘的西北边陲，常书鸿先生一头扎入敦煌，贪婪地寻找着一千年前落笔的心境。虽然妻子陈秀芝也进入石窟，但是敦煌的艰辛让她始料未及，对现实的不满，家庭的矛盾，频繁地袭向她。不久后，国民党军官赵忠清来到敦煌，他是陈秀芝的同乡，乡音拉近了二者的关系。1945年夏，陈秀芝留下了一对未成年的儿女，与赵忠清私奔。当常书鸿意识到自己妻子的出走，纵马去追时，已无济于事，他在戈壁上坠马昏厥。踌躇与悲伤后，常书鸿还是决定带着儿女留在敦煌。

也正是因为他的身先士卒，第一代敦煌人在此云集，奉献一生。常书鸿先生那时的敦煌生活十分艰辛，大家住着土房，土堆砌的炕、椅子、书架和沙发，是他们全部的家当，喝着咸水，因为缺水，只能擦澡。风沙肆虐，寒暑更迭，从千佛洞（当地老百姓管莫高窟叫千佛洞）去一趟县城，要走大半天的路程，大家几乎过着与世隔绝的生活。常书鸿先生在西北夹杂着沙尘的凛冽寒风中，裹着透着膻味的羊皮袄，在山河破碎的悲哀中，临摹着壁画。到了冬天，敦煌的冬天并不诗意，它是纯粹的冷的。沿路的白杨树笔直插入云霄，仿佛借助云朵来取暖。九点多，太阳才会出来，温度从零下十几摄氏度开始攀升。大泉河早已冻为冰河，平时取水，只能凿开厚厚的冰层。他们所面临的敦煌也在面临，风沙淹埋了大片石窟，满窟的塑像随时会垮塌，壁画起鼓、起甲严重，大面积脱落……所以，常书鸿先生不仅在洞窟临摹，而且带领大家维护洞窟，治沙，植树造林。面对军阀和土匪的勒索，他绞尽脑汁抵御外来压力，用女儿的画去交换洞窟里的佛头；有时候为了给洞窟安上门，不时前往敦煌县城，动员官员、商人，捐献窟门。1947年，常书鸿与助手李承仙结婚，他们后有了两个儿子，相濡以沫地度过了后来的时光。

在敦煌的时代，大家不计名利得失，心无旁骛，严酷的现实丝毫不会阻碍他们在此的决心，他们决心留下来，这一留就是一生。在这片荒凉的戈壁沙漠上生活着，日夜守护着这片恢宏的文化遗产。常书鸿、段文杰先生那代人放弃优裕的生活，放弃艺术家对自我、对个性的展现，用临摹而非创作的方式将自我，将个性小心翼翼地收敛起来，谦卑地去体会一千年前画师们落笔时的构思与喜忧。他们在莫高窟临摹壁画，考古发掘，保护修复，研究文献，乐在其中。如今，第一代敦煌人日渐凋零，倘若没有他们来到敦煌，守护着满山的洞窟，这片大漠美术馆或许早已在肆虐的风沙与劫掠中湮没。对敦煌人来说，他们守窟并不受苦，因为他们这些守护者有千年佛国的陪伴，他们之间是互相守护，他们的守护延长了莫高窟的生命，而守护莫高窟的同时，他们也找到了自我，找到了艺术，找到了生命的意义。用常书鸿先生的回忆录《九十春秋——敦煌五十年》中提到的“乐在苦中”形容他们的氛围太确切了。

1944年，国立敦煌艺术研所成立，一批年轻的艺术工作者接踵而来，成为守护敦煌莫高窟的第一批敦煌人。1950年，国立敦煌艺术研究所更名为敦煌文物研究所，1984年扩建为敦煌研究院，70多年间，一代又一代年轻人来到敦煌，留在敦煌。用自己的青春与理想守望着这片宝贵的文化遗产。这里也吸引着来自世界各地的学者、艺术家和科研工作者，他们都为莫高窟的保护与敦煌文化的发扬奉献着自己。

敦煌像一座精神磁场，冥冥之中感召着一批批敦煌人，敦煌不会忘记他们，我们也不会忘记。不会忘记半个多世纪以前让敦煌莫高窟起死回生的常书鸿、常沙娜、段文杰、史苇湘、欧阳琳、孙儒僴、李其琼、李云鹤、李贞伯、万庚育、关友惠……不会忘记敦煌研究院几代美术工作者对敦煌的虔诚与执着和始终传递、生生不息的“佛光”，他们是何鄂、邵宏江、赵俊荣、侯黎明、娄婕、陈海涛、陈琦、王学丽、徐铭君……不会忘记承继常书鸿先生遗愿“保护敦煌，研究敦煌，弘扬敦煌，继续敦煌”的以新的方式在千年文明存亡即绝之际承万世之绝学，开时代之曙光的敦煌人，在保护、研究、考古发掘、国际合作、数字化等领域做出探索，他们是樊锦诗、彭金章、王旭东、苏伯民、赵声良、张先堂、李萍、吴健……

发生在这里的困难与感动有的广为流传，有的不为人知。笔者深知，区区万字，怎能阅遍敦煌的前世今生，寥寥数言，岂可说尽敦煌的辛酸困难。仅仅希望通过这一讲，让更多人喜欢上敦煌，有深入了解它的历史与现实的冲动。不管我们是否是佛教徒，一样带着朝圣者的心去顶礼膜拜，不是为了来世的超脱，仅仅让敦煌在更多人心中栖居。不管我们是否是亲历者，每当回想起那些残缺不全的壁画，真的能看到它们被摧残的画面，感受那真切的切肤之痛。不管我们是否是亲为者，应珍视一代代敦煌人的心血。敦煌的宏大承载着多少的秘密，如同它所驻守的宏大精神。它不来，那我们就走过去。敦煌，因我们的注视与珍重而重焕光辉，因我们的注视与珍重，敦煌人不孤寂，因我们的注视与珍重，敦煌不孤寂。那些随着敦煌墙壁一道皲裂的面孔，那些时光威逼下故去的记忆，那些在光阴的灰烬里逐一浮现的往事。那些的那些，在永恒的时光下，是孱弱与渺小的，最终必然归为尘土。但他们的精神，真诚而谦卑的表情，虔诚而执着的心性，心照不宣的秘密，亦即这些的这些，届时我辈中人，如原野上的荒草，仍旧是“野火烧不尽，春风吹又生”，在此希冀敦煌一代一代传承下去。

参考文献

[1] 杨琪. 敦煌艺术入门十讲 [M]. 北京：生活 · 读书 · 新知三联书店，2016.

[2] 生活月刊. 敦煌：众人受到召唤 [M]. 桂林：广西师范大学出版社，2015.

[3] 余秋雨. 余秋雨眼里的中国文化：从敦煌到平遥 [M]. 上海：上海文化出版社，2001.

第十三讲　中国吉祥文化

一、了解中国人的内心世界要懂得他们内心的那片吉祥

每个民族都有自己的文化，谈起中国的文化，吉祥文化必然不可缺席，它是人类创造出来的借以传达心声的道具，是了解中国人内心世界的重要通道。在中国，吉祥文化似乎不易察觉，但却无处不在、无人不用。大范围上涉及园林、民居、寺观、宫殿等；小范围渗透到墓室、高塔、斗拱、柱石、影壁、门楣、阶石、栏杆、窗棂、床榻、桌椅、镜框等；艺术形式上包揽装饰、彩绘、雕刻、剪纸等，千变万化；时间发展上辐射到春节、元宵、端午、中秋等，多姿多彩。其实，吉祥文化岂止是年节时才有。老百姓的春种秋收、娶妻生子、祝寿延年、开市营业、科考应试、提拔晋职、乔迁新居等与人生有关的大事都包含吉祥文化。吉祥对于中国人而言，就像水之于鱼、天空之于鸟、空气之于人。它是中国优秀传统文化的重要内容，其核心是帮助人们更好地生活、激发人们的创造力。吉祥文化能让我们生活中的“缺陷”，附加上“吉祥符号”并通过“禳解”习俗，实现化险为夷[①]。吉祥文化源远流长，虽从图腾崇拜时期开始至今发生了各式各样的变化，但对人们的生活仍有积极影响，充满了正向的推动性。近年，它还广泛地出现在国家层面的活动、仪式上。

只有了解吉祥的中国，才能敢说对中国的文化有一定的认识，才能更加深刻地体验中国文化的魅力，才能更好地懂得中国人内心的那份坚持。通俗地讲，吉祥是一种对未来时段的预见性词汇，更多的是一种能够达到求吉避祸的理想预期

① 马知遥:《论民间动物图案中的吉祥情结》，载《艺苑》，2008 年第 5 期。

的祝愿和期许，是一种对未来美好的想象。

吉祥文化既然这么重要，它又包括哪方面呢？从不同的角度，吉祥文化分类各不相同，但是，不管如何分类，吉祥文化都由两部分组合，外在表现和人类镜像。不管外在表现如何千变万化，吉祥文化最终都指向福、禄、寿、禧、财等恒定的人类镜像。虽然人类镜像仅五个主题，但是外在表现却是千变万化的。外在表现没有人类镜像就相当于绣花枕头一包草，最终因不合时宜、华而不实被历史所遗忘。人类镜像没有外在表征就相当于拒人于千里之外，失去了与民众朝夕相处的那份亲切感，很难产生代入感，缺乏说服力，造成空谈吉祥，言之无物的局面，老百姓很难触摸得到，玄之又玄，久而久之，没有民间地气，最终走向灭亡。吉祥文化的外在表现和人类镜像缺一不可，二者互为表里，相辅相成。

二、吉祥文化的表现

吉祥文化拥有非物质性，看不见，摸不到，不能直观性地表现出来，它往往通过人们约定俗成的事物在特定的域境内表达求吉避祸的诉求。这些表达求吉避祸诉求的依托物来自方方面面，或是现实可见的，或是超现实的，主要包括自然类、动物类、植物类、人物类。它们构成了吉祥文化的外在表征，成为吉祥文化的构成形式和表现方式，让吉祥文化成为我们生活中可观、可触的文化，使得作为对未来美好期许的一种想象落到实处，多元化与系统性使得吉祥文化各司其职，民众各取所需，更好地满足所有民众求吉避祸的需要。与生活息息相关的吉祥文化表现为因未来的不确定性而产生选择焦虑的民众注射了一针强心剂，哪怕吉祥文化并不会真的做出怎样的改变，被吉祥文化载体包裹的民众也仿佛吃了一颗定心丸，心灵得到慰藉，心情得以舒展，心境充满祥和。

（一）自然类的吉祥文化

人类从采集过渡到狩猎，又从狩猎赶往农耕，最终定格在科技时代，但不管哪个时代，人是无法脱离自然而独立生存的。自然界须臾之间往往是人类的沧海桑田，带来的是朝夕阴晴，实现的是四季更替。风雨雷电、冰霜雹雪、日月星辰、水木山石，隐藏着天人感应的观念，震撼着我们。在这样的背景下，人类在劳动生产中萌发了对大千世界的朦胧构想，人类在渴望温饱之余渴求生命的张扬和对信念的追求，在与我们朝夕相关的自然中逐渐催生出求吉避祸的心理诉求，在与我们赖以生存的自然中逐渐建立审视利弊的敏锐目光。自然类的吉祥文化成为人类吉祥文化的表征之一，成为吉祥文化的构成形式和表现方式。下面以土为例，说说自然是如何表现吉祥文化的。

土，包揽万物而不自居上等，孕育众生却与人梯。人们从狩猎、采集、游牧逐渐过渡到农耕，对土的渴求愈发强烈。人们强烈地认为土是他们生存繁衍的母亲，母仪天下的极致即为“后土”，后土是社神，即土地之神。因为对土的依赖愈发强烈，久而久之，土的吉祥寓意越发增多，自然而然，土又成为人们不可或缺的重要吉祥文化的外在表现之一。女娲抟土造人，在中国成为家喻户晓的神话。

不知道什么时候，出现了一个神通广大的女神，叫作女娲。据说，她一天当中能够变化七十次。有一天，大神女娲行走在这片死气沉沉的原野上，看看周围的景象，感到非常孤独。她觉得在这天地之间，应该添一点什么东西进去，让它生机勃勃才好。

添一点什么东西进去呢？

走啊走啊，她走得有些疲倦了，偶然在一个池子旁边蹲下来。清澈的池水映出了她的面容和身影；她笑，池水里的影子也向她笑；她假装生气，池水里的影子也向她生气。她忽然灵机一动：“虽然，世间各种各样的生物都有了，可单单没有像自己一样的生物，那为什么不创造一种像自己一样的生物加入世间。”

想着，她顺手从池边掘起一团黄泥，掺和了水，在手里揉团着，不一会儿便成了一个娃娃模样的小东西。

她把这个小东西放到地面上。说也奇怪，这个泥捏的小家伙，刚一接触地面，就活了起来，并且开口就喊：“妈妈。”

接着一阵兴高采烈的跳跃和欢呼，表达他获得生命的欢乐。

女娲看着她亲手创造的这个聪明美丽的生物，又听见“妈妈”的喊声，不由得满心欢喜，眉开眼笑。

她给她心爱的孩子取了一个名字，叫作“人”。

女娲对于她的作品感到很满意。于是，她又继续动手做她的工作，她用黄泥做了许多能说会走的可爱的小人儿。这些小人儿在她的周围跳跃欢呼，使她精神上有说不出的高兴和安慰。从此，她再也不感到孤独、寂寞了。

她一心要让这些灵敏的小生物满布大地。但是，大地毕竟太大了，她工作了许久，还没有达成她的意愿，而她本人已经疲倦不堪了。

最后，她想出了一个绝妙的创造人类的方法。她从崖壁上拉下一条藤蔓，伸入一个泥潭里，搅成了浑黄的泥浆，向地面这么一挥洒，泥点溅落的地方，就出现了许多小小的叫着跳着的人儿，和先前用黄泥捏成的小人儿模样一般无二。“妈妈”“妈妈”的喊声，震响在周围。

用这种方法来进行工作，果然简单省事。藤条一挥，就有好些活人出现，不久，大地上就布满了人类的踪迹。

大地上虽然有了人类，女娲的工作却并没有终止。她又考虑着：人是要死亡的，死亡了一批再创造一批吗，这未免太麻烦了。怎样才能使人们继续生存下去呢？这可是一个难题。

后来她终于想出了一个办法，就是把那些小人儿分为女人和男人，让女人和男人配合起来，叫人们自己去创造后代。这样，人类就世世代代绵延下来，并且一天比一天多了。

从这篇家喻户晓的神话中我们能看到土被人们赋予了诸多特性。因为人由土捏造，不断繁衍后代，人们便附会出土的生育吉祥功能。如在天津，在农历三月二十三天后娘娘生日那几天，未有儿女或者盼望当奶奶的妇女，就会前往天后宫烧香许愿，之后就会高兴地拴一个泥娃娃大哥带回家，如果日后得子，泥娃娃就是孩子的哥哥。更为重要的是，得子的人家要选择吉日（通常是小孩百天内或者百岁日）去还愿。旧时，天津民间还有“得一还十”或“拴一回百”的说法（或送回 99 个，或按当时许愿的数目送回），即自家花钱买 10 个或 100 个小泥娃娃送到庙里，或给“喜钱”，以示还愿。除了天津，中国的长江中下游地区、江淮地区也有此风俗。土在中国也是游子寄托乡愁，平安回家的护身符。旧时，闯关东、下南洋或走西口的民众走之前都会捻一小撮儿土，收藏在身边，喻为“乡井土”。既能抒怀离乡之愁，同时，土本身承载的吉祥寓意也维系着世世代代平平安安。当今，很多海外游子的旅行箱里，依然能看到这种世代维系的“乡井土”。维系吉祥的表现虽有不同，但它们用土表现出来的文化是一致的。中国人对土表现出的喜爱，使得土拥有了许多吉祥寓意，成为满足人们各种精神需求的载体。

（二）动物类的吉祥文化

在中国吉祥文化中，动物类吉祥文化占有相当重要的地位。动物可预祥瑞之兆，早已有之。人们求吉避祸的心理需求，使得自然祥瑞的动物成为人们表达吉祥诉求的常客，作为外在表现预示着自己会求得好运。下面以瑞兽类和祥禽类为例来分析动物类吉祥文化的表现。

鱼，是我国喜闻乐见的代表富裕、幸福等多重吉祥寓意的外在表征。有关鱼的民间吉祥画比比皆是，如《双鱼吉庆》《金玉满堂》《如鱼得水》等。江南地区酬谢神灵，求来年获得好兆头，会在年终庆典上用鱼祭祀。富裕人家用鲜活鲤鱼，一般人家用鲢鱼、包头鱼，贫困人家用木制鲤鱼祭祀，以示年年有余（鱼）、包你有余（鱼）等与鱼相关的好兆头。祭完祖先，吃团圆饭，必不可少的要上一道红烧全鱼，并且在动筷之前，要把红纸剪的元宝贴到鱼身上，放入米缸或米柜，以示年年富裕（鱼）。这种鱼祭在商界，意为追求生意通达，财源滚滚。在民间广为流传的有关鱼的最著名的传说就是“鲤鱼跳龙门”，因此，鲤鱼也有了幸运、高升的吉祥含义。

很早很早以前，龙门还未凿开，伊水流到这里被龙门山挡住了，就在山南积聚出一个大湖。

居住在黄河里的鲤鱼听说龙门风光好，都想去观光。它们从河南孟津的黄河里出发，通过洛河，又顺伊水来到龙门水溅口的地方，但龙门山上无水路，上不去，它们只好聚在龙门的北山脚下。“我有个主意，咱们跳过这龙门山怎样？”一条美丽的大红鲤鱼对大家说。“那么高，怎么跳啊！”“跳不好会摔死的！”伙伴们七嘴八舌拿不定主意。大红鲤鱼便自告奋勇地说：“我先跳，试一试。”只见它从半里外就使出全身力量，像离弦的箭，纵身一跃，一下子跳到半天云里，带动着空中的云和雨往前走。一团天火从身后追来，烧掉了它的尾巴。它忍着疼痛，继续朝前飞跃，终于越过龙门山，落到山南的湖水中。山北的鲤鱼们见大红鲤鱼尾巴被天火烧掉，被吓得缩在一块儿，不敢再去冒这个险了。这时，忽见天上降下一条巨龙说："不要怕，我就是你们的伙伴大红鲤鱼，因为我跳过了龙门，就变成了龙，你们也要勇敢地跳呀！"鲤鱼们听了这些话，受到鼓舞，开始一个个挨着跳龙门山。可是除了个别的跳过去化为龙以外，大多数都过不去。凡是跳不过去，从半空中摔下来的，额头上就落一个黑疤。直到今天，这个黑疤还长在黄河鲤鱼的额头上呢。

鸡是十二生肖中唯一的禽类，排在第十位，名酉鸡。大家都知道，法国的国鸟是鸡，在中国，鸡因其祥瑞之意，一样拥有十分高的地位。鸡，自古就是吉祥鸣禽，中国的太阳鸟，五德①的象征等。古文记载，舜和黄帝都对其称赞有加，鸡被民众挂满了军功章。而出现民众尊敬鸡的现象的重要原因之一，就是鸡也负载着人们诸多的吉祥诉求，成为外在表现之一。鸡，与"吉"同音，人们认为其能够驱除鬼怪妖魔。山西临汾一带有贴鸡于门窗上的习俗，寓意"新年大吉（鸡）"。在河南淮阳一带至今还流传着"三月三吃鸡蛋"的民俗，当地人每当三月三必吃鸡蛋，祈求人丁兴旺。在浙江金华一带，端午节大人将鸡心形红白袋挂小孩胸前，据说可以祈福辟邪，且鸡心谐音为"记性"，期盼自家孩子取得好成绩。农历十月初一日，河南一些地方会杀鸡吓鬼，当地人相信鸡血具有辟邪的作用，并有谚语"十月一，杀小鸡儿"。在婚俗方面，山东一些地方，至今还流传着结婚抱鸡的习俗，出嫁时，女方选一个男孩抱一只鸡出发，鸡与"吉"同音，抱鸡就是图个吉利。布依族嫁女迎亲吃"鸡八块"，把鸡作为吉祥的外在表现发挥到极致。鸡头寓意雄鸡报晓，以示吉祥如意；鸡尾寓意杰出翘首，出类拔萃；鸡翅寓意欣欣向荣，鹏程万里；鸡筋寓意胸有成竹，深谋远虑；鸡腿寓意脚踏实地，不慕虚名。

除此之外，瑞兽类还有麒麟、狮、象、虎、豹、鹿、驴、猪、狗、狐狸、刺猬、猴、马、松鼠、獾、骆驼、猫等，祥禽类还有鸿雁、孔雀、燕子、绶带鸟、白头翁、鹌鹑、鹭鸶、鸭、鹰、鹦鹉、锦鸡、鸽子等。毫不夸张地说，但凡有生命的，民众能想到的动物，人们都发挥想象力，给动物赋予了吉祥文化，挖空心

① 五德，指信、文、武、勇、仁。

思把吉祥文化落实到我们周围，进一步表达中国民众渴望吉祥的心理诉求。

（三）植物类的吉祥文化

从人类诞生以来，就一直与风霜雨雪，毒虫猛兽做斗争，相比自然来说，人类的力量是渺小的。但是，求吉避祸的心理一直相伴左右。从奴隶社会刚刚解脱出来的民众又步入了持续几千年的封建社会，这些人处于社会的下层，没有优质的社会资源作为自己的保护伞。但是，渴求吉祥美满的诉求一直萦绕内外。相较于天地日月的高不可攀，相较于猛兽鸣禽的亦庄亦谐，相较于神仙鬼怪的虚无缥缈，植物是最温顺，最容易掌控的，使得被压迫的民众终于有了“当家做主人”的心理反弹，在面对诸多劫难时，民众“有病乱投医”式的心理赋予了身边最容易获得与接触的植物吉祥寓意，把它们作为吉祥文化的外在表现。这里以瓜果（石榴、荔枝、枣、栗子、葫芦）及熟食（面条、元宵）为例分析植物是如何表现吉祥的。

石榴是多子多福的吉祥物。新婚之夜，或在床头，或在案头，或在窗台，都会摆几个表皮开裂，籽粒外露的石榴，或者挂一张《榴开百子图》，或贴上石榴剪纸，求得新婚快乐，早生贵子。荔枝，因谐音“立子”“利子”而成为吉祥文化大家族的一员。人们常常拿绘有荔枝图案的物品祝吉。有时候荔枝会与桂圆组合，取二者的谐音，产生“早生贵子”的吉祥意味，把吉祥文化的意图进一步夸大。这种荔枝育子的寓意多在南方，而北方多用枣子（早生贵子）和栗子（立子）这两个水果结合并赋予吉祥寓意。葫芦与我国文化交织一起，影响深远。从图腾崇拜和神话故事中，都能看出葫芦历史久远。盘古开天辟地就与葫芦相关，并且我国许多少数民族以葫芦作为自己的保护神，诸如彝族、白族和苗族。葫芦孕育了人类思想的萌芽，逐渐发展成民众生活必不可少的吉祥物之一。葫芦常常作为婚姻幸福、爱情坚贞的吉祥物，如古代男女喝合卺酒[①]。这一习俗现已不复存在，但是，葫芦的形象还是以剪纸之类的艺术形式出现在婚房。葫芦还可以作为祝寿的吉祥物，因为籽粒多，常常把葫芦以《子孙万代图》的形式赠与老人。除了人生礼俗，岁时节令也有葫芦的身影，最为有代表性的是端午节，那天人们

① 合卺酒，古代把葫芦一分为二，男女各拿一半，用酒漱口，民间认为，葫芦有灵气，把夫妇二人的灵魂吸入葫芦中，这样二人才能长长久久，永结同心，白头偕老。

会用彩纸剪出大小各异的葫芦，人们相信葫芦是有灵气的，所有不好的东西都会被吸入葫芦中，留下的就是平安吉祥。除葫芦之外，柿子、苹果、柑橘、桂圆、木瓜、红豆、花生等也有吉祥的寓意。

民以食为天，在发现火种前，人类一直过着茹毛饮血的生活，自从有了火后，人们开始食用熟食。而经过封建社会几千年的演变，熟食已然超越了果腹的基本需求，越来越多的熟食被民众赋予了吉祥寓意，作为吉祥的外在表现运用到生活的方方面面。

长寿面在当下生日习俗中经常能够看见。面能称为“长寿”的原因与一个故事有关。传说汉武帝渴求长寿心切，在一本书中看到关于长寿的记载，就召集文武百官，说人中每长一寸，人就多活一百年。大臣东方朔笑说，若如此，长寿者彭祖，传说他活到八百岁，按这个逻辑，他的人中就有八寸，按照比例，他的脸就有一丈[①]，汉武帝只好一笑作罢。从而，面作为长寿的象征被民众添油加醋，演变至今。因为脸面的面与面条的面同字，民间就有了吃长寿面的习俗。汤圆是我国传统佳节的吉祥食品。在许多地方，大年初一全家围在一起享用汤圆，以示团团圆圆。有些地方汤圆还被称为元宝，吃汤圆为“塞元宝”，以示来年发大财。除长寿面与汤圆之外，饺子、馄饨、豆腐、粽子、馒头、饽饽、腊八粥、八宝饭等熟食也具有吉祥寓意。

植物相较于自然、动物以及接下来的人物，在表现吉祥文化的时候，往往采用组合的形式，这或许与植物本身不够“强势”的特性有关，民众认为单一植物对吉祥需求的表达不够充分。植物不仅本身作为吉祥物，衍生品也常常作为吉祥物存在。最为明显就是植物做成的熟食，在当下，相较于其他植物类吉祥物，这类受欢迎程度更为明显，如元宵节俯拾即是的汤圆，端午节比比皆是的粽子，中秋节铺天盖地的月饼等，传统节日在当下几乎就要成为美食节了。虽然，吉祥文化外在表现有所变迁，但这是民众在当下求吉避祸的心理选择，吉祥文化的内在精神依然未变。

① 一寸，一种量度单位，约为3.33厘米。一丈，量词，古代与当下一丈所代表的尺度有所不同，现在一丈约为3.33米。

（四）人物类吉祥文化

传统中国一直浸淫在万物有灵和天人合一的思维模式中，万物有灵使得民众对于风雨雷电、草木虫鱼充满了敬畏，继而衍生出各种图腾崇拜；天人合一，让生命融合在整个宇宙中，天地的喜怒哀乐即是人的生老病死，天与人完全交融为一体。这种一体观和有灵观，使得民众求吉避祸观念转嫁到万物当中，形成不计其数的吉祥物，拥有各种吉祥的神力。而这些吉祥物中有现实的自然类、动物类等，也有超现实的信仰类。信仰是人类头脑观念虚拟的产物，民众只有把它们现实化，才能在现实中借助求仙拜佛实现神力的保佑。中国传统信仰在外来佛教文化、本土道教文化和民间俗信的共同作用下，形成了中国本土化的信仰人物，他们渗透到民众生活的方方面面，掌管并庇佑着民众的生活起居，成为吉祥文化表现极为重要的一分子。下面以仙界和民间俗信的吉祥人物为例分析他们是如何表现吉祥文化的。

仙，是中国特有的信仰对象。凡是与仙有关的事物，如仙丹、仙女、仙居、仙桃等，除了包裹了一层神秘感，其吉祥之气必然萦绕其中。仙在民众心目中已然化为幸福、美好的代名词，是实现人们求吉避祸的外在表征，是拥有众多“粉丝”的吉祥表征。

八仙，虽然在民间没有固定的神位，也少有集中进行供奉的庙宇，但是，他们每个都是福祉吉祥的象征，每个都有独特的魅力，营造出欢喜的氛围，同时，八仙分别代表着男、女、老、少、富、贵、贫、贱，满足各个阶层民众的不同崇拜需求，在民众当中成为流传最为广远的神仙群体之一，是民众最喜闻乐见的神仙群体。“八仙过海”和“八仙献寿”的两则民间传说对八仙这一群体形象的传播可谓功不可没。

传说很久以前，有八位得道仙人：铁拐李、汉钟离、吕洞宾、曹国舅、张果老、韩湘子、蓝采和、何仙姑，人称八仙。

一天，八位仙人要到东海去游蓬莱岛。本来，诸仙腾云驾雾，一眨眼就可到，可是吕洞宾偏偏提出要乘船过海，观赏海景。大家一听也觉得很有意思，于是便答应了。

吕洞宾拿来铁拐李的拐杖，往海里一扔，说了一声："变！"拐杖顿时变成一艘宽敞漂亮的大船，八位大仙坐船观景，喝酒唱歌，热闹极了。

船在海上航行着，几位大仙觉得速度太慢，吕洞宾就说："我们不如每人都拿出自己的宝物，使船加快速度。"说完，吕洞宾拔出宝剑，扔进海中，海水立刻翻起大浪，推动船往前走。船走出了几里后，吕洞宾便收回宝剑。

铁拐李见吕洞宾收回了宝剑，马上摘下自己的宝葫芦，对着船的后面，只听"砰砰"两声，船又加快了速度。汉钟离也不甘示弱，举起大扇子，扇了几下。船的速度更快了。

蓝采和一见也着了急，拿起快板抛入水中。可是过了一会儿船又慢了下来，并没有加快。

几位大仙笑着说："怎么你的快板不灵了呢！"蓝采和一看自己的宝物不见了，就急急忙忙跳入水中去找，结果一看是被龙王太子偷了。蓝采和追了上去，与龙王太子大战起来。

其他七位大仙正谈论着蓝采和的仙术失灵。突然，平静的海面掀起一个浪头，将大船打翻了。张果老眼尖，翻身爬上毛驴背；曹国舅脚踏巧板浪里漂；韩湘子放下仙笛当坐骑；汉钟离打开蒲扇垫脚底；铁拐李失了拐杖，幸亏抱着个葫芦；吕洞宾踩着宝剑；何仙姑坐在莲花上，都没有落水。

他们看蓝采和与龙王太子打了起来，便知道是龙王太子偷了快板。龙王太子见八位仙人都在，知道自己打不过他们，便跳入水中逃跑了。

八位仙人本来想去游玩，偏偏遇上这等事，非常生气，便跳入水中直奔龙宫追去。

龙王太子现出原形，闪耀着五颜六色的龙鳞，摆动着七枝八杈的龙角，张舞着尖利的龙爪，向大仙们猛扑过来。八位大仙各显神通法宝，一齐围攻龙王太子。

龙王太子斗不过八仙，只得向龙王求救。龙王知道后，把龙王太子痛骂了一顿，连忙亲自把快板还给了蓝采和，一场风波总算平息了。

八仙经过一番大战，各自的本领大增，又一同去游蓬莱岛。八仙一到，只见霞光普照，天地一片灿烂。这正是历经风雨，才见彩虹。

从这个传说中可以看出八仙不仅法力高强，法器也是十分了得。因为，这与古代中国“一人得道，鸡犬升天”的思想有关，因此，民众自然而然地认为他们手持的器物也有了神力。他们手持的法器，称为“暗八仙”。在建筑、服饰、什器上都能看到。虽然是八种物品，但是，它们依然和八仙融为一体，成为他们特定的符号。葫芦，是铁拐李的宝物，是扶危救困和多福多寿的表现。芭蕉扇，是汉钟离的宝物，是绝处逢生和长寿的表现。渔鼓，是张果老的宝物，是占卜吉凶、预知未来的表现。宝剑，是吕洞宾的宝物，是镇宅辟邪的表现。荷花，是何仙姑的宝物，是修身养性、冰清玉洁的表现。花篮，是蓝采和的宝物，是广通神明的宝物。横笛，是韩湘子的宝物，是万物复苏、充满生机的表现。阴阳板，是曹国舅的宝物，是心静神明的表现。仙家吉祥人物绝大多数都是道教世俗化衍生出来的，因为道教是本土性宗教，它不像其他宗教那样会因最初的“水土不服”而去努力适应，在它成立之初，宗教与世俗就有交集，较于佛教吉祥人物要多得多。诸如三清天尊、太上老君、玉皇大帝、紫微大帝、东岳大帝、后土大帝、三元大帝、真武大帝、九天玄女、黄大仙、葛仙翁、龙王、雷公、风伯、城隍、牛神、马神、张天师等，不一而足。

佛教、道教的世俗化，衍生出种种吉祥人物，其吉祥寓意影响深远，但是，首先，这类吉祥人物大多放置在祠堂等公共场所，与民众产生一定的距离感，同时，古代交通不便，祈求时往往耗时耗力；其次，吉祥人物带来的吉祥寓意大多大而化之，管辖范围十分广远，多直接指涉吉祥，而吉祥是十分宽泛的概念，对于诉求不同的民众来说，针对性不强。在根生于小农思想中的“县官不如现管”[①]的心理引导下，民众们创造出了各司其职的俗神，这些俗神与保护对象常常形影不离，根据当时当地切实需求形成特定的神，民众相信其方便而高效。最后，中国民间文化濡化[②]能力过强，外来宗教和本土宗教都会因为民众世俗化需求变成本土化文化，因此，即使佛教和道教人物在被赋予本土化吉祥寓意后仍然隶属宗教，但是，它们已然不是原始的寓意了。由于中国民间强大的文化濡化能力，久而久之，就形成了诸多融合多元文化的本土俗信。而且，中国国民性的矛

① 县官不如现管，指遇到问题，找高层领导，不如找直接负责的人更实际。

② 濡化，是指对采借过来的文化元素，要放在本土文化中进行磨合，乃至改造，使之与本土文化协调起来，融为一体的过程。

盾心理一直影响着集体潜意识，国人“逢神必拜”，但是，“敬鬼神而远之”的心理又不会使人们极其虔诚地靠拢一位特定的神，更多的是为满足现实功利性而祭拜，同于真正虔诚的信徒仅尊崇唯一神，民众不需要统摄信仰的唯一尊神，需要的只是满足不同需求的各路俗神。各路俗神代表的吉祥文化因此在中国相较于其他神仙类传布范围广远，影响深刻。

妈祖，又称天后，是航运保护神。临海靠江的地方会建供奉她的宫殿，称为天后宫。据统计中国各地有妈祖信仰的民众达到1亿人，影响范围可想而知。每年的农历三月二十三，是妈祖娘娘的生日。妈祖的原型是南方女子林默，随着天津漕运的发达，各地文化交流增多，妈祖文化传入天津并与地方风俗融合。天津人把这种信仰很干脆地移植到与自己息息相关的生活中来。赋予了她更多、更实际的功能，并且逐渐完成了由单纯的海神向多元化的宽泛的护城神的世俗转化。使妈祖这位海神，在天津域内的流传过程中，逐渐演化为福佑万方、有求必应的居家保护神。比如送子娘娘、痘疹娘娘、泰山娘娘等，并产生了世界闻名的皇会。

灶王爷，又称灶君、灶王，是百姓吉祥纳福的象征。他受一家香火，保一家康泰，察一家善恶，奏一家功过。每当腊月二十三，灶王就要上天禀告玉皇大帝这家一年来的功过是非，人们为了不让灶王上天乱说话，会在那天焚香备烛，准备麦芽糖粘住灶王的嘴，三十夜人们再摆烛焚香迎接灶神。因此，出现了现今灶王画像中“上天言好事，下地保平安”的生动联对。

除此之外，还有泰山娘娘、厕神、文昌神、财神、陶神、茶神、酒神、梨园神、娼妓神、刘海、东方朔、四季花神、桥栏之神、牛栏之神、路神、场神、床神、井神、火神、造字神、福神、路神、寿星、喜神、财神、女娲、剪纸娃娃、扫天婆等。

总之，不管佛家、道家还是民俗类吉祥人物，虽然外在表征与其他三类有很大的不同，但是他们要么各司其职、各守其位，要么偶有交叉，包办代替，这些特性与其他类型的吉祥文化表现十分类同，最为根本的是它们的人类镜像也是福、禄、寿、禧、财。

吉祥文化因为内涵的丰富性形成了各种表现，形成了各式各样的吉祥物。它们与人们的生活息息相关，人们就地取材，实现福寿康宁的生活化；它们对人们的影响举足轻重，人们因势利导完成逢凶化吉的现实蜕变。民众通过博采众长的方式完成了为我所用的现实功利观。它们承载的吉祥寓意时而你中有我，我中有你，时而泾渭分明，各司其职。可见，吉祥文化的外在表现其丰富性势必不能一言以蔽之，但是，不管外在表现如何变化，它的人类镜像永远离不开福、禄、寿、禧、财的五大主题。

三、吉祥文化表达的人类镜像

“吉祥文化从来都不只是反映，它力图了解主体的存在，通过客体表现出主体的情思，那可以代表一个民族的集体潜意识，也就是一个民族的精神镜像。”① 镜像，顾名思义，就像照镜子一样，吉祥文化外在表现千变万化，而它的镜子的另一侧就是五大主题，即福、禄、寿、禧、财，它们属于吉祥文化的人类镜像。虽然，前文所述吉祥文化的外在表现如此丰富和复杂，但是，归纳起来我们会发现基本上离不开这五个主题。同时，它们作为文化的一种，是区别民族间本质差异的重要标志，成为识别本民族的重要符号。正如中国的龙是吉祥文化的表现，在西方，它却代表了邪恶。吉祥文化外在表现方面博采众长，为我所用，更侧重于实实在在的表现特征，它们多是息息相关的事物，让民众感受得到，可听、可视、可闻、可触。但在人类镜像方面，福、禄、寿、禧、财，更多的是精神层面的追求。下面以福、寿、喜为例进行阐述。

（一）福

福是浅显的，填饱肚子就是福；福是高深的，福往往与祸相伴相随，中国人讲究无双至的福，无单行的祸；福是特定的，即幸福；福是宽泛的，健康是福，平安是福，子孙满堂是福，甚至吃亏也是福。

福由“示”与“畐”组合而成，表示祭祀鬼神的祭台上放置祭品，因此，祭

① 马知遥：《论吉祥文化的精神镜像和艺术表现》，载《艺苑》，2007（4）。

祀的供品称为“福物”“福食”,并由此衍生出“抢福”“散福”“享福”[①]。通过祭祀和宗教活动进行祈祷完成祈福，同时，我国古代凡与祭祀有关的活动都有特定称谓并成为吉祥符号，因此，它们在演变中与福交织甚至交融，禧、禛、禄、祉、祐、祈等，皆可称为福。这些汉字印证了我国福文化的发达与悠久历史。

第一，福的文化精神无所不包，首先体现在俗语哲思上。在人们的日常生活中，随处可见俗语中涵盖着“福”。与福有关的俗语把现实中的种种，生活中的具体表现赋予渴求获得福气的吉祥精神。长胖了称为“发福”，长得富态称为“福相”，好消息为“福音”，好地方为“福地”，享受生活称为“福分”，欣赏好的事物为“一饱眼福”，能吃能喝称为“有口福”，桃花运称为“艳福”，不操心儿孙之事为“儿孙自有儿孙福”等。 除了民间俗语中渗透了福的精神内涵，人生哲理中也常常浸透着福意福求。诸如，富之根本全在勤俭，贵之根本全在读书，喜之根本全在和顺，福之根本全在循理，福成为民众修身齐家的行为准则；积善之家，必有余庆，福成为与人为善的最高嘉奖；“有福不可享尽，有势不可倚尽”，福成为辩证思维的世俗印证。人生哲理背后承载着福的精神，反映出古人对福的理解、享用与重视。

第二，民间不少典故背后也体现了求福得福的精神。华封三祝是中国民间流行的祝颂辞，是由华（今陕西西华县）地封人（管理地方的官员）对帝尧的一段祝寿辞演化而来的。说的是华地封人祝贺帝尧多福、多寿、多男子，帝尧连忙摆手道:“实在不敢当，福多了麻烦事也就多了，寿长了耻辱事也就增了，男子多了操心事也就来了。”封人答道:“这句话不是十分准确，把福气分给众人，人人都有福，那又有什么麻烦的呢？上天仁道，国泰民安，上天降灾，必须要布施仁政，这有什么好耻辱的？上天造就了万民，自会给他们安排事情去做，每个人手上都有活干，这有什么可操心的呢？”这则故事成为后世求福纳祥精神的寄托，被后世用来传达有福、有寿、有子孙绕膝的美好精神向往，而福这一内在精神也是故事口耳相传的重要保证。由于福这一世人向往的内在精神的作用，民众根据这一故事附会出诸多艺术变体，来传达福意，最常见的就是杨柳青传统吉祥年画《华封三祝》，以南天竹、牡丹和水仙吉祥文化的外在表征共同呈现“福”这一吉

① 抢福，民众聚餐完毕，抢食供果的习俗；散福，又称分福，将祭祀的供品分给众人；享福，在一起大块儿吃肉，大口喝酒。

祥文化的内在精神。因“竹”与“祝”谐音，并以三种吉祥植物视之，表现出封人对帝尧“多福、多寿、多男子”的美好祝福。

第三，古人把吉祥文化的内在精神福形象化成福神。在古人的心目中，只要是能带给人福祉的神，民众都可以尊奉其为福神，这就形成了福神的多样化，使得很难有特定的哪位神能脱颖而出。即使这样，民间世俗依然有常称颂的“天官赐福”，来代表福神，明清时期，福神几乎等同于“天官赐福”。所谓天官，并不是指具体的某一个吉祥人物，而是一种神职，民众以一种虚拟的官职弥补了吉祥福神的空缺。天官的形象，犹如旧戏开场的“跳加官”，身穿官袍，手持笏板或手拿带有“天官赐福”字样的诏书，在舞台上走来走去，祝愿台下观众加官晋爵，指日高升。这种形式慢慢地传播开来，成为福这一内在精神的吉祥人物。天官即是福的内在精神的表达在当下已经根深蒂固，甚至有些地方民间崇拜的福禄寿“三星”，也被天官一人所替代，成为最具代表性的福神。

第四，民间许多民俗活动都承载着福的精神。最具代表性的民俗，无疑是春节期间，家家户户都要在屋门上、墙壁上张贴大大小小的“福”字，最为有趣的是，许多地方会把这些“福”字倒过来贴，“倒”与“到”谐音，以福字倒了喻“福到了”，寄托了人们对美好生活的殷切期盼。这个贴倒“福”的传统来自民间传说。传说明代开国皇帝朱元璋微服私访于京城街上，见到有人公然在街上通过打灯谜[①]的形式暗讽自己的皇后脚大，朱元璋大怒，命人在此家门上贴上倒福，以作记号，第二天方便派人抓捕。马皇后是个心地善良的人，听到这件事情，安排自己的心腹连夜把每家每户都贴上倒福，结果，第二天，朱元璋的士兵抓人时看到每家每户都有倒福，顿时傻了眼。马皇后为百姓消除了一场灾难，从那以后，民间就开始贴倒福，一是感念马皇后的恩德，二是求福到家。贴倒福成为表达获得福气的重要且普遍的民间活动。

第五，诸多民间艺术直指吉祥文化。民间说“有图必有意，有意必吉祥”。福成为民间艺术的人类镜像，使得传统的民间艺术注入福这一吉祥内涵后，从过去的审美功能上升到求吉避祸的实用功能。如蝙蝠，在欧洲是吸血鬼的化身，而在我国因为“蝠”与“福”同音，而且蝙蝠栖息方式是倒挂，所以民间屋檐下如

① 打灯谜又称猜灯谜，这一传统民俗文化自南宋起开始流行，南宋时，首都临安每逢元宵节，好事者会把谜语写在纸条上，贴在五光十色的彩灯上供人猜。

出现了蝙蝠，就代表了“福”到之意。蝙蝠反而成了一种与自身形象反差极大的吉祥物。因此，凡是运用“福”的方面，表示“福”主题的地方蝙蝠都有一席之地。诸如《双福图》《五福图》《五福捧寿》《福寿双全》等。

（二）寿

寿，久也，即活得久。作为吉祥文化五个镜像之一，它深得民心。特别是很早就步入农业社会的中国，至周朝（前1046—前256）已经形成完整的礼仪制度，老人受到普遍的尊重，民众渴望长寿的意愿比世界上任何国家都强烈，“好死不如赖活着”成为民众渴望长寿最生动的写照。中国传统意义上的“五福”为“一曰寿，二曰富，三曰康宁，四曰攸好德，五曰考终命。”寿，活得长久；富，家财殷实；康宁，无病无灾；攸好德，乐善好施；考终命，无疾而终。从这里可以清晰地看出，中国人不但把寿放在首位，而且第三、第五都与寿有关联，对于寿的精神追求程度可想而知。

字体各异的“寿”字反映出民众对寿的执念。“寿”字是汉字中古老而又神秘并且多变的异形文字。据不完全统计，“寿”字约有一万六千种不同的写法，这是世界上任何一个文字都无法超越的数量。

寿神追崇的实质是对寿的渴求。寿文化是无法直观表达的，而人们又对长寿无比向往，渴求通过现实的行为对寿命之事做出一定的改观和延长。而这种渴望随着人们对于长寿尊崇心情的愈发强烈，逐渐演化成神灵并配套一系列的庆寿传说、故事。有关寿文化的神灵有多个。最为常见的寿星是南极老人星，它本是天上的星宿，是掌握国运兴衰，预卜国命长短的神灵，后来，与帝王有关的色彩渐趋淡薄，被老百姓逐渐世俗化，由最初的皇家祭祀寿星与敬老活动到民间祈寿、祝寿的习俗，逐渐成为掌握老人寿命的神灵。南极老人，又称南极仙翁，随着民众的祈寿意识愈趋明显，他的形象愈趋明朗，白发老翁，慈眉善目，长眉浓须，手持龙头拐杖，最为显著的特征就是硕大而且光亮的脑门，民间称为“寿星头”[①]。民俗年画中也会看到以南极老人为主题的《寿星图》《五福捧寿图》。除了南极老人外，还有南斗星君、彭祖、麻姑、王母娘娘、八仙、东方朔等，他们帮助人们实现长寿的故事流传十分广远，如南斗星君改变颜超命数的故事，彭祖教授殷王长寿的故事，麻姑蟠桃盛会献寿的故事，王母娘娘拥有长生不死药和不死酒的故事以及八仙庆寿的故事，东方朔偷仙桃的故事。诸多故事与各路寿神交织交融，为人们津津乐道。

寿诞是最能体现祈寿、祝寿精髓的习俗。人从诞生之初的第一个生日到死亡后第一年的生日，每一岁生日都有一定的说法或讲究。如人死后第一年，子女在他的生日要制备酒菜去坟前祭扫，意味着以后的生日要转到阴间自己过了，这叫作“交生日”，此后，后代给他过的生日称为忌日。人们习惯把六十作为祝寿的起点，之前的统称为过生日，民间有“不到花甲不庆寿”之说。六十岁之后过寿,不同的岁数都有不同的称谓。六十岁称为“花甲”[②]。给年满六十六岁的老人祝寿，称为六六寿，要求要出嫁的女儿为父或母祝寿，将猪肉切成六十六小块，称为“豆瓣肉”，送给寿主品尝。七十岁过寿称为古稀之寿（古来稀少之意），八九十岁称为耄耋，给八十或九十岁的人拜寿，可送给寿主猫和蝴蝶组成的图案，取“耄耋富贵”之意。八十八岁称为“米寿”，因为米可以拆分成八、十、八三个字。高寿又可称为“眉寿”，古人心目中长寿之人眉毛都长而粗，因此称长寿的人为眉寿。一百岁称期颐之年，古人认为百岁是人生年岁之极，故为期，此时起居生活需要养护，故为颐。到了一百零八岁，为茶寿，茶字上面是二十，下面是八十八，加起来为茶，故称为茶寿。过寿之人被称为寿星老，儿孙要给老人置办一身寿装。贺寿前一天晚上儿孙要布置寿堂，堂屋张灯结彩，窗明几净，中间摆上一架方桌，桌前挂着红色的桌布。桌上摆两个红蜡烛，插几炷香，寿果、寿酒、寿鱼琳琅满目。正中后面贴“寿”字于中堂，挂寿星图、红色寿幛和寿联，上多写“福如东海长流水，寿比南山不老松”等字样。中堂下设寿案，案上除香

---

① 寿星头来历的传说，寿星母亲怀上寿星，九年尚无法分娩，十分着急，就焦虑地问自己的孩子：“儿啊，你为何还不出来？”寿星在娘胎中说：“如果家门口的石狮子双眼出血，我就要出生了。”此话被隔壁的屠夫听到，就用猪血涂于石狮双眼，果不其然，寿星钻了出来。但是，由于未足年份，寿星的头就变得长而隆起，这则故事无非是让寿星更添几分神性，使得民众供奉祈寿的夙愿能够实现。

② 我国古人用天干地支作为记录年岁的符号。天干指的是甲、乙、丙、丁等共十个，地支为子、丑、寅、卯等十二个，甲子、乙丑至癸亥，六十年一循环，故六十就称为花甲。

炉烛台外，男性多供南极仙翁，女性多供麻姑献寿等塑像，寿像前摆放寿桃、寿面，寿案两侧备制太师椅。寿堂布置完毕，焚香点烛，全家一起吃长寿面，称为“暖寿”。第二天为正式过寿。老寿星穿戴整齐，手拄龙头拐杖坐到寿案左侧，点烛烧香放鞭，宣读祝寿词，事毕，接受客人拜寿。儿女侄孙辈都要给老人磕头祝寿。贺寿人送的礼物称为寿礼，鸡蛋称为寿蛋，挂面称为寿面，红糖称为寿糖等。每个地方虽祝寿的细节、时辰、称谓不同，但是，祈寿、祝寿的内涵是异曲同工的。生日有大有小，无论是过生日还是过寿，逢十就称大生日，其他都是小生日，小生日自家人聚在一起吃吃喝喝即可，大生日一般都过十之前的那一年生日，因为民间有过九不过十的习俗。如六十岁为大寿，但要把五十九岁当作大寿庆贺。无论大生日还是小生日，只要父母尚在，那天都要先敬父母养育之恩。全家一起就餐时，离不开面条和桃子。吃面条也有讲究，年轻时叫作扎根尾巴，年长时称为长寿面。现在居民多通过吹蜡烛、分蛋糕完成祈寿、祝寿的过程。

（三）喜

喜，是人的感情之一，是中国的七情[①]之首。相较于吉祥文化镜像的其他四类，除了具备其他四类的庄严、肃穆、凝重、神圣等特性外，还多了几分轻松、幸福、欢乐、愉悦甚至俏皮。喜是喜庆文化的内核，因为多了几分亲近，而显得更接近地气。在传统文化中承载喜的文化，表达喜的精神的习俗是喜闻乐见的。

三“喜”涵盖了民众对于喜庆的理解。第一“喜”即“喜”字本身。中国人素有“喜”字情结，简单的期望，朴实的念头，将人生化成一个汉字，这就是“喜”字，吉祥和喜悦，永远如影随形，亦步亦趋。所以举办婚礼俗称“办喜事”，举行婚礼的日子叫作“好日子”，女人怀孕称“有喜”，至今仍有许多地方，民间还有“害喜”一说，用“害”字形容女人怀孕时如害病一样的妊娠反应。生完孩子，许多人过来贺“喜”，派人通报消息为报“喜”。老人长命百岁，子孙满堂，无疾而终，民间会置办“喜”寿。第二“喜”为“禧”。“禧”字，是个从示、从喜、喜亦声的合体字，原本是祭神以求得福祉的意思，由此引申出吉祥、喜庆以及幸福的意思。“禧”字主要用于节庆场合，比如，新春佳节来临，有在

① 七情，即喜、怒、忧、思、悲、恐、惊七种情志变化。

门上或房梁上贴“禧”的习俗，在百姓的心里，过年就要热热闹闹，欢天喜地，穿新衣，吃好饭，追求祥和团圆的气氛；盛世对于百姓来说无外乎就是平平安安、无病无灾、有吃有喝、高高兴兴，而这些全部的镜像都可以归纳成“禧”字。第三“喜”为“囍”，该“囍”更多地用于婚嫁场合，中国人男婚女嫁，总爱在门窗上贴两个大红双喜来渲染气氛，祝福婚姻如意美满。“囍”是从“喜”“禧”两个字演变过来的，“囍”由两个喜字组合，含有夫妻恩爱，天长地久的意思，在传统的婚俗中，迎亲之日，男女双方分别在自家门、街门粘贴大红喜字，不过大红喜字也是有讲究的，俗规男方家贴“囍”，女方家贴“禧”，这样禧与囍就分别显示了不同的功能。不过，“禧”的影响力在民间远不如“囍”深远。在我国从南到北，从城市到农村，只要办婚事都能看到“囍”的身影。

抽象化的喜气，具象化的喜神。喜神就是吉祥神，人们求吉避祸，图的就是高兴喜乐，因此就臆想出来一个喜神。最具有代表性的喜神应为月下老人，俗称“月老”，专管婚姻。在月老阁举行婚礼，让月老见证二人的婚姻，寓意白头偕老，长长久久，类似这种神祠在中国特别有名。关于月老与月老阁民间也有一段有名的传说，即唐代少年韦固被月下老人定姻缘的传说，并从传说中引出广为流传的俗语“千里姻缘一线牵”。除了神的具象化，代表喜的还有一种动物，鹊。喜鹊是我国民众最喜欢的吉祥鸟之一，“人闻其声则喜”（《禽经》），因此喜鹊成为鹊的俗称。雌雄喜鹊在繁殖时期，会耳鬓厮磨，雄鹊会站在枝头朝着雌鹊鸣叫，有时还将最好的食物一口一口喂到雌鹊的嘴里。民间称“双鹊噪春”，为万物复苏的大自然增添了吉祥之气。“鹊桥相会”是我国四大民间传说之一《牛郎织女》的经典桥段，在这个故事中，有情人牛郎和织女被王母娘娘拆散，王母娘娘还用自己的发簪划出一条宽阔的天河，把织女与牛郎隔开，使这对恩爱夫妻只能日日相望不能相依。织女思念牛郎，不管白天黑夜、刮风下雨总是站在银河对岸遥望着。牛郎也十分想念织女，他两眼巴望，望穿秋水。这天织女看到几只喜鹊要飞到对岸，写了几句话让喜鹊帮忙捎给牛郎。

牛郎读完织女的信十分感动，写了回信，让喜鹊捎过对岸给织女。织女读后泪流满面，又写信给牛郎，表达自己誓死相爱的决心。就这样互通书信，你来我往，彼此不断。这天喜鹊携带着织女的书信正要飞向对岸时，被王母娘娘截获。

王母娘娘打开书信，看罢，感到织女与牛郎确实感情深厚，恩爱无比，难以拆散。这是缘分也是天意。虽然人间的凡夫与天上仙女不能匹配，但彼此已经是情比金坚了。自己不该从中作梗，拆散这对美满婚姻。

王母娘娘反复掂量后，写了封信让喜鹊带给织女："喜鹊帮忙帮到底，银河七夕桥架起，一年一度相聚喜，莫怪老娘不懂理！"织女看后万分高兴。此后，每年农历七月初七的晚上织女都会渡过银河与牛郎相会，喜鹊来搭成桥梁。人们称其为鹊桥相会，一直流传至今。

吉祥文化在形式和内容上都表现出了本民族的特点，它会影响民族的每个成员，渗透人类活动的各个方面。浓烈的吉祥文化处处体现着一定历史条件下人民对幸福、官运、长寿、喜乐、财富的追求，这一切构成了民族文化方阵中独树一帜的吉祥文化。中国人的内心世界，离不开对那片吉祥文化的固守，要想走进中国人的内心世界，也离不开对吉祥文化的外在表现与人类镜像的把握。对它的了解能让我们更好、更全面地理解它，真正感受到中国人心中的那片吉祥的样子。

参考文献：

[1] 马知遥. 论吉祥文化的精神镜像和艺术表现 [J]. 艺苑，2007(4).

[2] 马知遥. 论民间动物图案中的吉祥情结 [J]. 艺苑，2008(5).

[3] 顾雪梁，刘法公. 中西文化对比 文化篇：十二生肖寓意详解 [M]. 北京：国防工业出版社，2006.

[4] 钟敬文. 民俗学概论 [M]. 上海：上海文艺出版社，2009.

[5] 李然，姚传义. 生肖蛇 [M]. 济南：齐鲁书社，2005.

[6] 刘锡诚. 吉祥中国 [M]. 上海：上海文艺出版社，2012.

[7] 沈壮志. 图说十二生肖：兔 [M]. 西安：世界图书出版西安公司，2007.

[8] 沈壮志. 图说十二生肖：羊 [M]. 西安：世界图书出版西安公司，2007.

[9] 王华，高琼. 生肖鸡 [M]. 济南：齐鲁书社，2005.

[10] 王军云. 中国民间吉祥图典 [M]. 北京：北京华侨出版社，2006.

[11] 文运长，魏静泉. 中国一百吉祥神 [M]. 北京：民族出版社，1994.

[12] 殷伟，殷斐然. 中国福文化 [M]. 昆明：云南人民出版社，2005.

[13] 尹笑非. 中国民间传统吉祥图像的理论阐释 [M]. 上海：上海书店出版社，2009.

[14] 于爱成. 祥瑞动物 [M]. 北京：中国社会出版社，2006.

[15] 张道一. 吉祥文化论 [M]. 重庆：重庆大学出版社，2011.

[16] 左汉中. 中国吉祥图像大观 [M]. 长沙：湖南美术出版社，1998.

[17] 朴明实. 传统“吉祥”文化的传承与发展 [J]. 艺术与设计（理论），2010（2）.

第十四讲　中国玉文化探源

一、玉文化的含义和探讨的必要性

石之美者，温润有方。玉在中国人的心目中是美的化身，象征着纯洁与美好。中国的玉文化至今已有一万多年的历史，中国人自古就有崇玉、爱玉、佩玉、藏玉的情怀。中国玉文化与儒家思想关联密切，玉文化同样具有浓厚的道德色彩。不论是项链、耳环、戒指、发饰还是镯子，人们喜欢戴一些玉首饰在身上，以祈求一份安康与吉祥。英国著名的中国科技史专家李约瑟曾说："对于玉的爱好，可以说是中国文化特色之一。"曹雪芹在《红楼梦》中写"玉是精神难比洁"，将玉从一个简单的物件升级为一种精神文化。

（一）玉的由来

汉代的许慎在《说文解字》中对玉的解释是："玉，石之美者。""石之美者"，简单的四个字，道出了玉的物质属性与审美属性。在古文字中"玉"字是没有右下角那一点的，与帝王的"王"字是同一个字。汉代思想家董仲舒在解释"王"字时说道："古之造字者，三画而连贯中谓之王，三画者，天、地和人也，而参通者王也。"《说文解字》中对玉字形的解释是："三玉连贯也。"即三块儿美玉用一根绳子串联起来，同样代表着天地人通。后来，人们对玉有了这样的解释："王"字加一点便为"玉"，即王者怀抱一块石头，王者怀抱着的美石必然异常珍贵。

在《辞源》和《辞海》中，可查到的以"玉"为部首的字多达五百多个，有

“玉”字在内的成语、词语、句子也有上千条。在一些植物中也可看到玉的身影，如玉兰花、绯花玉、乌羽玉、晚香玉等；在中国，很多城市的名字含有玉字，如广西玉林、甘肃玉门、云南玉溪、江西玉山、青海玉树以及山西右玉等；一些名胜风景也多带玉字，如玉泉山、玉龙山、玉皇顶、玉佛寺、玉带河等；甚至在神话传说中也有玉的身影，广寒宫中与嫦娥为伴，月桂树下捣药的兔子就被称为玉兔。玉文化已成为中华文化不可分割的组成部分。

人类使用石器已经有上百万年的历史了，从考古遗存来看，原始的人类在使用石块进行狩猎或攻击的时候，被撞击碎裂的石头碰巧形成了锋利的断面，他们发现可以利用这个断面切割食物或者撬开果壳，于是人们便学会了用敲打的方式加工石块，打制石器由此形成，这一时期在人类进化史上称为旧石器时代。大约在距今一万年左右的时期，人类学会了使用磨制石器，由此进入新石器时代，同时也加深了原始人类对石材这一特殊材料的各种特性的认识。在磨制的过程中，人们发现石头有软和硬的差别，更有美和不美的区别，人们发现有的石头颜色鲜艳明亮，打磨之后容易呈现温润的光泽，而且这类石头磨制之后的刃口锋利且有韧性，比普通石头的锋刃更不易折断。于是“玉”这一概念便在人们的认识中产生了，人们开始选择“玉”作为材料磨制成工具，不同的工具也有了多种多样的分类，如矛、匕、斧、锛等。还有一些更为美丽的石材被选出来磨制成饰品或者祭祀用的物品，由此便出现了玉器。大量玉器的出土更加证明在新石器时代，人们对于玉和石的选择已经有了自己的标准和目的，已经不是无意识地选择。由于红山文化、大汶口文化、良渚文化等遗址不断有玉石雕刻被发现，证明了我国原始先民早在6000年前就结束了玉石不分的状况，完成了从石到玉的认识。因此，中国玉器起源的时间，应为新石器时代早期，即距今一万年左右。玉作为一种特殊的物质，表明了特定的思想观念逐渐走入了中华文明的视野，也拉开了中国古代玉文化的序幕。迄今考古发现批量出土的最早的玉器，是内蒙古敖汉旗宝国吐乡兴隆洼村发掘的兴隆洼文化玉器，以及辽宁省阜新蒙古族自治县沙拉乡查海村发掘的查海文化玉器。经测定，两地玉器的年代同期，均在距今8000年左右。

东汉许慎在《说文解字》中第一次概括了玉的概念，他指出：“玉，石之美者，有五德。润泽以温，仁之方也；䚡理自外，可以知中，义之方也；其声舒扬，专以远闻，智之方也；不桡而折，勇之方也；锐廉而不忮，洁之方也。”这个概念肯定了玉的基本属性，并总结出了玉的五大特征，即坚韧的质地、细腻温泽的纹理、温润美丽的光泽、华美的色彩和悠扬悦耳的声音。

（二）玉的种类

中国是世界上玉石分布地域最广、产量最大、开采历史最悠久的国家。在1997年5月1日正式实施的《珠宝玉石名称国家标准》中，玉石被定义为：“由自然界产出的，具有美观、耐久、稀少性和工艺价值的矿物集合体，少数为非晶质体。”中国玉器行业认定的玉有很多种，如：和田玉、岫玉、绿松石、翡翠、青金石、玛瑙、水晶、珊瑚等。

1. 和田玉

和田玉又叫“新疆玉”“昆仑玉”，主要产自新疆维吾尔自治区塔里木盆地以南的昆仑山北麓，成矿带延续长达1100多千米。和田玉是中国传统玉器制作的主要原料，与河南的独山玉、辽宁的岫玉、陕西的蓝田石并称“中国四大名玉”，其中和田玉最受人们的青睐。很多宫廷玉器多用和田玉制成，所以和田玉又有“帝王玉”之称。

和田玉有三种天然产出的形状，代表了三种不同质地的玉料，即籽玉、山流水玉和山料玉。籽玉是指埋藏较浅的和田玉矿石，因为冰川、泥石流、自然风化、河水冲刷等自然原因被冲到河流下游，呈现鹅卵石状的样貌，表面光滑，大小不一，是最佳的玉料；山流水玉是在河流中上游形成的，表面较为光滑，质地介于籽玉和山料玉之间，属优良的料种；山料玉是直接从山上开采的和田玉矿石，呈现不规则的棱角状，大小不一，质地没有籽玉好。

决定和田玉好坏的还有玉色，和田玉的颜色大致可以分为羊脂玉、白玉、青玉、黄玉、墨玉、碧玉等。羊脂玉洁白纯净，是和田玉中最名贵的品种；白玉质地纯正，玉色越白越好；青玉以青色为主，质地较白玉差；黄玉的品质与羊脂玉相近；墨玉的颜色由墨色到淡黑色，全黑色的墨玉可以用来制作器皿；碧玉的颜色有绿色、深绿色和暗绿色，以质地细腻、颜色纯正、具有油脂光泽的墨绿色碧玉为上品。

2. 岫玉

岫玉，又名岫岩玉，俗称新山玉。因为产于我国辽宁省岫岩满族自治县而得名。岫玉在中华古玉文化中有两项首屈一指，其一，岫玉是我国先民最早使用的玉材。我们所熟知的著名的河北满城汉代中山靖王刘胜、窦绾夫妇墓中出土的金缕玉衣就是用岫玉制成的。其二，1960 年 7 月 22 日，岫岩发现了一块中国最大的玉石王，这块巨型玉石长 5.5 米、宽 4.5 米、高 2.5 米，重 260.76 吨，玉质晶莹，后被雕琢成一尊世界上最大的玉佛，并于 1997 年入选吉尼斯世界纪录。岫玉在玉器雕琢中应用范围十分广泛，既可以雕琢人物、鸟兽、器皿等，也可以用于制作印章、手镯等文玩产品和玉石饰品。岫玉分为蛇纹石类岫玉和闪透石类岫玉，祁连玉便属于蛇纹石类玉种，祁连玉盛产于甘肃省酒泉市祁连山。

《艺文类聚》中引自《十洲记》所云:“周穆王时，西胡进献玉杯，是百玉之精。月明夜杯照于庭中，比明旦。而水满于杯中，汁甘而香美。斯灵器也。”意思是说祁连玉杯体琢磨得非常薄，好像月亮的光线都可以透过似的。由此来体现玉质和工艺的精妙。唐代王翰的一首《凉州词》将祁连玉的美传遍了天下:“葡萄美酒夜光杯，欲饮琵琶马上催。醉卧沙场君莫笑，古来征战几人回。”祁连玉制成的夜光杯具有耐高温、抗低温的优点。

3. 绿松石

绿松石又名松石，古名为“琅玕”，也有人称“碧甸子”。中国的绿松石产于湖北襄阳一带，绿松石在中国古代使用广泛，历代文物中多见绿松石制品，多为宫廷制品和礼仪装饰，甚至是祭祀神灵的物品。从世界范围来看，出产绿松石的国家有很多，如伊朗、埃及、巴西、美国、智利等。早在石器时代，绿松石就开始作为玉石饰品来使用。绿松石多呈天蓝色、绿色、蓝绿色或灰绿色，产于多雨水的地区。

4. 翡翠

翡翠被誉为玉石王者，是我国古代最重要的玉石品种和玉石雕刻材料，在明末清初由于受到皇室的喜爱，获得了和和田玉同样显赫的地位。中国并无翡翠出产，国内的翡翠主要来自缅甸，缅甸乌龙江是世界上最重要的翡翠产出地之一，所以翡翠又被称为“缅甸玉”。翡翠的后期加工多在中国完成，并成为中国玉器制作的常用材料。在清代以前，和田玉被尊为“玉石之王”，在清代后翡翠开始取代和田玉成为新的“玉石之王”。

5. 青金石

青金石因样貌像极了星光灿烂的夜空，而深受人们的喜爱。《石雅》有言：“青金石色相如天，或复金屑散乱，光辉灿烂，若众星丽于天也。”清代朝廷组织祭天仪式，皇上或主祭人所佩戴的玉饰必须为青金石。祭坛设宝多为深蓝色，北京天坛的主体建筑也以青金色为主色调。青金石在我国古代也被称为“琉璃”。颜色呈现独特的蓝色或深蓝色。青金石主要产于阿富汗、智利等地。阿富汗的青金石品质在世界范围内属最佳。根据文献记载，我国古代西北地区有青金出产。在《拾遗记》中写道：“昔始皇为冢，敛天下瑰异……以琉璃杂宝为龟鱼。”这里所说的龟鱼便是青金石，这也是青金玉器用于帝王丧葬的最早记载。青金石是佛门七宝之一，佛教中也将青金色作为佛家庄严的形象色彩。《观佛三昧海经》中说道：“至于成道，以佛发为绀青色矣。”寺庙中释迦牟尼的顶严多做成青金色。

6. 玛瑙

因为玛瑙原矿的外观很像大型动物的脑型或脑沟，所以以马脑的谐音为名，是如今流传较为广泛的一种说法。古人认为玛瑙是辟邪的器物，《拾遗记》中写道：“玛瑙者，言是恶鬼之血凝成此物。”“丹丘之野多鬼血，化为丹石，则玛瑙也。”把玛瑙说成是诛杀恶鬼后流出的鲜血凝结而成的，玛瑙做成的挂件据说是最好的辟邪之物。我国玛瑙的产地有东北地区的黑龙江、嫩江流域以及辽宁的凌源和阜新。

7. 水晶

水晶是指结晶完好而且透明的石英，多呈柱状，多产于岩石的晶洞和裂隙中，也被称为水玉、千年冰等。有无色、黄色、紫色、褐色等。我国水晶的产地主要集中在山东、山西、广东、海南等地。在中国传统文化中关于水晶的说法有三类。其一，认为水晶是由水或者是冰变化而来的。《琅嬛记》中记载，唐贞观年间有一个叫韦维的人，有一年冬天天气特别寒冷，他家中的水池全都结了冰，直到第二年春天都不见这些冰化掉，于是他便用凿子敲这些冰，才发现水池中所有的冰都变成了水晶。其二，认为水晶具有防腐的功效。《酉阳杂俎》中写道，在水晶做的碗里放上水，夏天蚊虫不会靠近，东西不会腐烂，眼睛不适的人喝了水晶碗里的水病就会好。其三，水晶是佛家七宝之一，阳光照在水晶上会产生三棱镜一般的折射效果，古人将其称为佛光普照，所以也称水晶为菩萨石。

我国内蒙古、江苏、海南、吉林、青海、福建、广东等地盛产水晶，水晶也可做成光学镜片和玉雕作品。

8. 珊瑚

珊瑚属于玉类，古人称其为火树。古人把珊瑚视为宝贝，也赋予其长生不老仙药的说法。珊瑚也是佛门七宝之一，如来像的须眉和唇舌皆做成珊瑚色。唐代诗人韦应物在《咏珊瑚》一诗中写道："绛树无花叶，非石亦非琼。世人何处得，蓬莱石上生。"珊瑚是珊瑚虫在海底常年自相堆积形成的化石。珊瑚逐年生长，其内部纹理犹如年轮，剖面呈现同心圆的样子。最好的珊瑚呈艳红色。珊瑚质地细腻，材质柔和，富有韧性。珊瑚主要产区在地中海、非洲沿海地区、日本海和我国的南海。

（三）玉的颜色与五行

民国时期章鸿钊著的《石雅》中写道："古人辨石，重在色而不在质。"《潜确类书》中写道："玉有五色，白黄碧三色俱贵，白色如粟者尤贵。餐色油然及有雪花者次之。黄贵色如粟者，谓之甘黄，焦黄者次之，碧色青如蓝黑者为上，或有细黑星及色淡者次之。亦有赤玉红如鸡冠，允称最贵之品，而世少见。绿玉则深绿色者为佳，淡者次之，甘青玉其色淡青而带黄，菜玉非青非绛，色如菜叶最下。墨玉价亦不高。"古时，白者以白玉为最尊，绿者以翡翠为最贵，红者以珊瑚为最美，蓝者以青金为最佳。尽管皇家气派，万千色彩。也是以青金之蓝，珊瑚之红和松石之绿三色构成中国古代宫廷色彩的三原色。在清朝，不同的官职顶有不同的宝石装配，一品为红宝石、二品为红珊瑚、三品为蓝宝石、四品为青金石、五品为水晶、六品为砗磲、七品为素金顶、八品为阴文镂花金顶、九品为阳文镂花金顶。

玉的颜色与五行图也有着对应关系。五行学家根据阴阳五行，将东、西、南、北、中，分别配以五种色彩。每种颜色又各配一神兽，东为青色，配龙；西为白色，配虎；南为朱色，配雀；北为黑色，配武；黄为中央正色。古人认为青、白、黑、朱、黄为正色，其他是间色。因此，常见的玉也被分为五大色，即青、白、黑、朱、黄五色。

（四）三礼玉器

“三礼”是《周礼》《仪礼》和《礼记》的总称，是我国古代重要的典章制度。“三礼”中关于玉的论述非常多，构成了我国时间最早、内容最全的一部古代玉论，故有人将其称为“三礼玉论”。

《周礼》中提到：

“以玉作六器，以礼天地四方：以苍璧礼天、以黄琮礼地、以青圭礼东方、以赤璋礼南方、以白琥礼西方、以玄璜礼北方。皆有牲币，各放其器之色。”

“以玉作六瑞，以等邦国：王执镇圭、公执桓圭、侯执信圭、伯执躬圭、子执谷璧、男执蒲璧。”

六器专门用来祭祀天地和东、南、西、北四方之神。六瑞由天子按照职级发放，用来表示朝廷命官和各方诸侯的大小尊卑。所以，六器与六瑞也可以说是政治用玉。

1. 璧

璧是六器和六瑞之首，是一种中心有孔的片状圆形玉器。璧有三种含义：一是昊天上帝的象征；二是君主和政权的象征；三是吉兆和吉祥的象征。《尔雅·释器》中对璧的形制标准做了明确的解释：“肉倍好，谓之璧。”其中“肉”是指璧的圆形实体，“好”是指璧中间的圆孔。所以“肉倍好”的意思是边玉的宽度必须是中间圆孔的两倍，只有符合或者接近这个标准的玉器才能称之为璧。

说到璧，最著名的便是和氏璧的故事。相传春秋时期，楚国人卞和在荆山发现了一块璞玉，便想将这块玉献给楚厉王，但宫廷的玉工却认为这一块儿毫无价值的石头，厉王便以欺君之罪砍去了卞和的左脚。楚武王即位后，卞和再次将玉献上，结果武王以相同的罪名砍去了卞和的右脚。再等到楚文王即位，卞和不敢轻易进宫献玉，便抱着这璞玉在荆山脚下痛哭流涕。文王听说后派人去询问缘由，卞和说道：“我不为自己失去双足而伤心，伤心的是宝玉被人说成是寻常的石头，忠诚被说成是欺骗。”文王听说后，立刻派人去迎接璞玉，令人剖开，果真发现这是块稀世美玉，这块玉被称为了“和氏璧”。秦始皇统一六国后，命玉匠将和氏璧精心雕琢成传国玉玺，上面刻着“受命于天，既寿永昌”八个篆字，成为帝王至高权力的象征。五代后唐废帝李从珂被契丹击败，便持玉玺登楼自焚，和氏璧从此下落不明。

2. 琮

琮是一件外方、内圆、中间空的筒状瑞玉，也是重要的礼器。在六器中位列第二。琮也有三个方面的象征含义。其一，琮代表地，璧代表天。琮适用于阴，璧适用于阳。所以琮常用来象征地神专门来祭地。古人相信天圆地方的说法，用琮之外方代表大地，用璧之圆代表天。其二，象征着祖宗和宗庙。其三，是王后和诸侯夫人的瑞玉，是母性的权柄。琮的内圆即象征女性。

3. 圭

六瑞中，圭是古代帝王、诸侯以及高级官员们在官场上举行各种典礼仪式时拿在手上的一种玉器。六器中圭是祭拜东方之神的祭祀品，圭的应用范围也比较广泛，圭有素面的，不做任何装饰，也有雕琢成兽面、人面、山形等原始纹样的，还有镌留文字的。

4. 璋

璋是六器中用来祭祀南方之神的祭器。璋以圭的造型为基础，在圭的上端切去一角，将圭的平头改成尖头。古人通常将璋埋于地下或沉于水中作为祭品，同时也须享以牛羊牺牲，并用圭璋做勺子的手柄舀酒行灌礼。璋也可以供给君王，作为赠送宾客的礼品，或为上公执持，用来召见、询问、聘用高级人才。诸侯之间互相询问，亦以圭璋见礼。璋的形制像是玉版削去一角，非常简约。

5. 琥

琥是专门用来祭祀西方之神的祭器。刻玉为虎形，用白色的玉材雕刻而成。白琥是专用的礼神玉器。根据古代传说，虎原来是西方氏族的远古图腾，之后逐步演变为代表西方的神。后世以玉虎为符，号称虎符，作为调兵遣将之用。

6. 璜

璜在六器中专用于礼敬北方之神。此璜必须为黑色的玉。璜的形制相当于环的一部分，璜的来源有半璧说、半宫说、彩虹说、神龟说，等等。无论是哪种说法，璜是一个弧形玉器是没有疑义的。整圆为璧，璧象征着天。半圆为璜，璜象征着半边天。但从出土文物中看，璜没有璧的一半大小，仅仅是璧的一小部分。

（五）三礼玉器的用途分类

1. 礼用玉器

礼用玉器是指用来表示统治阶级上层集团的权势和等级，用于政治礼仪活动的专用玉器。礼用玉器以圭璧为主，加之琮、琥、璋。琮、琥、璋既能用于人，又能用于神。当用于人时是礼器，用于神时是祭器。礼用玉器有两个重要的特征即鲜明的王权特征和等级特征。

2. 祭用玉器

祭用玉器专指用来祭祀天地四方、日月星辰、山岳河川以及其他各路神灵的玉器。玉器在祭祀活动中主要以两种形式出现，一种是作为神灵的象征供奉在庙堂或者祭坛之上受人膜拜。另一种是作为祭品陈放在供桌或者几案上让鬼神享用。或者将玉器埋于地下或沉于河中，祭祀山神和河神。

3. 丧葬玉器

丧葬玉器是指古时在丧礼和葬礼时所用的玉器。丧玉和葬玉不同，葬玉要放在死者身上或者棺椁之中，伴随尸体一同入土的玉器。古人相信玉器既然能在人间作为特权的标志，那么在阴间也一定如此。为了使死者到阴间以后仍位居人上，尽量将人间所有的宝贵玉器埋于墓中。另外，古人相信在死者的身上或者棺椁上放玉可以使死者尸身不腐。著名的金缕玉衣便属于葬玉的范畴。丧玉用法比葬玉简单，主要为宾客赠送以表达哀悼之意。比如，玉蝉便是祝愿死者能像蝉蜕壳一般升入天国。

4. 佩用玉器

佩用玉器专指用于人身装饰的玉器。所谓佩玉，即人身所戴的玉器。佩玉本身也是等级的标志。按照“三礼”的规定，天子以白玉为佩，用黑色的丝带串联；公侯以山玄玉为佩，用红色丝绳穿系；大夫以水青色的玉为佩，用纯色的丝绳穿挂；士子用瑜玉为佩，用杂色的丝绳相连；士用美石作佩，用赤黄色的丝绳相贯。玉佩同时也是君子道德的象征。

5. 财货用玉器

财货用玉器主要指货币。玉在古代即为财富。玉币的前身是货贝，是我国最早出现的一种货币。其为人所用源于夏，盛行于商，而衰于周。在商周时代，人们在商品贸易活动中当货贝数量不足的时候，也曾将玉、石、骨、陶等制成贝的形状充当货币，玉币便由此产生。

6. 军用玉器

军用玉器主要有两类，一类是牙璋，另一类是玉制兵器。《周礼》中规定，将帅用牙璋作为调兵遣将的凭信。古代常见的玉制兵符有玉虎符、玉鱼符、玉鹤符等等。再往后的兵符便是金属制的了。古时候玉制的兵器非常多，但多不用于战争，而是作为仪仗使用。

7. 节用玉器

节用玉器是在邦交礼仪中使用的瑞信玉器。古代诸侯国使臣来访时，必须要出示一种凭据作为身份证明，也作为意愿的表示。这种凭信就叫节。天子之节叫玉节，代表国家的意愿。其他各邦国之节则用动物的角或者金属做成。

8. 嵌用玉器

嵌用玉器是作为配件镶嵌在其他器具上面的玉器。一般不作为器皿来使用。古代有很多器具都是用玉来进行镶嵌装饰的。一来为了求美观、提身价。二来为了通神灵求吉祥。早在远古时代就有镶嵌绿松石的器具出现。嵌用玉器品种较多，有食器类、家具类、舆服类、军械类等。

9. 乐用玉器

乐用玉器是在礼乐中使用的玉制品。礼为治国的典章，乐同样是不可或缺的组成部分。玉器在礼乐中的作用主要表现在两个方面。其一是用于音乐中，用玉石做成乐器，典型的代表是玉磬，谓之玉声。其二在歌舞中使用，乐师们吹奏管乐，舞者手中拿着戚舞蹈，场面十分壮观，乐人手中拿着的戚便是用玉琢磨成的斧，是礼乐的道具，是乐用玉器。

10. 食用玉器

食用玉器是供人吃的玉，严格来说不能称之为器。《周礼》中规定君王在斋戒之日要吃玉府供给的可以食用的玉。食玉是周王朝礼仪的内容之一。按古籍记载，有玉屑、玉浆等。当时玉食被当作一种神圣的东西。

二、玉文化的深层解释

中国玉文化之所以能够深入人心并一直延续发展至今，除了玉器材料本身的魅力之外，凝结在这些玉器背后的文化内涵更值得深思。人们赋予了玉多种多样的文化内涵，甚至将它视为集天地之灵气，日月之精华的神物。从最初的图腾崇拜，到以玉比德，以及丰富的神话传说故事、诗词歌赋、典章字句，玉在人们心中绽放着内涵之美。

（一）玉的象征

玉是神灵的象征。古人认为，玉藏于高山深处，历经风霜雨雪的磨砺，具有灵性，并将其视为神物。玉被当作原始图腾，受到人们的崇拜，人们甚至将玉石制品作为氏族的标志。玉不仅在原始宗教中充当着沟通人与神的角色，而且被赋予了辟邪禳灾的功能。人们将玉作为保护神，制作成护身符随身携带，死后也同尸身相伴。

玉是权力的象征。随着等级制度的出现，系统的用玉制度也相继出现。人们通过玉的品类、纹饰、色泽、数量等，来体现身份地位的高低。进而玉成为权力与地位的象征。据考古资料显示，凡是有精美玉器出土的墓葬，其主人都是身份地位显赫的贵族，在一般平民百姓的墓葬中，不见或很少见到玉制品。

玉是道德的象征，也是儒家思想中美德的体现，并成为君子为人处世、洁身自爱的标准。无论是天子还是庶人，都将佩玉当作高尚品格的象征。孔子提出“君子比德于玉”的观点，将玉的品质与儒家道德伦理规范进行比照，阐述了玉的仁、义、礼、智、信等多种内涵。

玉是财富的象征。因为玉产量稀少，所以十分珍贵。管子曾经说道：“珠玉为上币，黄金为中币，刀布为下币。”由此可见古人对玉器的珍视程度。中国有句俗语“黄金有价玉无价”，也足可体现玉所象征的财富。

玉是吉祥的象征。在明清时期，很多玉器作品“图必有意，意必吉祥”；从唐宋开始，玉器趋于世俗化，渐渐不再为上层所独有，而是走向民间。玉器的纹饰与样貌或反映古人得道升仙的思想，或表达人们对美好生活的向往和追求，祈求吉祥如意。玉器的题材种类也不断扩大，采取人物、动物、植物以及民间谚语、神话故事等为主题，运用比喻、拟人、双关、象征、谐音等手法，表达吉祥美好的寓意。

（二）以玉比德

东汉许慎《说文解字》中说：“玉，石之美者，有五德。润泽以温，仁之方也；䚡理自外，可以知中，义之方也；其声舒扬，专以远闻，智之方也；不桡而折，勇之方也；锐廉而不忮，洁之方也。”

春秋齐国国相管仲在《管子·水地》中记载玉有“九德”：“温润以泽，仁也；邻以理者，知也；坚而不蹙，义也；廉而不刿，行也；鲜而不垢，洁也；折而不挠，勇也；瑕适皆见，精也；茂华光泽，并通而不相陵，容也；叩之，其声清搏彻远，纯而不杀，辞也。”

孔子提出了玉有“十一德”之说：君子比德于玉焉，温润而泽，仁也；缜密以栗，知也；廉而不刿，义也；垂之如坠，礼也；叩之其声清越而长，其终则诎然，乐矣；瑕不掩瑜，瑜不掩瑕，忠也；孚尹旁达，信也；气如白虹，天也；精神见于山川，地也；圭璋特达，德也；天下莫不贵者，道也。

还有荀子的七德说：仁、知、义、行、勇、情、辞。也由此可见古人对玉的喜爱，不仅是因为它优良的材质，瑰丽的色彩，更是因为其高尚圣洁之感和所蕴含着的丰富的伦理道德。如今，我们应当了解古人如何向玉求德，玉所蕴含的美德对我们弘扬中国优秀传统文化，促进国家和谐发展同样重要。在此选择几种玉的美德进行分析。

仁。几乎所有的玉德说都包含了“仁”。儒家崇尚仁义，提倡忠恕，政治上主张德治和仁治。玉石表面光泽温润，可滋养万物，给广大爱玉者温暖的感受。

智。“玉声”能够显示玉的“智”，因为玉的粒度组成和结构致密可以使它在玉敲击时发出金属般的声音。孔子在“十一德”中说了玉的发声原理，管仲强调的是玉可以让周围的人都得知消息。在科技水平并不是非常发达的年代，古人可以用玉声来传递消息，着实是一种智慧。

义。许慎认为玉石表里如一，体现了义；孔子认为玉是清廉而不为利益所诱惑的体现；管仲所强调的是坚强不屈，英勇就义。义体现在玉的硬度与纹理方面。

勇。管仲和许慎都提到了玉的勇德，玉宁愿折断也不愿弯曲，以玉的坚韧强调君子的坚贞不屈，宁为玉碎不为瓦全的高尚品德。

洁。管仲认为玉石能保持鲜美，不染污垢，洁身自好。许慎强调，玉石即便是破碎了，也有非常锐利的断口，体现出一种清廉之风，给人出淤泥而不染的感觉。孔子所称赞的“洁德”认为玉虽然是天下最美的一种重物，却从不以最美或最高贵而自居，是君子应当有的品德。

礼。中国是礼仪之邦，但在玉德中，只有孔子提到了玉的礼德。《周礼》中写道：“玉多则重，石多则轻。”唐代贾公彦在《盈不足术》中说道：“玉方寸重七两，石方寸重六两。”以和田玉为例，和田玉的密度比石头的密度大，从而使得玉挂件佩戴在身上，可以体现出很好的垂坠感，从而显示出一种彬彬有礼的感觉，就像是在行礼一般。

忠。忠德也由孔子提出，瑕，即玉的斑点。瑜，是玉的光彩。玉的瑕疵不会掩盖玉的光彩，同理玉的光彩也不会掩盖玉的瑕疵。比喻君子对人十分忠厚，并不以自己的优点来掩盖自己的缺陷，但也不会因此而缩小自己的优点。管仲认为忠诚而不分彼此，优缺点可以互相公开的感情才是真情。管仲所提到的“精”与“忠”相似。

信。此处强调的是玉色，玉的颜色呈现得非常完整，毫无隐蔽之处，就像人表里如一值得信赖一般。

天地。玉是自然地质作用的产物，也凝结着天地之灵气。人的气质风度有如白虹，气质面貌有如山川。

容。玉有不同的种类与风格，外表与光泽相得益彰，而不是互相对抗，体现的是一种宽容。

（三）玉的传说

1. 女娲补天

女娲补天的传说有很多版本，其中一个版本是说当年共工与颛顼争帝位。共工被打败后一怒之下撞向不周山。不周山也就是现在的昆仑山，是天地之间的支柱，不周山被共工撞断之后，天地之间发生了一场巨变，天空向西北方向倾斜，大地向东南方向塌陷，顿时洪水泛滥，大火蔓延，百姓生活在水深火热之中。女娲不忍子民们受苦，便决心炼石补苍天。女娲采集五色土为原料，炼出了五色石补天。天补好后还缺支撑东西南北四极的柱子，于是，女娲将背负天台山的神鳌的四只脚砍下来支撑四极。而多余的补天石便散落在大地上，成为如今的美玉。

《红楼梦》中提及了女娲炼五色石补天的故事。在大荒山无稽崖，女娲炼成了高 12 丈、长宽 24 丈见方的顽石 36 501 块儿，用鳌脚撑住四方的天，用芦灰止住了洪水。可是女娲只用了其中 36 500 块儿，剩下一块儿未用的，被抛弃在了青梗峰下面。谁知此石通灵性，可自由来去，变化大小。见到众石都去补了天，唯独自己没有入选，便自怨自艾。虽然曹雪芹在《红楼梦》中设计了众僧众道和多种神怪之说，但仍然确信这顽石是天生的，而非人工所为。

2. 玉山王母

《山海经》中记载，昆仑有一座山，满山都是五色的美玉，叫玉山。山上有一个母系氏族的首领。这位首领做了玉皇大帝的皇后，人称王母娘娘，统管众女神，并生育了七位仙女。后来，天宫的宫殿、花园、栏杆等等都变成美玉所制，于是便有了后世所称的玉带桥、玉河等。

3. 大禹治水

相传大禹治水初期，去考察龙关山，龙关山有一龙门，龙门有一个石洞，石洞非常幽深。大禹点着火把走进洞内，只见远处有一头猪，嘴里含着夜明珠，在猪的引导下看见一只青色的大狗，和猪一起为大禹指路，后来走了数十里，山洞变得明亮起来，只见猪和狗都变成了穿着衣服的人，大禹正感到奇怪时，前面又突然出现一位蛇身人面的神仙，这位神仙拿出一张八卦图，展示在大禹面前，并教他如何治水，又拿出一把玉尺，让大禹用玉尺来度量天地和河川。玉尺长一尺二寸，以合十二时之数，正是大禹梦寐以求的东西。而这位神仙正是中华人文始祖伏羲。

4. 皇娥与玉鸟

皇娥是黄帝的妻子，生子名少昊。皇娥晚上在宫中裁布，白天常常到西海之滨游玩。一天，有位神童从天而降，名为白帝子，自称是太白金星之子。白帝子与皇娥乘桴木做的船游玩，常常忘记回宫的时间，于是白帝子与皇娥以桂枝为表，结熏茅为旌，刻玉为鸟，置于表端，于是这只玉鸟便可以言四时之候。

有了报时的鸟儿，皇娥便与白帝子在船上舞琴弹唱。白帝子与皇娥并坐，抚桐峰梓瑟。皇娥倚瑟而清歌曰："天清地旷浩茫茫，万象回薄化无方。浩天荡荡望沧沧，乘桴轻漾著日傍。当其何所至穷桑，心知和乐悦未央。"白帝子答歌："四维八埏眇难极，驱光逐影穷水域。璇宫夜静当轩织。桐峰文梓千寻直，伐梓作器成琴瑟。清歌流畅乐难极，沧湄海浦来栖息。"

据说皇娥与白帝子雕琢的玉鸟便是布谷鸟，后来皇娥生少昊时，念念不忘与白帝子游玩的穷桑，所以给少昊取号穷桑氏，后人又将他们游乐的地方称为桑中，而玉鸟又发展为"相风玉鸟"，相风即古代候风之器，用木或铜做成鸟的形状，挂在屋顶或者船墙上面，以候四方之风。

5. 紫水晶和酒神

在希腊神话中，相传有一位美丽如玉的少女在森林中散步时被酒神追逐。森林女神狄阿娜看到后向少女伸出了援手，把少女变成一座雕像。酒神看到后，一怒之下便把手中的葡萄酒洒在了雕像上。当酒神走后，这座雕像就变成了晶莹剔透的紫水晶。人们认为紫水晶可以逢凶化吉、禳灾除难、祝将士百战不殆，还具有可以让人抵抗传染病的功效，并可以防止醉酒。

（四）语言文学中的玉

1. 字词中的玉

玉与美德相连，也往往和女子形象相关。常用"玉人"来形容美貌的女子，更有小家碧玉、玉貌花容、金枝玉叶、冰清玉洁、亭亭玉立、如花似玉，玉容、玉言、玉骨、玉手、玉体等词汇。

关于玉的常用成语有玉成其事、玉骨冰肌、冰清玉洁、玉树临风、金童玉女、金玉良缘、琼浆玉液、琼楼玉宇、锦衣玉食、雕栏玉砌等。

2. 文学作品中的玉

蓝田种玉的传说。据《搜神记》记载，陕西孝子杨伯雍因为母亲去世，在蓝田深山中守孝。碰到山中的路人赶路口渴难耐，便每天都从很远的地方挑山泉水过来，免费给人们烧水沏茶喝。一天，他看到一个老人饥渴昏倒，便把老人抬进屋中照料。老人醒后送给他一袋碎石，让杨伯雍把它种到山中，便可生长出宝玉，说完老人就不见了。杨伯雍照着老人的说法，将碎石埋入山中，不久果然长出非常多的各色各样的美玉。杨伯雍喜欢山下徐家徐公的女儿，徐公说除非拿出一双白璧才能求得女儿，杨伯雍去玉田直接拿了五双白璧给了徐公，求得娇妻。后来，蓝田山中有美玉的消息传了开来，很多人都来挖玉，夫妻两人的生活陷入了贫困。有一天，当年那位老人又出现了，又送了一袋碎石，但告诉他俩说，当太阳升起时，有轻烟飘出的地方才能挖到玉，但这种奇观只有穷人看得见，富人看不见。从此便有了孝子杨伯雍种玉得玉、美玉娇妻的美谈。更有唐代诗人李商隐“沧海月明珠有泪，蓝田日暖玉生烟”的千古绝句。

弄玉吹箫的传说。冯梦龙《东周列国志》记载，秦穆公有一女儿，因为抓周时手抓碧玉不放，因而起名弄玉。秦王给弄玉制作了一把玉笛，并修筑凤楼，供公主吹笛。一日，听闻有箫声传来，发现是一名叫萧史的书生所吹，秦王便又做了一把玉箫，让萧史教习弄玉。弄玉吹箫，玉箫声音如凤长鸣，引得凤凰飞来，两人在仙乐中坠入爱河，萧史乘龙，弄玉乘凤，秦王中意，便将其招为驸马。“乘龙快婿”“弄玉吹箫”“吹箫引凤”的典故便由此而来。弄玉被称为“玉女”，玉女成为通晓琴棋书画的淑女的代名词。

京剧《拾玉镯》的故事。明代，陕西书生傅朋在孙家庄遇到了少女孙玉娇在门前绣花，便心生爱慕，上前与玉娇搭讪，两人一见钟情。傅朋故意将玉镯丢在了玉娇的门前。玉娇看到后先是用脚踩，心想必是傅朋所留，想要拾起来的时候，又觉不妥，回到屋中。但又一想，玉镯可能会被别人拾去，便将手绢盖在了玉镯上，退回屋中。从屋中看四处无人，便鼓起勇气拾起玉镯，跑进屋中。这一幕恰巧被邻居刘妈所见，刘妈便拿着玉娇的绣花鞋去傅家说媒，上演了一桩玉镯传情的喜事。这个故事被排演成了多种剧目广为演出。

以玉为主要情节的作品还有很多，如《紫玉记》中十郎博兴误婵娟，直到残钗玉化烟的故事;《玉环记》书生韦皋和妓女玉箫以玉环为记转世相续爱情的故事；以及《荆钗记》《玉符记》《双璧记》《玉镜记》等。

三、玉文化的深入发掘对探索中国文明的重要性

中国玉器源远流长，其萌生到发展的历史将近万年。从考古学及其他科研成果来看，中国、中南美及新西兰为古代三大玉器产地，若以起源之早、延续之久、用途之广、工艺艺术之美、内涵之丰富等特点来衡量，中国堪称世界玉器产地的巨擘。玉器的历史从新石器时代开始几乎没有间断过，中国玉文化经历了漫长的发展历程。对玉文化背后内涵的深入挖掘，对探索中国文明大有裨益。

（一）玉器的简要发展历程

1. 新石器时期（约公元前 1 万—前 2100 年）

新石器时期是玉器产生和初期发展的时代，该时期出现了大量的神话传说故事。红山文化发现了“中华第一龙”，又称C形龙；良渚文化是中国长江中下游太湖流域一支重要的古文明，出现了刻线、浮雕等工艺，并出现了璧、琮、璜等大量玉礼器。

2. 夏商西周时期（前 2100—前 771 年）

这一时期处于原始社会向奴隶社会过渡阶段，玉器已经彻底从石器中分离出来，开始成为财富地位的象征物。帝王将贵重的玉器赏赐给大臣，可见玉器已经被赋予了政治内涵。河南偃师是夏朝晚期的王都，是二里头文化的遗存地。出土的绿松石兽面纹牌开启了玉石镶嵌工艺的先河。商朝开始使用青铜器作为琢玉工具。周朝大力推行以王权为中心的礼制，出现了以“六器”和“六瑞”为代表的礼玉。

3. 春秋战国时期（前 770—前 221 年）

这一时期中国社会由奴隶制向封建制转化，玉的礼仪功能开始减弱，出现了

佩玉之风。春秋时期铁器应用于制玉，各家玉德论开始出现。战国时各国都拥有了自己的玉匠，玉器纹饰开始流行几何纹。

4. 秦汉时期（前 221—220 年）

汉代丝绸之路的开辟为新疆和田玉大量进入中原提供了便利，兴起了佩玉、葬玉和用玉印章的风尚。玉玺开始成为皇权的象征。汉代玉器纹饰以动物纹和几何纹为主，出现了独具特色的“汉八刀”工艺。

5. 魏晋南北朝及隋唐五代时期（220—960 年）

这一时期是中国玉器发展史上的低潮期，连年的战乱造成国力衰弱，使得玉器的工艺开始变差。装饰玉器如玉佩、玉带饰等开始成为主流。隋唐五代时期国力开始复苏，玉器出现了多种新的款式。

6. 宋辽金元时期（960—1368 年）

在宋代，随着经济与商业贸易的发展，玉器工艺从宫廷走向民间，玉器种类也开始向世俗化、生活化方向发展。这一时期最有代表性的是春水玉和秋山玉，采用了镂雕技艺。

7. 明清时期（1368—1911 年）

随着经济贸易的发展，玉器制作的规模开始不断扩大，并向商品化方向发展。皇家用玉的数量也超过了以往任何一个时期。明代玉器上福禄寿的图案开始增多。清宫特设造办处，专管玉器的采办与制造。

8. 近现代时期（1911 年—今）

中华人民共和国成立前的一段时期，连年的战乱使得玉器工艺的发展举步维艰。中华人民共和国成立后，北京和上海成为国内最重要的玉器制作中心。并出现了一大批玉雕大师，也出现了南北不同的造型风格。

（二）玉器中的吉祥文化

吉祥文化是人类向往和追求吉庆祥瑞观念的反映，中国的吉祥文化是中国民间最为本土化的民俗观念所形成的文化。吉祥负载着人们心中诸如福禄喜庆、长寿安康、诸事顺利、学业有成等美好的祝愿。吉祥物大体分为四种类型，动物类：蜘蛛、蝙蝠、蝴蝶等。植物类：松柏、兰花、梅花等。器物类：古钱、衣饰、乐器等。神人类如：门神、八仙、财神、观音等。玉器作为贵重的材料，在表现吉祥文化的过程中，形成了自己独具特色的玉文化，当代的部分玉文化甚至可以说是中国吉祥文化在玉石材料上的具体体现。

中国玉器中常见的一些吉祥纹饰，都有其背后的深层文化解读。

观音：这是中国百姓非常崇奉的一位佛教人物，相貌端庄慈祥，有大慈大悲、普度众生、吉祥如意等寓意。

弥勒佛：常常为笑口大开、双耳垂肩、袒胸露腹的形象，有大肚能容、知足常乐的寓意。

寿星：形象为高脑门，白发白须的老者，意指健康长寿。

和合二仙：持荷花，捧圆盒，寓家庭和睦，夫妻团圆。

关公：三国人物，商人将其视作诚信的象征，是辟邪消灾的守护神。

仙鹤：形象高贵典雅，是延年益寿的象征。

龟：寿命很长，也象征着经验丰富、忠厚善良、受恩必报。

白菜：白菜与“百财”谐音，寓招财、聚财。

鹿：在古人心中是仁善、祥瑞之兽。

鱼：寓意有“余”。

蝉：代表高洁、不同凡响。

葡萄：呈现硕果累累的样貌，象征着丰收，寓事业有成。

船：象征一帆风顺。

凤：一般作为女性饰物造型，象征美丽、高贵。

麒麟：是一种仁兽，古时常用来称谓仁厚贤德的子孙。

（三）玉器的价值

古往今来，玉器都具有极高的价值，在诸多首饰、文玩中具有难以撼动的地位。而且每一种玉石的档次与品种也会相对稳定。人们对于玉的喜爱不分国度、种族、性别或是贫富。玉器的价值体现在其本身的六大特征之中。其一，玉器无论是颜色还是花纹都给人带来美的感受，虽然每个人对于某件玉石的审美不同，但都具有追求美的心态。其二，玉器有近万年的发展历史，具有丰富的文化内涵。就其本身的材质来说，也具有可以长久保存的特性。其三，常言道“物以稀为贵”，玉石并不是漫山遍野都可以寻找到的东西，同时也因为大量的开采而使得玉石原料日渐稀少，更加体现它的珍贵。其四，玉器具有丰富的吉祥文化内涵，承载着人们内心美好的愿望，这使得玉器充满了无穷的魅力。其五，玉器除了大自然赋予的与生俱来的美之外，经过人类智慧的加工设计，挖掘琢磨，形成了一件件美轮美奂的艺术品，这是材质的高贵与艺术的高贵的完美结合，给人们带来永恒的艺术享受。其六，玉器本身“礼”的内涵虽然在时代发展中不断改变，但不论是民间交往还是国家间馈赠，不论佩戴者身份地位如何，玉都表现出强大的“礼”的内涵。

玉文化，是中国传统文化的重要组成部分，是深入到中国人血脉里的文化，是中华民族宝贵的文化资源。中国玉文化有“宁为玉碎，不为瓦全”的爱国民族气节，有“冰清玉洁”的清正廉洁的操守，有“润泽以温”的无私奉献精神，还有“化干戈为玉帛”的和平友爱风尚，等等，无不深入每个国人的心中，值得我们更加深入地了解和学习。

参考文献：

1. 姚士奇. 中国的玉文化 [M]. 北京：中国国际广播出版社，2010.

2. 周佩玲，杨辉. 中华宝玉石文化概论 [M]. 北京：中国地质大学出版社，2012.

3. 杨德立，杨明月. 中国古玉和玉文化 [M]. 昆明：云南科技出版社，2017.

4. 姜莉君. 玉 [M]. 合肥：黄山书社，2016.

5. 王俊. 玉器 [M]. 北京：中国商业出版社，2015.

第十五讲 天津民俗和妈祖信仰

一、天津民俗概略

在中国华北平原东北部，有一座东临渤海，北倚燕山，地跨海河两岸的城市，她的名字叫作天津。天津地区早在新石器时代就有人类活动，算起来历史十分悠久，不过，直到封建时代的金朝与元朝，天津才迎来第一个发展机遇。金在此地设立“直沽寨”。从此，直沽被当成天津的代名词，一直沿用至今。元朝时，天津市一带负责大都[①]的军队和百姓的粮草，同时，凭着海河得天独厚的地理优势，不断吸引着商人们来此经商，推动了天津漕运文化的发展。这些文化融合在一起，你中有我，我中有你，形成了今天我们所看到的天津文化风貌和天津人的性格特点。

天津的民俗文化有着深厚的内涵与鲜明的特色，就像海河一样，源远流长，绵延不绝。它表现在生产、商贸、饮食、文艺、服饰、家族、民居、人生礼仪、岁时节令、交通运输、民间俗信、游艺竞技等各个方面。我们就是一群探宝者，天津民俗文化就是个百宝箱，等着我们去挖掘与探寻。但是，这些宝藏由于有的历史太过久远，已经不适应当下民众需求，仅仅停留在人们的记忆或历史书中，但是，它们曾经也在天津这方土地上生根、发芽、枯萎，像一颗流星划过历史的夜空。这些虽然不存在了，但依然值得我们敬畏与怀念。正是因为曾经的一切，才有了我们现在的天津市。不过，我们这里要找的是当下天津市依然能看到的民俗风貌。倘若阅读完本节内容，激起你对天津文化的浓厚兴趣，想更全面、深入

① 元大都，简称大都，是元朝的首都，遗址位于今北京市。

地了解天津，那就沿着我们课堂打开的这扇门去找寻天津的风情吧。

先说说生产民俗。它是人们在生产实践活动中产生并形成的乡土风俗。作为漕运文化发达的天津，渔、盐、手工业发展享誉国内外。在长期的渔业生产中，渔民们在渔船、渔具的制作，水产的捕捞、养殖、加工等方面形成了一套特有的习俗惯制。

天津位于九河下梢，临河傍海，渔业自然成为天津民俗文化的重要名片。说到渔业就离不开渔船，渔船，是渔业生产的基本工具。那么，它是如何融入天津人的生活中的呢？我们从繁复庞杂、事无巨细的渔业相关的民间规矩就可以看出一二。不同的作业方式采用不同的船舶，远海工作使用拉网的船，浅海使用插网船，内河使用小型船。渔民生产中，对与船有关的用语也十分讲究。比如，渔船起航叫作“出海”，返航叫作“收山”，船行离岸近是“走得矮”，反之，就叫“走得高”，一船之主是“老大”，副手为“二板儿”，其余人叫“伙计”。除了行业常用语，也有行业忌用语。比如，渔民忌用“帆”，因为它和“翻”谐音，所以，往往用“篷”代替。不能说“死”，如果，船上有人不幸去世，要说“漂了”。“倒”“沉”“扔”等字眼都不能带出。吃饭的时候，尤其注意不能把筷子横在碗上，这是渔船搁浅的象征，与此相关的讲究还有很多，这里就不一一列举了。除了忌用语，渔民还十分信奉保护神，如有碧霞元君、龙王、小白龙、海神天后娘娘等。每年立春后，渔民们就会在第一次出海前完成各种虔诚的祭拜活动，祈求神灵保护船行平安，鱼虾满仓。其中比较隆重的要数祭拜海神娘娘的天后宫朝圣。每年的农历三月二十三是海神娘娘诞辰纪念日，这一日渔民们不管多么忙碌，都要停下手里的活儿，驾船赶到市内东门外的天后宫进香，参加皇会。不仅渔民，渔商也会赶来，当年的天后宫大殿里悬挂了不少小木船模型，这些都是许愿者的还愿品。倘若你在天津渔家吃饭，不懂当地的风土人情，就不懂他们到底在做什么，说什么，甚至可能会惹得当地渔民十分不快。而这些民俗无非就是渔民在长时间生产中求吉避祸、企望富饶的一些美好期许的镜像。入乡就要随俗，懂得这些民俗，就能更好地融入天津人的生活。

天津作为最早开埠通商的一批城市，商业自古以来就是天津市重要的名片之一。作为北方重要的商业城市和华北的经济中心，天津曾产生过“天津卫八大家”等商贾。旧时，还有民谣说道“天津卫好地方，繁华热闹胜两江”。不过，这里我们所说的商业是天津本乡本土的商业，是传统的、极具地方特色的天津市的商业。比如，商业中心街市，包括小白楼、估衣街、侯家后、竹竿巷、东马路、宫南宫北大街、南市、劝业场等。这里我们说说宫南宫北大街。这是一条依靠东门外三岔河口处的天后宫形成的街市，长约 500 米，经营着香蜡纸张、绒绢花、土产杂品、酱菜等店铺。漕运的发达和天后宫终年香火不断，使这里客流量极大，独具地方特色的商业经营应运而生。每当农历正月初一、十五，香火鼎盛，买卖兴隆。尤其是在农历三月二十三这一天，依托天后娘娘诞辰，这里的生意远胜其他街市，形成了一马当先，万马齐喑的繁华场面。再简单介绍一下天津的另一个商业街市——小白楼。它是天津开埠通商后形成的商业区。为什么叫小白楼呢？那是因为在清朝末年，这里有一所白色的二层小楼，门前还有一对汉白玉石狮，就被人们称为小白楼。以后，邻近地区也被一起叫作“小白楼”。小白楼至今仍是天津繁华的商业区之一。

接下来，我们再看一看天津的居住方面有哪些相关的民俗。居住民俗与人们的生活息息相关，天津受到众多文化的洗礼，民居也是多种文化杂糅后的产物。这就注定了天津的民居类型的丰富多彩，为了便于描述天津居住习俗，这里我们按照建筑风格和历史进程进行分类，将天津民居分为传统民居、园林民居、西洋民居、单元民居。

我们这里就说传统民居。传统民居指的是地地道道的本土民居，较少或者没有受到其他地方文化影响的民居。它主要包括四合院、三合院、筒子院、独门独院、门脸儿房等。就拿四合院来说，它是天津传统民居最主要的形式，也是中国传统庭院布局的一种方式。它的建筑依纵轴线对称分布，坐北朝南，朝北的方向为上房，上房由堂屋和左右两间里屋组成。堂屋是家里人议事、聚会和待客的地方。左右里屋多作为卧室，是家里最有权威的人居住的地方。对面和两侧多是次要建筑，叫作厢房。厢房作为家里晚辈儿孙的卧室，按照长幼东西来住。未有建筑安排的地方建有墙壁。南房中间部位或者东南方位设置大门。因为，院落最终形状多为矩形，故称四合院。大门的门楼是一个家族的门脸，天津人又“好面儿”，所以，极尽之能事，装饰自家的门楼。天津民间工艺三绝之一的刻砖艺术就是伴随着营造豪华门第的需求产生的。瓦顶、墙垛、墀头、抱鼓石、台阶等从上到下，从外到内都刻有吉祥纹样。就拿墀头来说吧，这么一个部位却有六七种纹样，包括前沿砖、门额等。门两侧有方形或圆形的石墩，方形俗称“门墩儿”，若是圆形，就叫“抱鼓石”。大门中间有个石台阶，台阶越高，说明该家主人越高贵。条件允许的人家，门口还有石狮子，以彰显自家的财力和地位。大门迎面是影壁。这是因为民间相信进入大门后，直接看到房门，不吉利，于是，建了影壁。影壁西侧有的还设有一道门，俗称“二道门子”，也叫“屏门”。旧社会对未嫁的大家闺秀有许多限制，其中，最常听到的就是“大门不出，二门不迈”，这里的“二门”就是指这个四合院中的二道门子。有的二道门子还做了装饰，做成垂花门式。在东西厢房山墙下与北方交界处设有两间小房子，东面是厨房，西面是厕所，有“东厨西厕”的说法。

天津传统民居除了建筑布局和功能很有讲究，建筑过程也有一套固定的习俗。在建造仪式中最为隆重的要数上梁了。民间四合院、三合院等平房特别讲究四梁八柱，梁作为支撑房屋顶部所有重量的木头十分重要，有“墙倒屋不塌”的说法。人们对大梁十分重视，整个上梁过程按照一定的仪式完成，充满了欢乐、喜庆。这里选取至今流行在天津西青地区的《上梁喜歌》，感受一下人们用数来宝的形式赞美主家，渴望生活美好的愿望。

这棵大梁是好梁，它的来历有名堂。
师傅路过卧龙岗，看到此梁有贵样。
回到家里一商量，雇得大车和小辆，把这宝梁拉回庄。
这梁好比一条龙，摇头摆尾往上行。
停在空中它不动，单等主人来挂红。
挂红挂在九龙头，年年五谷大丰收。
挂红挂在九龙腰，人财两旺步步高。
挂红挂在九龙尾，后辈做官清如水。
正念起，抬头看，群仙贺喜到跟前。
上八仙，下八仙，还有刘海撒金钱。
一撒金，二撒银，三撒骡马成了群。

福禄财喜代代传，富贵荣华万年春

20世纪80年代天津市实施平房改造工程，一些具有地方特色的传统民居建筑逐渐被公寓式单元结构的楼房所取代，固有的习俗也悄然发生变化。不过，只要我们用心去感受，还是能看到一些当时建筑的文化保留在新的形式上，也慢慢发展出新的习俗。

说完了民居，我们说说饮食。俗话说，民以食为天。又俗话说，人是铁，饭是钢，一顿不吃饿得慌。可见饮食在人们日常生活中的重要性。天津物产丰富，经济文化发达，民间饮食习俗自然有自己的一套特色。就说说天津普通的饮食特色吧。合子，实际上是饺子的兄弟姊妹，它与饺子最主要的区别是形状不同。合子用两个面皮中间加上馅，上下捏合成圆形。天津有“初一饺子，初二面、初三合子往家赚”[①]的说法。初三吃合子有两层含义，一是合子利钱，做生意百分之百赚，二是取“和合”之意。合子多为三鲜馅，不能光自己吃，还要供财神。还讲究在初八、初九这两天吃合子，以取“合子加八，越吃越发”“合子加九，越吃越有”的吉祥含义。

说到天津的饮食，自然绕不开天津的三绝。狗不理包子、耳朵眼炸糕和桂发祥麻花。狗不理包子是天津“三绝”之首，它的操作方法十分独特，制馅、和面、揉肥、擀皮、捏包、上灶十分讲究，而与它讲究的操作方法一样独特的，还有它独特的名字。关于它的名字，民间有这样一则传说。

相传清朝时期，靠着运河码头发家的侯家后的刘记蒸食铺招了一个徒弟，名叫高贵友。那时候，饮食业有一个不成文的规矩，就是新来的徒弟，一不喊名，二不喊姓，都叫乳名。高贵友的乳名叫“狗子”，迎来送往的熟客也都称他“狗子”。高贵友学艺期满后，自己在侯家后摆起了包子摊，叫“德聚号”。他不满现状，敢于创新，对包子进行了改革。不但好吃，而且要外观漂亮。包子的形状要求是菊花顶，抓髻扣。与此同时，他家的包子比别家的还大还实，价格也比别的地方略低。他为了保证每一个包子的质量，不砸自己招牌，绝对不卖回屉的包子，赢得了四面八方的来客。就这样，每天来吃包子的人络绎不绝，坐满了，就站着吃，蹲着吃。有的顾客会和高贵友攀谈，问这问那。高贵友不善言辞，而且

① 合子是中华面食中的一种，流行于京、津地区。它是一种薄皮的小馅饼，圆形，两层薄皮内有一层馅。比较常见的馅是韭菜、茴香、鸡蛋、猪肉。

着实太忙，所以，有时候就无暇顾及每位顾客。顾客们就笑着说“狗子不理人了”。这话被当时天后宫的一位道长听到，就建议他不妨把德聚号改为“狗不理”，新颖而且有趣。高贵友接受道长的意见，挂起了“狗不理”的牌子。距离侯家后不远恰巧有一处兵营，来过品尝的兵头就提着两大盒包子送给了当时的直隶总督袁世凯，袁世凯尝后，大为称赞，又派人提了两盒献给了慈禧太后。据说，慈禧太后吃后，觉得十分可口，就经常派人买狗不理包子。从此，狗不理包子的名气就越传越大，沿用至今。

天津人喜欢热闹，爱扎堆儿，从而特别热衷于过节。每逢传统节日时天津就分外热闹。他们既过全国人都过的传统节日，比如春节、端午节、中秋节等，也过天津特有的节日。比如天后娘娘诞辰日。

节日中，天津各处洋溢着喜庆、火爆的气氛，全家总动员，其乐融融。春节是中国民间最盛大、最热闹的传统节日。天津的春节就是从腊月初八早早地开始了，一直持续到正月十六。在这漫长的四十天里，天津人都在忙碌，俗称“忙年”。在吃完腊八粥，泡完腊八醋之后，就开始了一年一度最热闹，也最繁复的准备活动，这也正应了天津的一句俗话“过了腊八就是年”。准备工作分为年前和年后，这里我们详细说说年前天津人是如何过年的。

天津有谚语描写了年前的准备工作。“腊月十五上全街（音 gāi）”“三六九，往外走，二五八，好回家。上马饺子下马面，起脚包子落脚面，二十三灶王爷上天，二十四扫房子，二十五糊窗户，二十六炖大肉，二十七宰公鸡，二十八白面发，二十九贴倒酉（春联），三十合家欢乐吃饺子”。接下来，我们逐一解释它们的含义。年前最忙碌的要数置办年货的过程，年货就是过年用的生活吃用之物，这些物品不仅数量上要丰富，质量也追求上乘。在腊月十五，以天后宫为中心的宫南、宫北大街上，年货摊早早地占好了位置，并贴上“年年在此”的红条。与此同时，这一年的年货也全部上市，称为“上全街”。如果那段时间去那里，你会看到脸谱、石榴花、空竹、春联、窗花、吊钱儿、花炮、年画等，也会看到络绎不绝的人涌入在米面店、海味店、酱菜园、香纸竹马店等采购应用之物，商店鳞次栉比，货物琳琅满目。除了宫南、宫北大街，天津一些老字号店铺，这一天也是顾客盈门，比如谦祥益、瑞蚨祥等绸布庄，范永和、桂顺斋等糕点店。有些物品可能并不一定用得上，但人们也会年前添置。就是为了求得这一年圆圆满满，来年吉利顺当。天津有句俗话“闺女要花，小子要炮，老人要顶毡帽”，就是采购年货的生动写照。

腊月二十三就是祭灶日，民间叫“小年”。祭灶就是祭奠灶王爷，保佑一家平安。灶王爷是玉皇大帝派到每家每户监视人们一年所作所为的神仙，在这一天，灶王爷要把这一家一年的功过得失上天汇报给玉皇大帝，这一天每家每户要给灶王爷送行。一般是二十三晚上，该户的家长主持祭灶，供品主要是糖瓜、年糕、草料和清水（后两种是给灶王爷的坐骑食用的）。为什么要祭灶糖果和年糕呢？因为，这两种食品十分的粘牙，灶王爷吃了后，就不会在玉皇大帝那里乱说坏话，只说好话。那问题来了，既然都不能说话了，为什么又只能说好话呢？这不是前后矛盾吗？其实，民间这种看似自相矛盾的做法，我们不必细究，无非是老百姓相信“吃人家的嘴软”的心理使然，只图心理满足的追求吉祥的渴望。

二十四这天，天津人例行打扫房子，俗称“扫房子过水”。由于过年是一年最后的节日，又是新的一年的开始，故而要在年前把家里统一做一次大扫除，翻箱倒柜，把能扫的全部扫一遍，把能擦的全部擦一遍，里里外外，事无巨细，以一番新气象迎接新的一年。在打扫完后，转天，腊月二十五，人们会用白粉纸糊窗户，这是因为旧时窗户多为纸糊，不过，这一传统现在已经很难再见了。接下来三天，每家每户就要炖大肉、宰公鸡、发白面，张罗年夜饭了。等到二十九，人们开始把春联、福字、吊钱儿、窗花贴到自家的室内外。大年三十，晚上 9 点，家长洗净双手向自家祖先、神佛上香叩拜，之后按照长幼顺序依次叩拜行礼。拜神祭祖后，各处灯烛不息，香火不断，直到午夜 12 点，各家燃放鞭炮，辞旧迎新，晚辈要给长辈叩头拜年，长辈要给晚辈压岁钱。之后，小孩子三五成群，自顾玩耍，大人一般要“守岁”，留心照顾灯烛香火，不能睡觉，可以下棋、玩牌，直到天明。过了这一天，也就来到了新的一年，开始春节活动。

一年有三百六十五天，许许多多的节日，同样，人也有生老病死，免不了许许多多的仪式。我们接着就说说人生礼俗。每个人一生当中必然经历诞生、结婚、生育和死亡，伴随着这些生活阶段天津人发明了一套符合地方特色的民俗形式，这些民俗形式就是人生礼仪。天津的传统人生礼仪纷繁复杂，多彩多姿，每一个重大的仪式都有许多小的仪式配套。尤其是诞生、婚礼、寿礼、丧葬礼格外受到重视。拿诞生礼来说，就包括祈子、坐月子、育子等繁复的民俗规制、活动、禁忌和程序。这里我们就单拿祈子讲一讲。

尽管天津是一个工商业城市，但人们的生育观念仍属于封建小农意识，都期望子孙满堂、家大业大。这就出现了天津人祈求多子的文化景观。在新婚夫妇的家中，我们会在墙上看到杨柳青年画《麒麟送子图》《连生贵子图》，窗户上贴着《葫芦万代》《石榴》等吉祥图案的剪纸作品。我们这里要说的是拴娃娃，它是民间最典型、普遍的求子方式。在老天津卫，位于海河三岔河口处的天后宫大殿天后圣母右侧供奉有子孙娘娘。据传，她就是专门管夫妻是否有小孩的事情的。婚后一两年仍未有身孕的妇女，或者代替儿媳来的婆婆，或者代替女儿来的母亲，只要虔诚地祈求，供上点心、水果等供品，烧上三炷香，留下香火钱，最后，从娘娘神像前抱走一个泥娃娃带回家中，准会应验。如果，香客是为自己求子，那么她要一边把娃娃揣进怀里，像是真的抱着自己孩子似的，一边口中默默念着“跟妈妈回家吧”。回到家后，不能把小泥娃娃露到外面，要放在炕褥里面裹好，不能压着、磕着、碰着、挤着。假以时日，如若怀有身孕，就把小泥娃娃拿出来，送还到“洗娃娃铺”，将小泥娃娃“洗大”，就是给它培上更多的泥土，重塑一个一尺左右大的娃娃像。与此同时，还愿人还需要再塑造 99 个与小泥娃娃相似的泥像送回到天后宫中，完成“还愿”。洗大的娃娃被家长带回家里，还愿人要像对自己的小孩一样真心对待娃娃，一日三餐都要供上食物、碗筷，而且，随着季节的变化还会给他增减衣服。自己亲生儿子排行第二，长兄留给洗大的娃娃，因此，民间有“娃娃大哥”的说法。

道士们为了增加香火，也为了更全面地满足妇女们求子的需要，塑造出了百子娘娘、千子娘娘、引母娘娘等管理生育的娘娘神像。除了有趣的拴娃娃，祈子这一环节还包括吃碰头蛋、喝糖尿、有喜、催生以及诸多禁忌，不管现在这些习俗保留了多少，只有多感受曾经有过的文化方能深刻理解当下的文化。

通过求子的迫切心理，可以看出天津人对于俗信有执着的念想。天津五方杂处，民间俗信十分盛行，举凡可以崇拜的事物，天津都有过。天津的俗信并不是单一的妈祖信仰，妈祖信仰是天津人最大的信仰。除了妈祖这一信仰外，天津人对于自然物、动植物、祖先、民间杂神都有拜奉，比如龙王、药王、吕祖、财神、关帝、韦陀、城隍、地藏等。从天津市目前保留的文化景点或文化遗迹可以看出天津俗信的繁盛。比如现今保留的玉皇阁小学，它的身后即是早期天津市的玉皇阁遗址，现今只保留了清虚阁。旧时，玉皇阁的香火与天后宫不相上下。

说完曾经民众信奉的，再说说现在天津人依然信奉或者祭祀的神灵。这就是“五大家”。五大家指的是狐（狐狸）、黄（黄鼠狼）、白（刺猬）、柳（蛇）、灰（老鼠）。百姓认为五大家是与人类长期相伴的，如果侵犯了它们，就会受到惩罚，敬奉它们就会得到庇佑。早期，民间有很多住户都供奉五大家。而现在，私人很少供奉五大家了。不过，一些民间组织依然供奉着五大家，保佑组织繁荣，出会顺利。比如，刘园祥音法鼓老会，常年在会所中供奉着五大仙的牌位，尤以柳四爷居于首位，每到出会前，会员们都会集中到牌位前，上香敬拜，以求平安顺利。

民间工艺美术异彩纷呈，比如杨柳青年画、汉沽刻字、北郊农民画、剪纸、吹糖、彩灯等，而比民间美术更加出名的是，民间工艺美术中的一些名人，比如泥人张、风筝魏、刻砖刘等，用其独特的艺术风格征服世人，他们手中的作品，在国内外享有盛名。这里我们讲一则泥人张的传说，感受一下其风采。

泥人张本名叫张明山。咸丰年间常去的地方有两处，一是东北角的戏剧大观楼，一是北关口的饭馆天庆馆。去这两个地方是为了瞧各种角色，看人世间的喜怒哀乐。

有一天下雨，他一个人坐在天庆馆里饮酒，一边留神四下里客人的模样。这时候，从外边进来三个人。中间一位穿的阔绰，大脑袋，中等个子，挺着肚子，架势挺牛，横冲直撞地往里走。站在迎门桌子上的“撂高的”（指迎客的小伙计）一瞅，赶紧吆喝着:“益照临的张五爷可是稀客，贵客，张五爷这儿总共三位——里边请！”

一听这喊话，吃饭的人都停住嘴巴，甚至放下筷子瞧瞧这位大名鼎鼎的张五爷，当下城里城外最冲的就是这位靠着贩盐赚下金山的张锦文了。他当年为盛京将军海仁卖过命，被海大人收为义子，排行老五，所以又叫“海张五”。

天津卫是做买卖的地界儿，谁有钱谁横，官儿也忌惮他三分。可是手艺人除外。手艺人靠手吃饭，求谁？怕谁？故此，泥人张只管饮酒吃菜，西瞧东看，全然没把海张五当个人物。不一会儿，就听海张五那边议论起他来。有个细嗓门的说："人家台下一边看戏，一边手在袖子里捏泥人。捏完拿出来一瞧，台上的嘛[①]样，他捏的嘛样。"跟着就是海张五的大粗嗓门说："在哪儿捏？在袖子里捏？在裤裆里捏吧！"随后一阵大笑，拿泥人张找乐子。

这些话天庆馆里的人全都听见了。人们都等着瞧艺高人胆大的泥人张怎么"回敬"海张五。一个泥团儿扔过去？只见人家泥人张头都没抬，左手伸到桌子下边，打鞋底下抠下一块泥巴。右手依然端杯饮酒，眼睛也只瞅着桌上的酒菜，这左手便摆弄起这团泥巴来；几个手指飞快捏弄，比变戏法的刘秃子的手还灵巧。海张五那边还在不停地找乐子，只见泥人张手一停，把这团泥巴往桌上"叭"地一戳，起身去柜台结账。吃饭的人伸脖一瞧，这泥人真捏绝了！就像把海张五的脑袋割下来放在桌上一样。瓢似的脑袋，小鼓眼，一脸狂气，比海张五还像海张五。只是个头只有核桃大小。海张五在那边，隔着两丈远就看出捏的是他，朝着正出门的泥人张的背影叫道："这破手艺也想赚钱，贱卖都没人要。"泥人张头都没回，撑开伞走了。但天津卫的事儿没有这样完的。

第二天，北门外估衣街的几个小杂货摊上，摆出来一排排海张五的泥像，还加了个身子，大模大样地坐在那里，而且是翻模子扣的，成批生产，足有一二百个。摊上还都贴着白纸条，上面写着：贱卖海张五。

估衣街上来来往往的人，谁看谁乐。乐完找熟人来看，再乐一遍。

三天后，海张五派人花了大价钱，才把这些泥人全买走，据说连泥模子也买走了。泥人是没了，可"贱卖海张五"这事却传了一百多年，直到今天[②]。

说完了美术，最后说说音乐。天津的表演艺术在整个北方地区享有盛名，观众也有极高的鉴赏水平。这得益于天津是北方的曲艺之乡。在20世纪50年代，天津是中国北方曲艺名家的荟萃之地。荟萃了北方的京韵大鼓、梅花大鼓、相声、河南坠子、奉天大鼓、京东大鼓等曲种。这些曲种在吸收外地曲种的演唱特点的同时，也结合天津当地人的方言、性格以及欣赏口味，形成了一套独特的津腔津调。

① 嘛：什么，天津方言。

② 传说引自 http://blog.sina.com.cn/s/blog_467fbcc10101g0jd.html。作者稍作修改。

说到天津的表演艺术，不得不说天津的民间音乐歌舞。天津民间音乐种类繁多，花样翻新。法鼓、十番、大岳、高跷、秧歌、杠箱组成了天津当下的民间歌舞乐。他们以“老会”“圣会”自称。这些民间团体多是社区居民组成的，有钱出钱，有力出力，充当社区内茶余饭后的消遣娱乐。每逢佳节或庙会，各道老会就会争奇斗艳，大显身手，为了这一年获得个好的彩头和名声，会员们往往铆足了劲儿，使出自己的绝活儿。皇会举办期间，彩旗招展，锣鼓喧天，人山人海。呐喊声、喝彩声、吆喝声此起彼伏，一浪压过一浪。据记载，天津皇会最鼎盛的时候，参与表演的老会多达110多道，有近5000位演员。这一发生于民间的歌舞盛事在当时被称为“全国各省唯一的神话盛事”。这一盛况虽已不在，但许多民间音乐歌舞在全国非物质文化遗产保护与传承的热潮下还是得到了一定程度的继承与发展。

二、天后宫与天津的关系

为了保证漕运的通畅，元朝政府先后在天津建立了两座天后宫，运输粮食的船舶在此地转运与集中，盛况空前，与之伴随的祭祀典礼活动热闹非凡。历史记载，天后宫（最初称“天妃宫”）建立的时间要早于天津城市的建造时间，因为，在明朝以前还没有设天津卫。明朝，才是天津城市发展的黄金时期，也在这时建立了卫城，并开始使用“天津”这一名称。关于这一名称，还有一个有趣的传说。

话说，明太祖朱元璋得到天下后，封他的第四个儿子朱棣为燕王，在北方驻扎，燕王年富力强，心怀大志，想在北方干出一番事业，到达北方后，他把从江淮迁过来的百姓落户到今天的北京、天津一带，搭建村落，开垦荒地，几年光阴，将此地治理得井井有条，日益兴旺。朱元璋也大为赞赏，燕王心想：“我自己如此能干，又是储王之位，日后皇帝非我莫属。”

可谁料想，朱元璋把皇帝的位置留给长子朱标的第二个儿子朱允炆，燕王十分气愤，就起兵与自己的亲侄子争夺天下。

这一天，燕王大军来到三岔河口。只见这里舟船相连，车辇相接，两岸人口稠密，商铺林立，热闹非凡。燕王不禁脱口而出："好地方，宝地啊！"他深感此地会帮助他成就霸业。果不其然，他一路披荆斩棘，所向披靡，打济南，攻扬州，最终拿下南京称帝，改年号为"永乐"。此时，朱棣想起渡河南征的时候路过的地方，就问大臣："此地方大有可为，我们应该给它起一个好名字，不应该叫小直沽，它可不小啊！"群臣听了，忙复合："请陛下赐名。"

朱棣一时想不出来，望着天苦苦思索。群臣看朱棣在看着天，料定他的意思与"天"有关，一位大臣进言道："依微臣之见，是否改成'天平'？因为陛下奉天的意思，平定北方，正合'天平'二字。"另一个大臣道："依臣之见，不妨改为'天津'，万岁匡扶社稷，率民讨伐，顺乎天意，所以叫作'天'，在这里渡过河津，所以叫作'津'。另外，在古代就有'天津'的说法，是指天河中有九颗星，占据天河。因此，'天津'二字既典雅，又有气度，是此地名的最佳选择。"朱棣听后，面露喜色，点头称："正合朕意。"随即传旨地方，将此地命名为"天津"。

而天后宫早已有之。老百姓常把天后与海河比喻成天津城的两位母亲，没有她们就有没今天的天津。因此，在天津当地常有"先有天后宫，后有天津卫"的佳话。

天后，也就是海神，是民间俗信中分布最广泛的神灵。民间亲切地称呼她为"娘娘"或者"老娘娘"。所以，为她而建造的宫殿天后宫也就自然称为"娘娘庙"。从上文生产、商业、年节、礼仪、饮食习俗都可以看出，天津许多习俗都与天后宫有着千丝万缕的关联，也就是与"娘娘庙"有关。比如，年前天后宫的上全街、栓娃娃求子、献船挂船以及天津最热闹的庙会出皇会祭祀等。天后宫对天津城市的政治、经济、文化、民俗民风的发展具有重大的影响，可以说，天后信仰渗透到天津人生活的方方面面，与天津文化的发展有着千丝万缕的关系。如今，宫南、宫北大街是天津市古文化街所在地，古韵遗风，令人流连忘返。

在天津历史上，曾拥有 16 座天后宫，而且其中不包括一些庙宇或佛堂中供奉的天后像。像东门外的小直沽、丁字沽、贺家口、葛沽、东沽、泥沽、前辛庄、大直沽等地都有天后宫。虽然这些天后宫后来因为历史原因，许多被破坏殆尽，但是，敕建于元世祖至元年间（也有说建于元泰定三年）的东门外小直沽天后宫保留了下来，影响依然颇大。至今，仍被国内外信徒和学术界尊为当今世界三大天后宫第二位，在天津历史上具有独特的地位。

三、天津妈祖信仰和天津皇会

前文我们已经说到，天津人信仰十分广泛，那么为什么在众多信仰中，妈祖信仰能够脱颖而出呢？这就要从妈祖的根源和其在天津的发展变迁开始说起。我们在天津许多地方能看到妈祖的宫宇，盛大的妈祖活动。可是，你们知道吗？妈祖最开始并不是天津“土著”神。而是福建莆田的一位女子，叫林默，被天津人尊称为“娘娘”或“老娘娘”。那么她如何与远在万里外的天津结下不解之缘呢？林默娘娘是乘着漕运的大舟而来的远方神明，随船而来的还有有关林默娘娘的传说。这里先给大家讲一则关于天后娘娘的身世传说，让我们先了解一下天后的生活。

林默出生于一个官宦人家，据说母亲王氏一天晚上梦中看到观音菩萨赐给自己一朵波罗树花和一粒药丸，之后就怀有身孕。在她降生的时候，天空出现一道红光，直照林府，伴随着红光，雷声隆隆，空中香气氤氲。更加奇怪的是林默生下来，不哭不闹，因而家里人给她取名林默。

林默虽然出生奇事不断，但长得漂亮，聪明伶俐，深得父母兄长、亲朋好友、邻里乡亲的喜爱。她五岁的时候就能背诵经文，七岁父母就把她送到当地私塾，因为她天资聪明，圣贤经典、古文诗词融会贯通，倒背如流。读书三年，出口成章，下笔如神，谈吐风雅，非同凡人。也是从那时候开始，她迷恋上佛教经典《金刚经》，立志助人济世，终身不嫁。12 岁得到玄通道士的秘术，15 岁掌握深奥的医学和海上救难本领。最奇怪的是 16 岁那年，她与女伴在井边玩闹，突然看见神人捧着一对铜符从井中出来，众女伴仓皇而跑，而林默处变不惊，淡然面对，刹那间，铜符显现神力，与林默融为一体。从此之后，林默法力大增，不仅掌握洞察海妖作祟的秘诀，而且，还能人在闺中，却神游四方，拯救海难，消病去灾，人们就称她“神姑”“龙女”。

在 23 岁那年，有两个号称“千里眼”“顺风耳”的水精，为害一方。林默扮成摘花少女，施展仙术，仅用手中的丝帕便打败了妖魔，收服为将。之后，林默不断惩恶扬善，收服了晏公、高里鬼、嘉应等为将。今天，天津天后宫前殿供奉的千里眼、顺风耳等都是她当初降服的海妖。

从此以后，只要有出海的渔船遇到困难，天空中总会出现一盏火红的神灯和身着红装的神女，或是一只彩鸟，抑或是一只蝴蝶，引导大家转危为安。无论天气多么恶劣，只要神女出现，海上就会风平浪静，大家就叫她“通灵神女”。

看完这个故事，我们对妈祖有了一定程度的认识，而她之所以从林默变成妈祖，也是历史变迁后，天津借用的外来物。各个地区关于林默的尊称不同，明代中期，林默家乡的人称她“娘妈”。随后，去台湾的福建移民叫她“妈祖”，这一名字就是从那儿而来，天津民间则经常称林默为“娘娘”“老娘娘”，所以“天后宫”叫作“娘娘庙”，被当地人尊为“三津[①]福主”。

民间关于妈祖的信仰最早要从金元两朝的漕运开始说起，当时，军需民用，粮草供应需求十分庞大，带动了海上漕运的发达，久而久之，南方的水手、船员往北运输中把当地的妈祖信仰传到了天津。传到天津后，她的法力被天津人民不断地扩大，由最初的保佑航海平安变成了无所不能的大神，被当作护城神加以崇拜。妈祖（天后）既能保驾护航，又能去灾赐福、掌握福禄寿以及生育等方方面面，法力无边，而且有求必应。而且，随着妈祖文化研究在国内外的升温，天后的地方信仰越来越走向国际化，文化之间实现了交流与融合，如今的天后又有了新的作用，成为和平女神在世界上传递着和平的信念。

说完天后，那我们说说天津的皇会。天津皇会和妈祖信仰又有什么关系呢？

这要从农历三月二十三日说起，这一天是海神天后诞辰纪念日，要举办皇会，举行行会表演和天后出巡散福，具有庙会的性质。皇会，原被称为“娘娘会”，也称为“天后圣会”，从名字就可以看出一二，它就是妈祖信仰的民间狂欢会，因而，也被称作中国人的“狂欢节”。皇会最初的目的是庆祝娘娘诞辰，逐渐演化成集神灵崇拜、问医求子、祈福还愿、民众游览、宗教信仰、贸易交换、会亲访友、赛会演剧于一体的庙会。

首先，要说说皇会，为什么叫作“皇”会呢？有文字可考证的历史来说，皇

① 这里所说的三津，一种说法是当时文人墨客对天津的另一种称呼，来自天津的三卫，另一种说法指的是天津的府、道、县。

会源于清朝康熙四年（1665 年）。民间传闻则说，清代乾隆皇帝乘船下江南路过天津，正巧赶上天津一年一度的娘娘会，皇上看到这场面十分开心，向随行人员提议，一起看看这个庙会。当时，乾隆皇帝的船刚好停在三岔河口。各道老会八仙过海，各显其能。其中，乡祠挎（也有写作“跨”）鼓的表演出类拔萃，力压群雄。乾隆看后大为喝彩，龙颜大悦，赏赐给 4 位出众的鼓手黄马褂 4 件，每人一件。还因为鹤童会唱得好，赏赐 4 名鹤童会成员每人一个金项圈。同时，还对娘娘会的排场赞不绝口，赐给娘娘会两面龙旗。从此，娘娘会身价倍增，改名叫作“皇会”，一直用到现在。

接着说说皇会的表演时间、人员。皇会，一般从农历三月十五日开始，历时 9 天。其间，农历十六日、十八日、二十日、二十二日 4 天要出会表演，这 4 天也是皇会最为热闹的 4 天。在这 4 天里，各道老会、圣会展示自己的绝活，以至于后来民间不少人认为皇会就是各道老会、圣会表演的代名词。农历三月十六日是接驾日，这一天，天津的商贾将天后的神像送到他们所建造的会馆中，接受民众的朝拜，民间称为“老娘娘回娘家”，要“接驾”的意思。三月十八日，要“送驾”，这一天，人们要把娘娘神像送回天后宫。三月二十日和二十二日，天后要出巡散福，这两天皇会是最壮观的，各路民间艺人、老会组织、圣会团体云聚此处，在娘娘神驾前根据自己的职位，各领风骚。特别是当天后出巡散福时，皇会迎来了自己的高潮。出巡散福时，与其一同供奉在天后大殿的斑疹、送生、眼光、子孙等娘娘也要乘坐宝辇随行，娘娘们出行的宝辇和华辇富丽堂皇，五光十色。其余 5 天各地民众根据自己的需求自行安排，有的进香朝拜，有的会亲访友，有的贸易往来，有的看戏游览，老会、圣会这几天也会进行座会设摆活动，以显声势。

皇会主要包括乐舞老会，它们都是民间自娱也娱人的表演组织或团体，是群众自发形成的组织，活动一般包括礼仪盛典、喜庆丰收、传统节日和祭祀。俗称“会”或者“老会”。里面的表演叫作出会、行会、过会等。最初表演形式多种多样，有专门负责事务性工作的，比如请驾会、净街会、扫殿会、护棚会等，有传统的高跷、法鼓、宝辇、秧歌、旱船、小车、抬阁、中幡、爬杆等表演的老会，有展示华丽设摆的老会，比如宝辇、銮驾、华辇、日罩等。各道老会的名称大多由地名加上表演形式组成，同时，为了彰显自己组织有很悠久的历史，多称自己的组织为老会或者圣会。比如：杨家庄永音法鼓老会、西码头京秧歌百忍老会、城西大园金音法鼓老会、先春园德庆绣球圣会等。而当下，保留下来，还在演出的多是展示高超技艺和展示华丽的设摆依仗执事等道具的老会和圣会。除了丰富多彩的表演形式，老会也有各种各样的表演内容。早在老会最繁盛的时期，表演内容涉及古典戏曲故事、神话以及民间传说。现在依然活态传承的老会，也会有表演一些民间故事。比如西码头百忍京秧歌老会，它表演的主要是关于九位梁山好汉下山捉拿恶公子任宝童的故事。

每道老会都会推选一名德高望重的人出任会头，负责会里的大事小情，会员多为同一个地区的村民，经费是村中会员募集而来的，也有富户的出钱义助，会中的经费由会头专门管理，主要用作购买服装、道具以及出会所需产品，老会有严格的会规会制。

各道老会隔三岔五会进行排练，多利用傍晚时分进行业余排练。早期，各道老会主要参加出会表演或庙会表演，现在也融入了商业演出。比如，刘园祥音法鼓老会，有专门的会所，现坐落于刘园新苑，会具都存放于专门的会所中。遇到节庆或者商业演出，会长邀请副会长以及骨干成员提前召集大家进行演练。杨家庄永音法鼓老会与挂甲寺庆音法鼓銮驾老会则定期在河西区文化馆进行排练。

最初的老会出会规矩更加烦琐，样式更加多样。包括拜会、截会等形式。拜会指的是出会之前用一整张黄纸书写出会所需要的相关内容，包括会名、出会日期、出会路线，贴于城乡各个路口。倘若出会期间，遇到富商乡绅，有名望的店铺，会递送会帖，然后进行一系列表演，表示对对方的敬意。受拜人家则以茶水、点心款待，并备有数十斤茶叶、糕点作为答谢。还有截会，它指的是当地有钱人家会花巨资提前邀请表演者来到自己的商铺进行表演，以显示自家的财力和地位。而被邀请的老会也会觉得十分有面子，自身的价值也得到许可，使出浑身解数，表演“绝活”，表达谢意。在出会过程中，如果遇到其他老会，双方会互换会帖，以示尊敬，然后，按照顺序进行各自表演。虽然，当下老会形式已经没那么烦琐，但是互换会帖依然得到保留。

最初的时候，参会人数众多，表演人员达到一千多人，表演团体曾达到上百道，而且各道老会演技精湛，服饰道具华丽大气。而今，随着封建王朝社会的瓦解，皇会成了纯粹的民众自娱自乐，祈求吉祥的盛会。虽然，表演人员主要为中老年人，表演规模也严重缩水，但是，每年的皇会，由政府发起，各方出钱进行表演，也别有一番韵味。在农历三月二十三日正日子，来自各地的善男信女，观光游客赶来到天后宫进香，求签解惑，保佑平安。与此同时，庆典的这两天，宫内会组织民间花会表演，施舍催生饺子和寿面等。

这里我们就皇会中一种表演形式进行详细的介绍，感受一下皇会的精彩之处。法鼓，是综合性表演艺术。它最早出现在市区、郊县一带。粗略计算，法鼓在天津已经 300 多岁了。它最早是僧道作法时候演奏的音乐，之后传到民间，因表演的初衷是作法所以称为法鼓。鼓牌是群众发挥自己的聪明才智，并结合地方特色研究出来的。

演奏者头戴帽衬，穿中式长袍，挽白袖口，黑色马褂，蓝色中式便裤，脚穿圆口皂鞋。法鼓队伍主要有两部分：一部分是手持各种道具组成的依仗执事（又叫仪仗队）；另一部分是演奏人员组成的法鼓乐队。主要分为文法鼓、武法鼓和音乐法鼓，表演形式有设摆（固定表演）和行会（行进表演）。它主要有五种表演乐器，都是打击乐，鼓、钹、铙、铛、铬。表演开始，由鼓手连续击鼓三次，“咚，咚咚，咚咚咚咚……”鼓声由慢变快，由弱变强，叫作“哨鼓”。其他表演者听到哨鼓声，双脚八字站开，目视前方，表情肃穆安详。这时，头钹（第一个击钹的人）双手把钹一扬，连击 4 下，俗称“开”，之后全体演员开始合奏。因为法鼓最早来自佛道文化，许多表演动作都能看到佛道文化的影子，像端饭、托塔式等，还有就是表演艺人从民众的日常生活中汲取的创作素材，比如，叠金钱、拾金钱、单钹闪等。因为历史原因，很多曲牌都被破坏了，可喜的是，我们在采访挂甲寺庆音法鼓銮驾老会的时候，会长说他们把老祖宗的曲牌已经恢复到七七八八，基本能够把全部曲目搜集一遍。值得一说的是，不仅曲牌恢复了，庆音法鼓銮驾老会还保留了一副珍贵的銮驾。明崇祯后妃娘娘曾赐半副銮驾予挂甲寺，民从便将銮驾和法鼓融合到一起，现在这副銮驾被保存在河西文化馆中。

综上所述，通俗地讲，皇会就是老百姓给妈祖过生日，聚会欢宴的日子，是民间的狂欢，是老百姓一起载歌载舞祈求吉祥、渴望美好的文化镜像。皇会是辅助、提高、宣传妈祖信仰的民间狂欢方式，妈祖信仰是植根于每一个渴望求吉避祸的天津人一年又一年组织皇会表演的深层次的文化记忆。天津的皇会和妈祖信仰不仅属于天津，也属于中国，属于世界，是中华民族民俗文化的宝贵财富，是妈祖文化的活化石，是祖先留给我们的宝贵的文化遗产。我们忘不了天津的天后宫，忘不了天后宫里面住的娘娘，忘不了娘娘的盛会，忘不了“先有天后宫，后有天津卫”那句老话。

说到这里，也该告一段落了。寥寥万字，决然不可能把天津的样子展现出来，要想更全面、深入地了解她，感受她的魅力，就沿着本书给你们提供的线索找下去，你绝对会爱上天津，爱上天津人。

参考文献：

1. 尚杰. 中国民俗大系：天津民俗 [M]. 兰州：甘肃人民出版社，2002，7.
2. 尚杰. 皇会 [M]. 天津：百花文艺出版社，2006，9.

后　记

完成第五次的讲授后，我终于可以交上一份还算满意的答卷。我想说，这是我48岁时对中国民间文化的认识，大多是原创的认识，我希望我的感受能够启发大家的心智并和大家在心灵上产生共鸣。我每次在讲授这门课时，面对课堂上150余名硕士、博士生，内心总是充满悲壮的色彩，我需要让他们了解我们的文化，我们深邃而多情的文化，我们已经在远离的文化，它们的呼喊，它们的尖叫……每每讲到田野调查中的发现，感人的故事都让我泪眼模糊，那时我能感受到学生们心灵的呼应。

这是一门大课，人多，学校还要求出勤率，为了不耽误上课时间，我会在课间教学生写现代诗歌，然后每次下课请所有同学交一首诗歌。这样既锻炼了同学们的诗思能力，又完成了考勤。同学们渐渐喜欢上了这样的方式，并常会写出惊人的诗句，感动人心。同时，这样的诗歌教育也涵养了一颗颗多情的心。我就是要借助这样的文化课，提升理工类大学学生对传统、对文化的敬畏之心，培养他们丰富的人文情怀。所以，每学期授课结束，总有同学在作业后或在网上留言：“这是在大学遇到的最好的课之一”，“我和人文情怀的最亲近的碰撞”，“最少打瞌睡的选修课”，“平生第一次给母亲写了一首诗歌”，等等。

教学相长，在和学生的相处中我的内心获得无比的满足，这也是我愿一生从事这一职业的原因。本书大部分内容由我独立撰写，此外，我还邀请了几个我的博士研究生参与其中部分章节的写作。因为他们大多不止一次听过我的讲授，其写作的章节很好地传达了我的想法。其中刘旭旭执笔完成了第二讲田野调查中的民间文化（下）、第七讲中国雕塑艺术，刘智英执笔完成了第十二讲传统文化敦煌篇、第十三讲中国吉祥文化、第十五讲天津民俗和妈祖信仰，姜向阳执笔完成了第六讲中国民间美术，刘垚瑶完成了第十四讲中国玉文化探源。可以说这本书是我们师生的合唱，我们共同创作的过程是极其美好的。

人的思想和视野总在不断掘进，我相信这本书还没有最终定稿，还需要修订和完善。也许定稿时，她呈现给大家的又会是另外一个样子。愿我们共同进步，也希望细心的你给我们纠错，使得这本书更加完善。

马知遥

2019年8月16日

于天津大学